David Murrow

Warum Männer
nicht zum Gottesdienst gehen

Bestell-Nr.: 52 50425
ISBN 978-3-86773-118-8

Alle Rechte vorbehalten
© 2011 deutsche Ausgabe cap-books by cap-music

Oberer Garten 8
D-72221 Haiterbach-Beihingen
07456-93930
info@cap-music.de
www.cap-music.de

Originaltitel: Why men hate to go to church
© 2005 by David Murrow
All Rights reserved. This Licensed Work published under licence.
Published in Nashville, Tennessee, by Thomas Nelson, Inc.

Umschlaggestaltung: © by Thomas Nelson, Inc.
Übersetzung: Peter R. Müller
Lektorat: Vera Klein (www.wortlaut-lektorat.de)
Satz und Druck: Schönbach-Druck GmbH, Erzhausen

Bibelzitate:
Neues Leben Bibel, SCM-Verlag

Inhaltsverzeichnis

Vorwort

Der Gottesdienst am Sonntag hatte noch nicht begonnen, und ich erlaubte mir, die Besucher zu zählen – natürlich so, dass es keiner bemerkte. Wie viele Männer würde ich zählen, wie viele Frauen und Kinder? Das Ergebnis erschreckte mich: Die Männer bildeten eine absolute Minderheit! Es waren noch weniger, als ich vermutet hatte.

Die meisten Männer scheinen einen großen Bogen um die Kirchen und Gemeinden zu machen. Ganz gleich, ob Sie eine katholische, evangelische oder freikirchliche Gemeinde besuchen, das Bild ist jeweils ähnlich: Vorne steht meistens ein Mann – der Priester, Pfarrer oder Pastor – und in den Kirchenbänken bzw. auf den Gemeindestühlen sitzen mehrheitlich Frauen und Kinder. Wir brauchen nicht in die USA, das Land des Autors, zu fliegen, um diese Erfahrung zu machen. Traditionellerweise erklärt man dieses Ungleichgewicht mit der angeblich größeren Religiosität von Frauen. Dies mag bis vor etwa zehn Jahren gestimmt haben, inzwischen ist dieses Argument aber hinfällig. Das im Jahr 2009 durchgeführte Forschungsprojekt der beiden großen Kirchen („Männer in Bewegung. Zehn Jahre Männerentwicklung in Deutschland") zeigte: Im Laufe der letzten zehn Jahre nahm die Religiosität der Frauen sehr ab und die der Männer leicht zu, sodass die Zahlen inzwischen angeglichen sind: Männer sind in Deutschland fast genauso religiös wie Frauen.

Wo aber sind die an Glauben und Spiritualität interessierten Männer? Offensichtlich nicht unbedingt in den Gemeinden!

Seit wir 2004 unser Männermagazin „Adam online" (www.adam-online.de) herausgeben, nehmen wir ein zunehmendes Interesse an Männertagen, Männerkonferenzen und anderen christlichen Veranstaltungen speziell für Männer wahr. Auch schreiben uns immer wieder Männer, die dabei sind, eine Männergruppe zu gründen. Ich finde das ermutigend. Aber vieles, das in diesem Bereich geschieht, vollzieht sich nicht unbedingt im Raum einer Kirche oder Gemeinde.

Woran liegt das? Der Autor dieses Buches versucht Antworten darauf zu geben. Dabei geht er von seinem Heimatland, den USA, aus, aber das Meiste lässt sich aus meiner Sicht auch auf Deutschland übertragen.

Das Thema des Buches – und das Buch selbst – hatten wir bereits in *Adam online* einige Male aufgegriffen. Dass dieses Buch nun in einer deutschen Übersetzung erscheint, begrüße ich daher sehr. Ich kenne kein vergleichbares Buch auf dem deutschen Büchermarkt, das so klar, verständlich und praxisbezogen das Thema behandelt. Wenn es weite Verbreitung erfährt, was der deutschen Gemeindelandschaft und den Männern gut täte, und dann jeweils auf die konkrete Situation angewandt wird, dürfte es manches verändern. Männer könnten sich dann wieder eher „zu Hause" fühlen, wenn sie eine Gemeinde betreten.

Ein Vorschlag: Lassen Sie uns – nach dem Lesen dieses Buches – miteinander ins Gespräch kommen! Lassen Sie uns darüber diskutieren, was der Inhalt des Buches für uns Männer in Deutschland bedeuten könnte, was wir konkret anpacken und verändern könnten. Auf unserer Internetseite www.adam-online.de wird es zum Erscheinungsdatum dieses Buches eine Möglichkeit geben, an solchen Diskussionen teilzunehmen. Sie können sich dort mit Ihren Anliegen und Statements einbringen und auf Gleichgesinnte treffen. Sind Sie dabei?

Emmerich Adam
Herausgeber des christlichen Männermagazins
Adam online (www.adam-online.de)

Einführung

Warum hassen es Männer, zur Kirche zu gehen? Das ist eine Frage, über die ich jahrelang nachgedacht habe. Ich habe die Gottesdienste von Gemeinden jeder Couleur besucht: katholisch, orthodox, evangelisch, evangelikal und pfingstlich. Egal welcher Name außen stand, innen waren immer die Frauen in der Mehrheit. Die Männer, die tatsächlich bei den Gottesdiensten auftauchen, erscheinen oft passiv, gelangweilt oder scheinen sich unwohl zu fühlen.

An einem Sonntag saß ich in der Kirche und hörte mit halbem Ohr der Predigt zu. Während ich meine Gedanken wandern ließ, erinnerte ich mich an ein Zitat des Unternehmensgurus W. Edwards Deming: *Ihr System liefert Ihnen genau die Ergebnisse, auf die es eingerichtet ist.* In anderen Worten: Wenn jedes dritte Auto mit einer verkehrt herum montierten Stoßstange vom Fließband rollt, dann beschweren Sie sich nicht bei den Stoßstangen. Sie haben ein System, das unabsichtlich auf die Produktion fehlerhafter Autos eingerichtet ist.

Hmm. Was produziert also dieses System, das wir Gemeinde nennen? Ich sah mich in unserem Gottesdienstraum um und zählte Köpfe. Nur ein Drittel der anwesenden Erwachsenen waren Männer – die meisten von ihnen waren über fünfzig. Ich konnte mindestens ein Dutzend verheiratete Frauen ausmachen, deren Männer nicht da waren. Als die Kleinen zum Kindergottesdienst gegangen waren, blieb eine Handvoll Jungs im Teenageralter übrig, aber so gut wie keine Männer zwischen achtzehn und fünfunddreißig. Es gab keinen einzigen alleinstehenden Mann.

Welche Art von Einbindung produzierte unser Gemeindesystem? Ich studierte das Gemeindeblättchen: Alle Möglichkeiten zur Mitarbeit während der Woche und für ehrenamtliche Tätigkeiten waren auf Frauen und Kinder ausgerichtet. Jede Mitteilung endete mit dem Namen einer Frau: „Weitere Informationen erhaltet Ihr bei Claudia/Sarah/Andrea/Viktoria/Klara usw."

Ich sah mich nach den Männern um. Die meisten waren nur körperlich anwesend. Um ehrlich zu sein, beim einzigen Mann, der wirklich engagiert dabei war, handelte es sich um den Pastor, der nach dem Überschreiten der 25-Minuten-Grenze in seiner Predigt so richtig von Energie erfüllt zu werden schien, während die Männer in der Menge ihre verloren.

Ich begann mich zu fragen: Könnte Demings Theorie hier gelten? Was wäre, wenn das wichtigste Liefersystem des Christentums, nämlich die örtliche Gemeinde, perfekt darauf eingerichtet wäre, uns die Ergebnisse zu bringen, die wir bekommen? Was wäre, wenn die Kirche unabsichtlich darauf eingerichtet wäre, Frauen, Kinder und ältere Menschen zu erreichen?

Irgendjemand muss darüber ein Buch schreiben, dachte ich mir.

Ich nahm an, ich würde ein solches Buch im christlichen Buchladen um die Ecke finden. Nichts. Ich suchte bei Online-Buchläden. Nichts. Ich suchte in den Archiven der Religious Research Association. Nichts. Es war erstaunlich, aber es hatte tatsächlich niemand jemals ein Buch oder eine Studie darüber veröffentlicht, wie wir das Dauerproblem der Gemeinde mit fehlenden und/oder unmotivierten Männern lösen könnten.

Dann begann ich tiefer zu graben. Ich verbrachte viele Nächte und Wochenenden in der Bücherei und vor dem Computer. Ich studierte Männer und Maskulinität. Ich sprach mit Männern über ihre religiösen Erfahrungen. Was ich entdeckte, war ein gleichbleibendes, beunruhigendes Muster: Männer wollen Gott kennenlernen, aber mit Gemeinde möchten sie nichts zu tun haben. Der Versuch, Männer mittels der Gemeinde zu einem authentischen Leben mit Gott zu führen, ist so ähnlich, als würde man Golf mit einer Schaufel spielen – ab und zu gelingt vielleicht einmal ein glücklicher Schlag, aber man verwendet nicht wirklich das beste Werkzeug für die Aufgabe. *Die Wahrheit ist, die moderne Gemeinde ist nicht darauf eingerichtet, das zu tun, was Jesus tat: Männer mit der guten Nachricht zu erreichen.*

Ich bin kein Theologe, Pastor oder Professor. Ich bin ein Mann in der Kirchenbank, der wie viele andere auch damit gekämpft hat, seinen Platz in der Kirche zu finden. Eines Nachts, nachdem ich jahrelang auf einen Theologen, Pastor oder Professor gewartet habe, der über das Thema schreibt, hörte ich eine Stimme in meinem Innern: *Du schreibst es*. Hörte sich für mich wie die Stimme Gottes an. Nun, das dürfen Sie beim Lesen des Buches beurteilen.

Ansonsten: Seien Sie ermutigt! Frauen, wenn ihr euch schuldig oder frustriert fühlt, weil der Mann in eurem Leben nicht zur Gemeinde geht, *es ist nicht eure Schuld*. Männer, wenn Gemeinde euch zu Tode langweilt, *es ist nicht eure Schuld*. Pastoren, wenn ihr Mühe habt, Männer anzuziehen und zu halten, *es ist nicht eure Schuld.* Es ist an der Zeit, damit aufzuhören, den Stoßstangen die Schuld zu geben. Das moderne Gemeindesystem führt zu den Ergebnissen, auf die es eingerichtet ist.

Muss Gemeinde so sein? Oder kann sie ein Ort sein, an dem Männer jeder Art mit Gott in Verbindung kommen können? Ich glaube, sie kann das. Viele Jahre lang haben wir die Männer zurück in die Gemeinde gerufen. *Jetzt ist es an der Zeit, die Gemeinde zurück zu den Männern zu rufen.*

David Murrow schreibt:

Mein Buch **„Warum Männer nicht zum Gottesdienst gehen"** ist zu meiner eigenen Überraschung ein großer Erfolg geworden. Es hat viele Männer ermutigt und viele Kirchen und Pastoren herausgefordert, ihre Wege zu überdenken.

Nachdem ich viele Seminare zu diesem Thema gehalten und viele Gespräche geführt habe, komme ich zu folgender Erkenntnis: Das Buch ist richtig und wichtig, aber es braucht noch eine Fortsetzung. Daraufhin habe ich das Buch **„The Map – The Way of All Great Men"** geschrieben.

Dieses Buch erscheint in deutscher Übersetzung ebenfalls bei cap-books. Bestell-Nr.: 52 50427 • ISBN 978-3-86773-127-0

1

Warum Männer es hassen, zur Kirche zu gehen

Meine Frau Gina und ich lieben das Leben in Alaska. Wir versuchen das Beste aus den kurzen, aber schönen Sommern zu machen. Genauso wie die Moskitos. Billionen dieser fliegenden Vampire plagen unseren Staat vom späten Mai bis in den frühen September.

Mir ist dabei etwas Seltsames aufgefallen. Moskitos belästigen Gina kaum, stürzen sich aber auf mich wie kleine Kinder auf das Glas mit den Süßigkeiten. Bevor wir wandern gehen, muss ich in Mückenmittel baden; sie zieht eines dieser Mückenarmbänder an und wird nicht gestochen.

Wie diese Moskitos gibt es etwas, das um unsere Gemeinden summt und buchstäblich das Blut aus den Männern saugt. Frauen hingegen scheinen davon nicht betroffen zu sein. In den nächsten sechs Kapiteln werden wir diese nervige Krankheit einmal genauer unter die Lupe nehmen.

1

Männer haben eine Religion: Maskulinität

Cliff ist ein echter Mann. An seiner Arbeitsstelle ist er als Macher bekannt, als jemand, der sehr hart arbeitet. Er ist ein guter Versorger, der seine Frau und Kinder liebt. Cliff fährt einen riesigen Pickup mit Allradantrieb. Am liebsten ist er draußen, und er nutzt jede Gelegenheit, um Jagen oder Angeln zu gehen. Er liebt ein kühles Bier und einen schmutzigen Witz. Er geht nicht in die Gemeinde.

Wenn Sie ihn fragen, warum er nicht zur Gemeinde geht, dann verwendet er Worte wie *langweilig, irrelevant* und *Heuchler*. Aber der wirkliche Grund, weshalb Cliff nicht dorthin geht, ist die Tatsache, dass er bereits eine andere Religion praktiziert. Diese Religion ist die *Maskulinität*.

> Die Ideologie der Maskulinität hat das Christentum als die wahre Religion der Männer ersetzt. Wir leben in einer Gesellschaft mit einer weiblichen und einer männlichen Religion: Christentum in seinen unterschiedlichen Ausprägungen, das für Frauen und nicht-maskuline Männer da ist; und Maskulinität ... für Männer.[1]

Cliff praktiziert seine Religion mit einer Zielstrebigkeit, die selbst Pharisäer neidisch machen würde. Seine Arbeit, seine Hobbys, seine Freizeitvergnügen, sein Sinn für Albernheiten, ja, selbst seine Süchte – alles, was er tut, ist darauf ausgerichtet, der Welt zu beweisen: *Er ist ein Mann.* Seine Religion verlangt außerdem von ihm, alles zu vermeiden, was seine Männlichkeit in Frage stellen könnte. Das schließt Gemeinde mit ein, denn Cliff glaubt aus tiefstem Herzen, Gemeinde sei etwas für Frauen und Kinder, nicht für Männer.

Cliff ist nicht allein. Männer glauben das seit Jahrhunderten. Im 19. Jahrhundert sagte der englische Prediger Charles Spurgeon: „Es hat sich irgendwie diese Auffassung ausgebreitet, man müsse, um ein Christ zu werden, seine Männlichkeit niederlegen und sich in einen Weichling verwandeln." Cliff betrachtet das Christentum als unvereinbar mit seiner Männlichkeit. Es ist Weiberkram.

Ist Gemeinde Frauensache?

Wir sind erst in Kapitel 1 und ich weiß, dass ich mir jetzt schon jede Menge Ärger mit vielen von Ihnen eingehandelt habe. Ich kann mir gut vorstellen, was Sie denken: *Gemeinde ist keine Frauensache – sie ist Männersache!* Es sieht tatsächlich so aus, nicht wahr? Schließlich hat ein Mann mit seinen männlichen Jüngern das Christentum begründet. Die meisten der wichtigen Heiligen waren Männer und Männer haben sämtliche Bücher des Neuen Testaments verfasst. Alle Päpste waren Männer, alle katholischen Priester sind Männer und 95 Prozent aller Hauptpastoren in den USA sind Männer.[2] Feministinnen erzählen uns seit Jahren, dass die Kirche männerdominiert und patriarchalisch sei. Haben Sie Recht?

Die Antwort ist ja und nein. Das Pastorenamt ist ein Herrenclub. Aber beinahe jeder andere Bereich des Gemeindelebens wird von Frauen dominiert. Wann immer eine große Anzahl von Christen zusammenkommt, sind Männer niemals die Mehrheit. Nicht bei Erweckungsveranstaltungen. Nicht bei Evangelisationen. Nicht bei Konferenzen. Nicht bei Freizeiten. Nicht bei Konzerten. Fallen Ihnen – abgesehen von Männerveranstaltungen und Pastorenkonferenzen – irgendwelche großen christlichen Veranstaltungen ein, die mehr Männer als Frauen anziehen?

Besuchen Sie einmal unter der Woche die Gemeinde und Sie werden feststellen, dass die meisten Beschäftigten dort Frauen sind. Schauen Sie beim Treffen eines Gremiums vorbei und Sie werden feststellen: Die meisten Freiwilligen sind Frauen – außer es handelt sich um diese letzte, kleine Festung männlicher Präsenz, das Baukomitee. Sehen Sie sich das Verzeichnis der Leiter an: Der Pastor ist wahrscheinlich ein Mann, aber mindestens zwei Drittel der Leiter von Diensten sind Frauen.[3] Werfen Sie einen Blick auf die Anmeldelisten für freiwillige Mitarbeit, Gebet, Kindergottesdienst und Sonntagsschule. Sie brauchen viel Glück, um dort mehr als ein paar Männernamen zu finden. Ein Pastor erzählte mir vor kurzem: „Käme nicht der Briefträger, dann wäre jeder Besucher unter der Woche eine Frau."

Männliche Pastoren kommen und gehen, aber treue Frauen schaffen matriarchalische Kontinuität in unseren Gemeinden. Frauen sind diejenigen, die treu ihr Leben um ihre Hingabe an Christus und seine Gemeinde gestalten. Frauen lehren in der Gemeinde und arbeiten mit, sie stellen die meisten Mitarbeiter der christlichen Kultur. Die traurige Wirklichkeit in vielen Kirchen heute ist Folgendes: *Der einzige Mann, der wirklich seinen Glauben praktiziert, ist der Pastor.*

Mit so viel weiblicher Präsenz und Mitarbeit hat sich die Gemeinde im Denken der Männer einen Ruf als Frauenclub geschaffen. Cliff geht aus demselben Grund nicht zur Gemeinde, aus dem er nicht Rosa trägt: Weder das eine noch das andere ist für sein Geschlecht angemessen. Weiß Cliff, warum er es hasst, zur Gemeinde zu gehen? Natürlich nicht. Er ist ein Typ, schon vergessen? Aber Cliff weiß eines: Er hasst es, dorthin zu gehen.

Wie sich das Geschlechtergefälle auf Frauen auswirkt

Wenn Sie eine Frau sind, halten Sie dieses Buch vielleicht deshalb in Händen, weil eine männliche Schlüsselperson in Ihrem Leben nicht zur Gemeinde geht – oder falls dieser Mann es tut, bedeutet es ihm wenig. Sie sind nicht allein. Connie war ihr Leben lang in der Episkopalkirche. Sie ist fünfundsechzig und Mutter von vier Jungs. Sie sagt: „Keiner meiner Söhne geht noch zur Kirche. Zwei von ihnen sind geschieden und heute leben alle vier mit ihrer Freundin. Es ist traurig." Bernice aus Connecticut sagt: „Ich habe eine große erweiterte Familie. Nicht einer der Männer geht zur Messe, geschweige denn zur Beichte." Vickis Mann Ron besucht mit ihr die örtliche Baptistengemeinde. „Aber er ist der absolute Heuchler", sagt sie. „Er schreit während der ganzen Fahrt zur Kirche. Wenn wir dann reingehen, setzt er ein Lächeln auf und spielt den Gentleman. Warum lässt er nicht zu, dass Gott ihn ändert?" Caroline ist neunundzwanzig und Single. Sie möchte keinen nichtchristlichen Freund. „Ich gehe in eine kleine Pfingstgemeinde. Dort gibt es keine alleinstehenden Männer in meinem Alter. Da war dieser Mann auf der Arbeit, der mir nachgestellt hat. Also habe ich ihm gesagt, unsere erste Verabredung müsse in der Gemeinde sein. Er kam, aber ich glaube, das hat ihn abgeschreckt. Er hat nie mehr angerufen."

Connie, Bernice, Vicki und Caroline wissen aus persönlicher Erfahrung: *Die moderne Gemeinde hat Schwierigkeiten, Männer zu erreichen.* Frauen machen mehr als 60 Prozent der Erwachsenen einer typischen Gemeinde an einem normalen Sonntag aus.[4] Mindestens ein Fünftel aller verheirateten Frauen gehen ohne ihre Männer zur Gemeinde.[5] Es gibt eine ganze Menge alleinstehender Frauen, aber kaum Single-Männer in der heutigen Kirche. Jeden Tag wird es schwerer für gläubige Single-Frauen, einen Mann für eine Beziehung oder Ehe zu finden. Beobachten Sie den Parkplatz einer beliebigen Gemeinde und sie sehen wahrscheinlich eine attraktive junge Mutter und ihre hübsch herausgeputzten Kinder, die zur Sonntagsschule marschieren. Mutti trägt vielleicht einen beeindruckenden Diamantring an der Hand, doch der Mann, der ihn ihr gab, ist weit und breit nicht zu sehen.

Wo sind die männlichen Männer?

Obwohl Männer die Gemeinde nicht komplett aufgegeben haben, sind *männliche* Männer wie Cliff so gut wie verschwunden. Der Bestand an Leistungsträgern, Alphatieren, Risikobereiten und Visionären ist sehr begrenzt. Spaßvögel und Abenteurer sind ebenfalls unterrepräsentiert. Diese Männer, die sich nicht unbedingt an Regeln halten, passen nicht zu den ruhigen, introspektiven Gentlemen, die heute die Gemeinden bevölkern.[6] Die Wahrheit ist: Die meisten der Männer in den Kirchenbänken sind in der Gemeinde aufgewachsen. Viele dieser „Lebenslänglichen" kommen nicht, weil sie ein Verlangen danach haben, von Christus verwandelt zu werden, sondern weil sie das wohlige Gefühl lieben, an diesen Ritualen teilzunehmen, die sich seit ihrer Kindheit kaum verändert haben. Es gibt außerdem Millionen von Männern, die Gottesdienste aufgrund von Nötigung besuchen, weil eine Mutter, Ehefrau oder Freundin sie dort hinschleift. Der Mann, der heute zur Gemeinde geht, ist demütig, ordentlich, pflichtbewusst und vor allem: nett.

Was für ein Kontrast zu den Männern der Bibel! Denken Sie an Moses und Elia, David und Daniel, Petrus und Paulus. Sie waren Löwen, nicht Lämmer – tatkräftige Männer, die alles im Dienst für Gott riskierten. Sie kämpften wild und vergossen Blut. Sie sagten, was sie dachten und traten den religiösen Leuten auf die Zehen. Sie waren echte Leiter, harte Jungs, die von ihrer Umgebung gefürchtet und respektiert wurden. Alle diese Männer hatten zwei Dinge gemeinsam: Sie waren Gott ganz intensiv hingegeben und sie waren nicht das, was man fromm nennt.

Solche Männer sind in der heutigen Kirche selten.

Außerdem lehnen es die meisten Männer, die tatsächlich eine Gemeinde besuchen, ab, sich in der gleichen Weise wie ihre Ehefrauen oder Mütter in das christliche Leben zu investieren. Die Mehrheit der Männer besucht den Gottesdienst und das war's.[7] Jay ist so ein Mann. An den meisten Sonntagen ist er in der Gemeinde, aber er ist nicht besonders begeistert davon. „Ich gehe hauptsächlich wegen meiner Kinder und meiner Frau", sagt er. „Kirche ist okay, aber es begeistert mich nicht so wie sie."

Wer wird heute vom Evangelium berührt? Frauen. Frauendienste, Frauenkonferenzen, Bibelstudien für Frauen und Frauenfreizeiten gibt es überall in der modernen Gemeinde. Männerdienste, falls es sie überhaupt gibt, bestehen aus dem gelegentlichen Frühstück und der jährlichen Freizeit.

Wie wurde ein Glaube, der von einem Mann und seinen zwölf männlichen Jüngern begründet wurde, so populär bei Frauen, jedoch ein Schreckgespenst für Männer? Die Gemeinde des ersten Jahrhunderts war ein Männermagnet. Jesu starke Leiterschaft, seine direkte Ehrlichkeit, seine mutigen Handlungen faszinierten Männer. Eine Fünf-Minuten-Predigt von Petrus führte zur Bekehrung von dreitausend Männern.

Die heutige Kirche fasziniert Männer nicht; sie stößt sie ab. Lediglich 35 Prozent der Männer in den Vereinigten Staaten geben an, wöchentlich einen Gottesdienst zu besuchen.[8] In Europa ist die Teilnahme von Männern noch viel geringer, irgendwo bei fünf Prozent.[9] Das klingt für mich kaum nach einer männerdominierten, patriarchalischen Institution.

Aber schlimmer noch, es scheint auch niemanden zu kümmern, dass die Männer fehlen. Haben Sie schon jemals eine Predigt über die Ungleichheit der Geschlechter gehört? Ich habe noch nie einen Pastor oder Gemeindeleiter über das Thema reden gehört. Um genau zu sein, ich habe noch nie *irgendjemanden* darüber reden gehört. Das ist einfach eines dieser Dinge, über die Christen nicht sprechen.

Wer ist schuld
an der ungleichen Geschlechterverteilung?

Seit Jahrzehnten sind die paar Leute, denen das Geschlechtergefälle aufgefallen ist, davon ausgegangen, die Männer seien schuld daran. Manchmal sind sie es. Viele lehnen den christlichen Glauben bewusst ab. Manche Männer sind stolz und wollen ihr eigener Gott sein. Männer hassen es, Schwäche oder Bedürftigkeit zuzugeben. Millionen sind in Sünde, Unglaube und anderen Religionen gefangen, die eine Hingabe an Christus ausschließen. Männer werden von den Sorgen dieser Welt abgelenkt und verlieren das Interesse an spirituellen Dingen. Männer werden von Leuten aus der Gemeinde missbraucht und wenden sich ab von Gott.

Aber wenn wir ehrlich sind – Frauen kämpfen mit denselben Problemen. Frauen sind genauso anfällig für Sünde, Atheismus oder Religionen und Stolz. Es gibt keinen Hinweis in der Bibel, dass Frauen tugendhafter oder weniger Sünder wären als Männer. Sie haben mit gleicher Wahrscheinlichkeit ein Vaterproblem oder sind Missbrauchsopfer. Warum scheinen also Frauen von der Gemeinde angezogen zu werden und Männer nicht? Wo liegt der Unterschied?

Ich will ganz offen sein: Die heutige Gemeinde hat eine Kultur entwickelt, die Männer abschreckt. Beinahe jeder Mann in Amerika hat es mit der Kirche versucht, aber zwei Drittel finden, dass es keine paar Stunden pro Woche wert ist. Ein weiser Texaner hat mir mal gesagt: „Männer gehen nicht zur Gemeinde, weil sie da schon waren."

Wenn Männer geistliche Nahrung brauchen, gehen sie in die Natur, zur Arbeit, in die Garage oder die Eckkneipe. Sie sehen ihren Helden im Stadion oder auf der Rennbahn zu. Sie verlieren sich in einem Roman oder schleichen sich ins Kino. Gemeinde ist einer der Orte, an denen Männer am seltensten nach Gott suchen.

Mehr als 90 Prozent der amerikanischen Männer glauben an Gott, und fünf von sechs bezeichnen sich als Christen. Aber nur zwei von sechs besuchen an einem beliebigen Sonntag einen Gottesdienst.[10] Der durchschnittliche Mann akzeptiert, dass Jesus Christus wirklich existiert, sieht aber keinen Nutzen darin, zur Gemeinde zu gehen.

Das Desinteresse der Männer am Christentum ist so gleichbleibend überall auf der Welt, dass es sich nicht durch Stolz, Vaterprobleme, Sünde oder Ablenkung erklären lässt. Wir können auch nicht

sagen: „Nun ja, Männer sind halt einfach weniger religiös", denn das
ist nicht wahr. Die Teilhabe von Männern und Frauen ist im Juden-
tum, Buddhismus und Hinduismus ungefähr gleich. In der islami-
schen Welt sind Männer öffentlich und ohne Scham religiös – häufig
sogar mehr als Frauen. Von den großen Weltreligionen zeichnet sich
nur das Christentum durch einen gleichbleibenden, enervierenden
Mangel an männlichen Teilhabern aus. Was also am modernen Christentum schreckt die Männer ab? Das ist die Frage, die ich mit diesem
Buch zu beantworten versuche.

Und jetzt ein paar gute Nachrichten

Kann die Gemeinde für Männer eine Trendwende herbeiführen? Ja!
Sie kann es nicht nur, sie muss. Jesus hat seine Gemeinde auf zwölf
geisterfüllten Männern aufgebaut, die die Welt verändert haben. Wir
müssen das Gleiche tun: *Man kann keine lebendige Gemeinde ohne
einen Kern von Männern haben, die echte Nachfolger Christi sind.*
Wenn die Männer tot sind, ist die Gemeinde tot.

Glücklicherweise erleben Pioniergemeinden und übergemeindliche Organisationen einen bemerkenswerten Erfolg beim Erreichen
von Männern für Christus. Neue Gottesdienstformen und andere
Dienste, die auf die Bedürfnisse von Männern zugeschnitten sind,
entstehen an den merkwürdigsten Orten. Einige der am schnellsten
wachsenden Gemeinden in den USA sind auch diejenigen, die am
erfolgreichsten Männer erreichen. Wenn Sie mehr über diese Dienste
erfahren möchten, besuchen Sie meine Website www.churchformen.
com.

Kann *Ihre* Gemeinde das Ruder für Männer herumreißen? Ja!
Aber geben Sie bitte nicht dieses Buch Ihrem Gemeindeleiter mit den
Worten: „Pastor, das musst du tun!" Viele der notwendigen Änderungen können nicht von oben verordnet werden, sondern müssen
aus der Gemeinde selbst hervorsprudeln. *Zu oft ist es nicht, was die
Leitung verordnet, sondern was die Laien verlangen, das dazu führt,
dass Männer von der Gemeinde abgestoßen werden.* Wenn Ihre Gemeinde eine große Ungleichheit der Geschlechterverteilung aufweist, dann liegt das wahrscheinlich nicht am Pastor. Die Leute in
den Bänken sind in dieser Sache am Steuer. Auf den folgenden Seiten
mache ich Ihnen Dutzende von Vorschlägen, wie Sie Ihre Gemeinde
attraktiver für Männer machen können. Ihre Aufgabe ist es, zu lesen,

zu beten und dort aktiv zu werden, wo Sie können. Einzelne Gemeindebesucher haben mehr Einfluss, als sie normalerweise denken.

Vor allem: Verzweifeln Sie nicht!

Verfallen Sie nicht in Panik, wenn Sie die mageren Statistiken zur männlichen Teilnahme lesen. Dieser Tiefstand könnte Teil des natürlichen Zyklus der Kirche sein. Die Gemeinde neigt dazu, im Laufe der Zeit aus dem Gleichgewicht zu geraten und ihren maskulinen Geist zu verlieren. Dann sendet Gott einen Löwen – einen Martin Luther, John Wesley, Charles Finne oder Billy Sunda –, der sie wieder zurück ins Gleichgewicht führt. Die Männer kehren zurück. Die großen Erweckungen der vergangenen drei Jahrhunderte haben jedes Mal eine große Anzahl von Männern verändert.

Gott hat seine Gemeinde schon viele Male ausgeglichen. Er wird es wieder tun. Unsere Aufgabe ist es, das aktuelle Geschlechterungleichgewicht als das zu bekämpfen, was es ist: Ein Angriff des Bösen, der die Gemeinde schwächen soll. Wir müssen verstehen, was zu dem Ungleichgewicht führt und den Mut aufbringen, die Hindernisse zu beseitigen, die Männer demoralisieren und entmutigen. Gott wird die Männer wieder zu sich rufen. Wird die Gemeinde vorbereitet sein?

Träumen Sie einen Moment lang. Wie wäre Gemeinde, wenn die Mehrheit ihrer Mitglieder Männer wären? Nicht einfach nur Männer, die sich auf den Bänken breitmachen, sondern starke, bodenständige Männer, die wirklich in Christus lebendig sind. Männer, die nicht nur da wären, damit ihre Frauen zufrieden sind, um religiöse Traditionen zu erfüllen oder Machtspiele zu spielen, sondern Männer, die ihre Welt erschüttern wollen. Können Sie sich vorstellen, wie das wäre? Stellen Sie sich vor, was eine solche Gemeinde für das Reich Gottes bewirken könnte!

Unmöglich, sagen Sie? Lesen Sie einfach die Apostelgeschichte. Die Gemeinde war schon einmal so, sie kann es wieder sein.

Anmerkung des Autors

Lassen Sie mich das so deutlich wie möglich sagen: *Die Antwort ist nicht eine männerdominierte Kirche.* Ich vertrete kein Christentum nach dem Motto „ordne dich mir unter, Frau", in dem die Männer die Könige und die Frauen die Bauern sind. Nicht nur ist dieses Modell unbiblisch; es bringt auch keine reifen Männer hervor. Die Antwort ist ein *ausgeglichener* Ansatz: Lehre, Praktik und Angebote, die sowohl für maskuline als auch feminine Ausdrucksformen von Gemeinde Raum bieten.

Bitte lesen Sie dieses Buch mit offenem Denken. Einige meiner Schlussfolgerungen beunruhigen oder schockieren Sie vielleicht. Ich habe mich sehr bemüht, keine Stereotype zu vertreten. Aber man kann kein Buch über Männer schreiben, ohne einige Verallgemeinerungen über die Geschlechter zu verwenden. (Ich sage zum Beispiel, dass Männer eher konkurrierend sind, Frauen mehr kooperativ. Nicht jeder Mann ist konkurrierender als jede Frau – betrachtet man aber die Geschlechter als Ganzes, dann stimmt die Beobachtung.) Wenn Sie mit 90 Prozent dessen übereinstimmen, was Sie hier lesen, dann verwerfen Sie bitte nicht das ganze Buch wegen der zehn Prozent, die Sie aufregen.

Dieses Buch ist nicht der perfekte Plan, um die Männer zurückzubringen. Stattdessen hoffe ich, dass es ein Streichholz ist, an dem sich Tausende von Gesprächen und Millionen von Gebeten über ein Problem entzünden, das wir viel zu lange ignoriert haben. Ich bete, dass Gottes Volk die Inhalte dieses Buchs prüft, verfeinert und verwendet, um viele Menschen zu Christus zu bringen.

Es gibt Hunderte toller christlicher Bücher, die Männern helfen, näher zu Christus zu kommen. Dieses hier gehört nicht dazu. Dieses Buch enthält nicht die üblichen Aufrufe zu Buße, Reinheit und Heiligkeit. Sie werden nicht erleben, dass ich über die Sünden spreche, die Männer für gewöhnlich in die Irre führen. Ich arbeite mit einem anderen Ansatz. Wie ich bereits gesagt habe, rufe ich nicht die Männer zurück zur Gemeinde. Stattdessen rufe ich die Gemeinde zurück zu den Männern.

Manchmal liest sich dieses Buch nicht wie der übliche christliche Wälzer. Ich werde keine Vorschläge machen wie etwa: „Wir sollten mehr beten" oder „Wir müssen Männern Gottes Liebe zeigen". Sie werden auch nicht auf jeder Seite eine Bibelstelle finden. Gebet und das Wort sind lebenswichtig, aber in diesem Buch konzentriere ich mich auf *praktische* Hindernisse, was die männliche Teilhabe angeht, weil darüber so wenig geschrieben wurde.

Dies ist auch kein Buch darüber, wie Männer sein *sollten*. Es ist so angelegt, dass es Einsicht in die Herzen der Männer gibt, um die

Kluft zwischen ihren Bedürfnissen und dem Dienst der Ortsgemeinde deutlich zu machen.[11] Also machen wir einen Deal: Ich rede Klartext über den Mann und Sie widerstehen beim Lesen dem Drang, die Phrase „Also, die Männer sollten einfach ..." zu verwenden. Dies ist kein Buch darüber, was Männer sein *sollten*. Wenn wir nicht mit Männern beginnen können, *so wie sie sind*, werden wir sie niemals erreichen.

Es interessiert Sie vielleicht, zu wissen, dass ich dieses Buch bei einer Reihe von Verlagen eingereicht habe, die es ablehnten. Ein Verlag war der Meinung, christliche Frauen würden mit dem Inhalt nicht klarkommen, da er nicht „süß genug" für sie sei. Meine Damen, was hätten Sie lieber – ein Buch, das Ihren Ohren schmeichelt oder eines, das Ihnen verrät, was Männer *wirklich* empfinden? Ich glaube, Sie sind robust genug, mit der Wahrheit über Männer umzugehen, selbst wenn sie keinen Zuckerguss hat. Dies ist eine prophetische Botschaft und sie kann an manchen Stellen negativ klingen. Bitte fassen Sie sie nicht so auf. Ich bin zuversichtlich, dass die Gemeinde wieder die richtige Richtung einschlagen wird, und Sie werden bei dieser Kehrtwende eine wichtige Rolle spielen.

Ich sehe es so: Stellen Sie sich vor, ein Schiff läuft in England aus, um Richtung New York zu fahren. Wenn das Schiff während der gesamten Reise nur ein paar Grad vom Kurs abkommt, wird es in Boston statt dem Big Apple ankommen. So geht es den meisten Kirchen heute – ein paar Grad vom Kurs abgekommen. Wir tun die Dinge, die Jesus uns aufgetragen hat. Großartige Dinge passieren in vielen Teilen der Welt. Aber wir brauchen ein paar feine Kurskorrekturen, um die Männer zurückzubringen. Nur dann werden wir das Ziel erreichen, das Jesus uns vorgegeben hat. Je länger wir warten, desto drastischer werden die Korrekturen sein müssen.

Bei all diesem Gerede über das Ändern des Gemeindekurses meinen Sie vielleicht, dieses Buch wäre für Pastoren und Leiter in der Gemeinde gedacht. Stimmt nicht. Es ist tatsächlich ein Buch für *weibliche Laien*. Ich bin wirklich der Überzeugung, dass Frauen eine Schlüsselrolle dabei spielen, ob die Männer zurückkehren. Weil Frauen die Mehrheit darstellen, was Besucher, Leitung und Ehrenamt angeht, haben sie den größten Einfluss in der Ortsgemeinde (selbst wenn ihnen das nicht bewusst ist). In aller Demut müssen Frauen beten und den Männern der Kirche erlauben, den Leib in Richtung eines Abenteuers zu führen. Ein beängstigendes Abenteuer. Ein „Das haben wir noch nie so gemacht"-Abenteuer.

Meine Damen, werden Sie sich selbst erlauben, in dieses Abenteuer hineingezogen zu werden, oder werden Sie sich an das sichere, vorhersehbare, gute Alte halten? Werden Sie Männern in Ihrer Ortsgemeinde erlauben, Risiken einzugehen, große Träume zu haben und bis an die Grenze zu gehen? Gott hat Männer für Abenteuer, Leistung und Herausforderung geschaffen und wenn sie diese Dinge nicht in der Gemeinde finden, dann eben woanders. Aber wenn Sie Ihrer Gemeinde erlauben, sich auf ein großes Abenteuer einzulassen, werden die Männer zurückkehren. Langsam aber sicher werden sie wieder kommen.

2

Warum es Claudias Mann hasst, zur Kirche zu gehen

Die Pianistin war gerade bei den Schlussakkorden, als sich Claudia auf ihren üblichen Platz setzte. Sie strich ihren adretten Baumwollrock glatt, setzte sich, atmete tief aus und versuchte innerlich, sich auf eine Begegnung mit Jesus einzustellen. Es war ein stressiger Morgen gewesen.

Felix, ihr zwölfjähriger Sohn, hatte einfach nicht aufstehen wollen. Er sagte, er hasse Kirche und wollte niemals wieder da hingehen. Claudia stritt mit Felix, aber der junge Mann spielte seine Trumpfkarte: „Warum muss ich zur Gemeinde gehen und Papa nicht?" In einem Wutanfall entriss Claudia ihrem rebellischen Sohn die Bettdecke und schickte ihn in die Dusche. Sie ging aus seinem Zimmer und kämpfte mit den Tränen.

Felix' Haltung begann sich auf seinen kleinen Bruder und seine Schwester auszuwirken. Während des Frühstücks fragten sie die ganze Zeit, ob sie zuhause bleiben dürften und jammerten über mysteriöse Bauchschmerzen. In einer Herkulesanstrengung schaffte sie es, dass ihre drei Kinder sich wuschen, frühstückten und schließlich pünktlich in ihren Sonntagsschulprogrammen landeten. Claudia hatte diese Schlacht gewonnen, aber sie war dabei, den Krieg zu verlieren.

Seit Jahren hatte Claudia viel in die geistliche Entwicklung ihrer Kinder investiert. Sie verpassten nur selten die Gemeinde. Sie arbeitete als Freiwillige im Ferienprogramm für Kinder mit und im Kindergottesdienst. Sie betete täglich für jedes Kind und sie jubelte, als eines nach dem anderen Jesus in sein kleines Herz einlud. Aber jetzt begannen sie, sich von der Gemeinde abzuwenden, ganz nach dem Vorbild Eddies, ihres Ehemanns.

Eddie. Er saß gerade im Schlafanzug zuhause, die Fernbedienung in der Hand. In den fünfzehn Jahren ihrer Ehe war er genau einunddreißig Mal zur Kirche gegangen: jedes Jahr an Weihnachten und Ostern, und bei ihrer Hochzeit. Eddie war ein guter Ehemann und Versorger, aber er war nicht der spirituelle Gefährte, nach dem sich Claudia sehnte.

Claudia versuchte, ihren Blick auf Jesus zu richten, aber sie konnte an nichts anderes denken, als an ihren geistlich toten Ehemann. In diesem Moment wurde sie von ihren Gefühlen überwältigt: Einsamkeit, Wut, Verbitterung und das überwältigende Empfinden der Niederlage. Ihre Augen füllten sich mit Tränen, als sie dachte: *Ich kämpfe mich total ab, damit sich das geistliche Leben der Kinder entwickelt. Eddie macht überhaupt nichts, und trotzdem folgen die Kinder seiner Richtung.*

Sie versuchte, die Stimme Gottes zu hören, doch eine andere Stimme flüsterte: *Wenn du einfach nur eine bessere Zeugin wärst, dann wäre Eddie heute ein Christ. Warum bist du heute bei Felix so ausgeflippt? Jetzt wird er sich niemals Jesus zuwenden. Du hättest sowieso Eddie niemals heiraten sollen. Das war ein großer Fehler.*

Claudia versuchte, sich an ein Wort aus der Bibel zu klammern. Ihre Gedanken wanderten zu einem Vers, den sie die letzten fünfzehn Jahre immer wieder für sich in Anspruch genommen hatte: *„Ihr Ehefrauen sollt euch euren Ehemännern unterordnen, auch dann, wenn sie nicht an die Botschaft Gottes glauben. Das Beispiel eures Lebens wird sie mehr überzeugen als alle Worte."* (1. Petrus 3:1). Diese Passage war in den Anfangsjahren ihrer Ehe Nahrung für ihre Seele gewesen, doch heute drangen die Worte wie ein Messer in sie. War sie nicht heilig genug? Hatte sie sich nicht genug untergeordnet? War sie nicht zärtlich und liebevoll genug?

Claudia blickte von ihrer Gebetshaltung auf und versuchte, trotz ihrer Tränen klar zu sehen. Ihr fielen verschiedene Paare auf, die in ihrer Nähe saßen: Paul und Nadine, Tom und Erika, Stephan und Judith. Als Stephan seinen Arm um Judith legte und sie sanft auf die Wange küsste, fühlte sie noch eine Emotion: Eifersucht. Sie bekannte ihre Sünde sofort dem Herrn, aber es war zu spät – diese Fantasie fing wieder an. *Da ist Eddie, der neben ihr in der Gemeinde steht, ihre Hand hält und voller Inbrunst Lobpreislieder singt. Im zweiten Akt der Fantasie sitzen Claudia und Eddie auf dem Bett, die Sonne scheint golden durch das Fenster und sie genießen zusammen den Kaffee und ihre morgendliche Stille Zeit. Im dritten Akt sitzt die Fa-*

milie gemeinsam bei einem opulenten Festtagsmahl und Eddie leitet die Familie im Gebet an. „Vater, ich möchte einen christlichen Ehemann", betete Claudia im Flüsterton. „Wird mein Mann jemals mit mir in die Kirche gehen?"

Die Antwort ist nein. Eddie wird niemals in Claudias Kirche gehen. Damit Sie verstehen, warum das so ist, möchte ich Ihnen gerne eine Geschichte aus meiner Kindheit erzählen.

Die Geschichte vom Thermostat

Ich bin in Houston, Texas, aufgewachsen. Jedes Mal, wenn mein Vater an einem unserer typischen heißen Sommerabende von der Arbeit heimkam, stellte er seine Aktentasche ab und bellte: „Hier ist es ja heißer als in der Hölle!" Dann ging er zum Thermostat und drehte ihn auf etwa 20 Grad. Die Klimaanlage sprang an und unser Haus wurde von einem Strom kühler Luft durchweht.

Das scheuchte meine Mutter zum Schrank im Flur, wo sie ihre altbewährte Wolljacke aufbewahrte. Sie fühlte sich wohl, wenn der Thermostat auf 25 Grad eingestellt war. Meine Mutter ist die einzige Frau in der texanischen Geschichte, die den ganzen August über eine Wolljacke trug.

Wenn mein Vater nicht da war, konnte meine Mutter den Thermostat so einstellen, wie sie mochte. So ist das in den meisten Gemeinden. Die Männer sind dort schon so lange abwesend oder blutleer, dass der *geistliche Thermostat* in beinahe jeder Gemeinde auf die Leute eingestellt ist, die tatsächlich dort auftauchen und teilnehmen: Frauen, Kinder und alte Menschen. Männer dagegen ersticken in dieser Atmosphäre und deshalb gehen sie.

Wenn ich *geistlicher Thermostat* sage, dann spreche ich nicht über die Temperatur im Gemeindegebäude. Ich spreche vielmehr über die Kultur der heutigen Kirchen, eine Kultur, in der Sicherheit vor Risiken geht, Stabilität vor Veränderungen, das Bewahren über das Expandieren und die Vorhersehbarkeit über das Abenteuer. Ignorieren Sie, was von der Kanzel gepredigt wird und sehen Sie sich einmal an, was tatsächlich am Sonntagmorgen passiert. Beinahe jedes Detail der Gemeinde heute – die Art und Weise, wie gelehrt wird, die Dienste, das Verhalten, das von Leuten erwartet wird, sogar die gängigen Bilder von Jesus – entsprechen den Bedürfnissen und Erwartungen eines weitgehend weiblichen Publikums. Gemeinde ist

süß und sentimental, aufbauend und *nett*. Frauen blühen in einer
solchen Umgebung auf. Um es einmal in modernen Worten zu sagen: Frauen sind die Zielgruppe der heutigen Kirche.

Warum? Weil sie kommen! Erwachsene Frauen überwiegen zahlenmäßig die Männer beinahe zwei zu eins in einer typischen Gemeinde. Frauen arbeiten mit wesentlich größerer Wahrscheinlichkeit
mit und besuchen öfter Gemeindeveranstaltungen.[1] Ohne das schon
beinahe übermenschliche Engagement der Frauen kämen die kirchlichen Programme zu einem jähen Ende. Die Pastoren wissen das, und
so arbeiten sie sehr hart daran, Frauen zu rekrutieren und zu behalten.

Claudia mag die warme, familiäre Atmosphäre ihrer Gemeinde.
Jeder Sonntag ist wie ein großes Familientreffen. Aber Eddie hasst
es. Er kann nicht wirklich sagen warum; er weiß nur, dass er es nicht
ausstehen kann. Als er das letzte Mal in der Gemeinde war, fühlte er
sich so deplatziert wie ein Schweinenackensteak auf einer muslimischen Hochzeit. Also greift er zu den üblichen Ausreden: „Es ist langweilig. Es ist irrelevant. Da sind lauter Heuchler." Wenn man wirklich
auf ihn eindringt, dann sagt er: „Kirche ist sinnlos. Ich sehe keinen
Sinn darin, einmal pro Woche zusammenzukommen, um nette Dinge
über Gott und übereinander zu sagen."

Trotz ihrer geistlichen Differenzen führen Eddie und Claudia eine
gute Ehe. Sie sind bei so ziemlich allen Dingen einer Meinung – außer
was Kirche und die Auswahl der Filme angeht, die sie sehen möchten.
Eddie mag Action- und Abenteuerfilme, Claudia dagegen bevorzugt
romantische Komödien und Frauenfilme. Vielleicht liegt hier ja ein
Hinweis.

Filme haben auch einen Thermostat

Wenn es Ihnen schwerfällt, das Konzept eines geistlichen Thermos-
tats zu verstehen, dann holen Sie sich eine Tüte Popcorn und ein
Kinoticket. Jeder Film hat einen Thermostat, der auf eine bestimmte
Art von Publikum eingestellt ist. Versucht der Filmemacher, ein
männliches Publikum anzusprechen, dann packt er in den Spielfilm
Dinge, auf die Männer stehen: explodierende Gebäude, Autos, die zu
Schrott gefahren werden, Feuergefechte und Körper, die durch die
Luft fliegen. Es gibt Spannung, Intrigen und einen Helden, der die
Welt gegen alle Widerstände schließlich doch noch rettet. Sehen Sie

sich einmal das Regal mit den Actionfilmen in Ihrer Videothek an und Sie werden Hunderte von Filmen entdecken, deren Thermostat auf Männer eingestellt ist.

Möchte ein Filmemacher hingegen den Thermostat auf Frauen einstellen, dann baut er jede Menge spritziger Dialoge ein, schöne Kostüme, Blumen und wundervolle Landschaften. Die Stars des Films sind ein hübsches Paar, das nach einer Reihe von unglücklichen Verkettungen am Ende in einer glücklichen Beziehung landet. Gehen Sie zum Regal mit den romantischen Komödien und Sie finden Hunderte dieser Frauenfilme.

Filme spiegeln unsere Fantasien wider. Männer träumen davon, die Welt trotz widriger Umstände zu retten. Frauen träumen von einer Beziehung mit einem wunderbaren Mann.

Was betont also die Kirche heute? *Beziehungen:* Eine persönliche Beziehung mit Jesus und gesunde Beziehungen mit anderen. Durch die Konzentration auf Beziehungen stellt sich die Kirche an die Seite der Frauen und erfüllt deren tiefstes Verlangen.

Doch nur wenige Gemeinden spiegeln die Werte der Männer wider: Risiko und Belohnung, Errungenschaften, das heldenhafte Opfer, Action und Abenteuer. Jeder Mann, der diese Werte in einer typischen Gemeinde ausleben möchte, wird sich ziemlich schnell in Schwierigkeiten mit dem Gemeinderat wiederfinden.

Deshalb hasst Eddie es, zur Gemeinde zu gehen. Er findet es langweilig und irrelevant, weil er seine Werte hier nicht wiederfindet. Er findet die Kirche aus demselben Grund lahm, aus dem er auch Frauenfilme zum Gähnen findet: Weder das eine noch das andere entspricht seinem männlichen Herzen. Eddie hat keine Sehnsucht danach, sich in einen wunderbaren Mann zu verlieben, selbst wenn der Jesus heißt.

Wer hat jetzt also Recht, Eddie oder Claudia? Sollte die Gemeinde eher wie eine romantische Komödie oder wie ein Action-/Abenteuerfilm sein? Um es anders auszudrücken: Ist es der Sinn des christlichen Lebens, eine glückliche Beziehung mit einem wunderbaren Mann zu finden oder die Welt im Angesicht schier unüberwindbarer Widerstände zu retten?

Männer wollen immer erfolgreich sein, selbst in der Gemeinde

Männer wollen bei allem, was sie tun, erfolgreich sein. Kompetenz ist ihnen sehr wichtig. Sie halten nie an, um nach dem Weg zu fragen, weil das ihre Kompetenz als Navigator infrage stellen würde. Männer sind außerdem wettbewerbsorientiert. Sie möchten in jeder Situation gewinnen.

Wenn es aber darum geht, Gemeinde richtig aufzuziehen, dann ist Eddie inkompetent. Er ist ein Depp. Ein Loser. Und er hat schlechte Karten. Wie die meisten Männer besitzt er nicht die natürlichen Gaben, die einen guten Gemeindebesucher ausmachen. Er kann sich nicht gut ausdrücken, sei es mit Worten oder mit Gefühlen. Er ist kein guter Lehrer oder Sänger. Er fühlt sich unwohl, wenn er laut beten oder die Hand eines Fremden halten soll.

Claudia dagegen ist absolut fabelhaft, was ihre Teilnahme an der Gemeinde angeht. Ihre fürsorgliche Haltung, ihre Beziehungsfähigkeit und emotionale Feinfühligkeit machen aus ihr den idealen Gemeindebesucher. Sie weiß genau, was sie in jeder Situation sagen kann. Sie gurrt ganz automatisch, wenn sie ein Baby sieht, kümmert sich ganz selbstverständlich um kleine Kinder und hat immer ein Taschentuch bereit, falls eine Freundin traurig sein sollte. Frauen glänzen in der Gemeinde tatsächlich viel mehr als Männer, weil ihre natürlichen weiblichen Gaben sie wesentlich besser bei der geistlichen Arbeit der heutigen Kirche sein lassen: Beziehungen pflegen, einfühlsam sein und sich verbal ausdrücken.

Da Frauen so viel besser dabei sind, Gemeinde zu leben, hat Eddie keine Lust darauf, auf diesem Feld zu konkurrieren. Um in Claudias Gemeinde wirklich gewinnen zu können, müsste er mehr erleben als nur eine Bekehrung; er müsste sich einer Persönlichkeitstransplantation unterziehen.

Männer brauchen es, gebraucht zu werden. Die heutige Kirche braucht Eddie nicht, weil sie seine Gaben nicht braucht. Tatsächlich stellen seine männlichen Gaben häufig den Sand im Getriebe der Gemeindemaschine dar. Wenn doch das Christentum nur Risikobereitschaft, Mut, Aggression und heldenhafte Selbstaufopferung verlangen würde, dann könnte Eddie vielleicht seinen Platz in der Gemeinde finden.

Männer wie Eddie wenden sich von Kirche ab und suchen nach einer Umgebung, deren Thermostat nach ihrem Geschmack eingestellt ist. In Sport, Karriere, Hobbys, Outdoor-Aktivitäten, dem Aufbauen von Reichtum und selbst in Videospielen finden sich die Kernwerte von Männern wieder. Ein wettbewerbsorientiertes Umfeld ermöglicht es Männern, nach Größe zu streben. Die Kirche tut das nicht.

Im Grunde genommen brauchen Männer eine Beziehung zu Gott, aber die meisten Jungs kommen einfach nicht über das negative Bild von Gemeinde hinweg. Dan Erickson und Dan Schaffer schreiben:

> Die meisten Männer, die zu einer Gemeinde gehören, sind der Ansicht, dass die Kirche für ihr Leben keinen dauerhaften Wert darstellt. Ein typischer männlicher Erwachsener in unserer Gesellschaft verbringt seinen Sonntag mit größerer Wahrscheinlichkeit vor dem Fernseher und sieht sich Sport an als in einem Gottesdienst. Die Mehrheit der kirchenfernen Männer ist der Meinung, eine Teilnahme am Gemeindeleben sei nicht zu rechtfertigen, weil die Rendite für die investierte Zeit, Aufmerksamkeit und Energie zu gering ist.[2]

Müssen wir das Evangelium verwässern, um Männer anzuziehen? Mit Sicherheit nicht. Jesus hatte überhaupt kein Problem, Männer anzuziehen. Fischer ließen ihre vollen Netze einfach liegen und folgten ihm, doch die heutige Gemeinde kann Männer nicht davon überzeugen, ihre Fernbedienung für ein paar Stunden pro Woche beiseitezulegen. Die gute Nachricht lautet: Jesus lebt heute. Er möchte Männer ansprechen – wenn nur die Kirche ihn lässt.

3

Männer sind nicht die Einzigen, die nicht in der Kirche sind

In den ersten beiden Kapiteln haben wir Eddie und Cliff kennengelernt, maskuline Männer, die es hassen, zur Kirche zu gehen. Es ist doch anscheinend so: Je männlicher der Mann, desto weniger begeistert ist er vom Christentum.

Doch Männer wie Eddie und Cliff sind nicht die einzigen, die einen Bogen um den wöchentlichen Gottesdienst machen. Die Forschung sagt uns, dass junge Erwachsene beiderlei Geschlechts die Altersgruppe sind, die an einem typischen Wochenende mit der geringsten Wahrscheinlichkeit zur Kirche geht.[1] Cameron Strang merkt dazu an: „Schauen Sie in die Kirchen. In den meisten wird Ihnen etwas im Hinblick auf Männer und Frauen in den 20ern auffallen: Es gibt nicht viele. Für die meisten Zwanzig- bis Dreißigjährigen ist die Kirche irrelevant."[2]

Andererseits hat das Christentum eine rekordverdächtige Menge an Frauen und älteren Erwachsenen. Die Besucher der Kirche setzen sich wie folgt zusammen:[3]

Wer am wahrscheinlichsten in der Kirche ist	Wer am wahrscheinlichsten NICHT in der Kirche ist
Frauen	Männer
Ältere Erwachsene ab 50	Junge Erwachsene von 18 bis 29

Ich glaube, Frauen und Ältere werden deshalb von der Gemeinde so angezogen, weil sie ihr Herz trifft. Sie ist um ihre Werte herum aufgebaut. Männer und junge Erwachsene jedoch ignorieren sie, weil viele Gemeinden ihre Werte ignorieren oder verteufeln.

Was meine ich damit? Studien zeigen, dass Männer und junge Erwachsene eher *an Herausforderungen orientiert* sind. Einige ihrer Schlüsselwerte sind Abenteuer, Risiko, Wagemut, Unabhängigkeit, Veränderung, Konflikt, Abwechslung, Spaß und Belohnung. Wer einer solchen Gruppe angehört, sucht wahrscheinlich Nervenkitzel, ist risikobereit und lässt sich auf Herausforderungen ein. Diese Menschen möchten als mutig, abenteuerlustig, ja sogar *gefährlich* bei ihren Freunden bekannt sein.

Auf der anderen Seite zeigen Studien, dass Frauen und Ältere eher *sicherheitsorientiert* sind. Zu ihren Schlüsselwerten gehören Sicherheit, Stabilität, Harmonie, Zusammenarbeit, Vorhersehbarkeit, Schutz, Behaglichkeit, Verantwortlichkeit, Unterstützung und Tradition. Angehörige dieser Gruppen gehen wahrscheinlich lieber auf Nummer sicher und vermeiden Risiken. Für sie ist es in Ordnung, bei ihren Freunden als zuverlässig, praktisch und freundlich bekannt zu

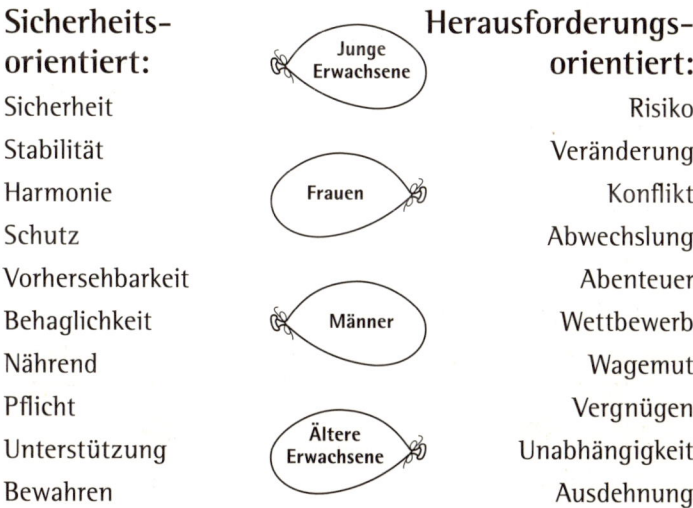

Sicherheits- orientiert:	Herausforderungs- orientiert:
Sicherheit	Risiko
Stabilität	Veränderung
Harmonie	Konflikt
Schutz	Abwechslung
Vorhersehbarkeit	Abenteuer
Behaglichkeit	Wettbewerb
Nährend	Wagemut
Pflicht	Vergnügen
Unterstützung	Unabhängigkeit
Bewahren	Ausdehnung

(*Anmerkung des Autors:* Diese Grafik ist nicht als exakte wissenschaftliche Illustration der Werte dieser Bevölkerungsgruppen gedacht. Sie zeigt jedoch Charakteristiken, die über Jahrzehnte in Studien und Meinungsumfragen festgestellt wurden.)

sein. Natürlich gibt es Ausnahmen zu diesen Verallgemeinerungen. Es gibt genauso Teens, die eher vorsichtig sind, wie es Senioren gibt, die zum Bungee-Jumping gehen. Es gibt praktische junge Männer und gefährliche Frauen im mittleren Alter. Aber wenn diese vier Bevölkerungsgruppen abstimmen müssten und ihre Werte in einem Diagramm dargestellt würden, dann sähe die Verteilung in etwa so wie die vier Ballons (Seite 31) aus. Dabei stellen die größeren Seiten die Mehrheit der Antwortenden, die schmaleren die Minderheit dar.

Sehen Sie sich die Werte links und rechts auf der Grafik gut an. Welchen Werten begegnet ein Gottesdienstbesucher am ehesten am Sonntagmorgen? Bietet die Kirche von heute eine sichere oder eine herausfordernde Umgebung? Die Antwort ist klar. In einer Welt der dauernden Veränderung ist die Kirche ein Fixpunkt der Stabilität, Vorhersehbarkeit und Tradition. In einer gefährlichen und risikoreichen Welt ist sie ein Zufluchtsort der Sicherheit und des Schutzes. Claudia hält Ausschau nach einem Fixpunkt, einem Zufluchtsort in ihrem unvorhersehbaren, gehetzten Leben. Eddie nicht. Sie möchte Sicherheit. Er will Herausforderung.

Viele junge Leute sind schlichtweg gelangweilt: Geschäftigkeit, Verpflichtung, Rituale, Ausbildung und Pflicht sind die Säulen des modernen Gemeindelebens. Cynthia Woolever und Deborah Bruce machten eine Umfrage unter amerikanischen Gottesdienstbesuchern und fanden heraus, dass „ein großer Prozentsatz angibt, den Gottesdienst zum Erfüllen einer Verpflichtung zu besuchen."[4] *Ich schulde, schulde, schulde, weshalb ich die Kirch' erdulde.* Männer lassen sich kaum durch Schuld, Pflicht oder Verpflichtung motivieren.

Unsere Gemeinden kommen in Bezug auf Männer und junge Erwachsene nicht in Schwung, weil deren abenteuerlustige Mentalität einen Horror für die Sicherheit der modernen Kirche darstellt. Wie gesagt, wir sprechen hier nicht davon, was gepredigt und gelehrt wird. Der Pastor hält vielleicht aufrüttelnde Predigten, aber das tatsächliche christliche Leben, wie es von den meisten Gemeindebesuchern gelebt wird, ist ungefähr so herausfordernd wie das Malen mit Fingerfarben und so aufregend wie ein Marmeladebrot.

Natürlich gibt es junge Erwachsene und Männer, die die Kirche genau so lieben, wie sie ist. (Sie tauchen in der Grafik auf.) Es gibt eine deutliche Minderheit von jungen Erwachsenen und Männern, die sicherheitsorientiert sind. Deshalb findet man so viele nette, sichere, vorhersehbare Jungs in der Kirche. Die moderne Kirche zieht tendenziell alle Personen – Mann oder Frau – an, die sicherheitsorientiert sind. Und dabei stößt sie all diejenigen ab, die herausforderungsorientiert sind. (Ich werde noch mehr Fakten spezifisch dazu in Kapitel 9 liefern, „Die Persönlichkeitslücke".)

Wenn es um Männer geht, dann fischt die moderne Kirche mit dem falschen Köder. Es gibt einfach nicht so viele sicherheitsorientierte Männer wie solche, die an Herausforderungen orientiert sind. Und darum fängt die Kirche weniger Männer.

War es die Absicht Jesu, dass seine Gemeinde ein Ort der Sicherheit werden sollte, frei von Risiken, Herausforderungen und Abenteuer? Ist Christus gekommen, um die Männer zu zähmen oder um sie zu befreien? Wünscht sich Jesus brave Männer oder wilde Männer? John Eldredge meint dazu: „Ich glaube, die meisten Männer in der Kirche glauben, dass Gott sie auf die Erde gestellt hat, damit sie ein guter Junge sind."[4] Sei vorhersehbar. Pflege die Tradition. Halte deine Versprechen. Sei nett.

Und jetzt probieren Sie mal das: *Sei gefährlich.* Wie wäre es, wenn das unsere Botschaft an die Männer wäre? Wenn der Besuch einer Gemeinde die Aussicht auf Risiken, Abenteuer und Wagemut beinhalten würde, dann gäbe es eine Fülle von Männern, Teenagern und jungen Erwachsenen, die auf der Matte stehen. Das ist genau das, was wir heute in der verfolgten Kirche sehen. Und das war auch die Situation in der frühen Gemeinde, als Christen regelmäßig gesteinigt, geschlagen oder an hungrige Löwen verfüttert wurden. Wenn es gefährlich ist, ein Christ zu sein, sind die Männer eher mit von der Partie.

Doch in der Gemeinde heute dreht sich alles um Sicherheit. Was ist unser beliebtestes Gebetsanliegen? „Herr, schütze uns. Schütze unsere Kinder. Wache über uns und bewahre uns." Gottes Aufgabe ist es, für den reibungslosen Verlauf unseres wohlgeordneten Lebens zu sorgen.

Wenn wir diesen Ruf als ein Ort für kleine alte Damen beiderlei Geschlechts loswerden wollen, müssen wir neu verstehen, welche Herausforderung es darstellt, Jesus nachzufolgen. Im christlichen Leben geht es nicht darum, ein netterer Mensch zu werden. Es ist eine abenteuerliche Suche. Wenn Männer andere Männer bei einem abenteuerlichen Leben beobachten, dann wollen sie da auch mit. Wenn junge Erwachsene die Gemeinde als den Ort betrachten, an dem ein erfülltes (weil herausforderndes) Leben zu finden ist, werden sie wiederkommen.

Es gibt weise Gemeinden, die Risiken eingehen, große Träume hegen und ein gewisses Maß an Abenteuer wieder zurück in das christliche Leben bringen. Sie sind auf Werte aufgebaut, mit denen sich Männer identifizieren können. Sie setzen hohe Maßstäbe und verlangen viel von ihren Mitgliedern. Ihre Mitglieder werden ermutigt, Wirbel zu schlagen, einander herauszufordern und Risiken einzugehen. Kurz, diese Gemeinden haben Mut. Die biblische Übersetzung des Wortes *Mut* ist „Glaube". Lesen Sie irgendein Buch über Gemeindewachstum: Die Gemeinden, die die kirchenfernen Menschen erreichen, treten aus der Deckung und erreichen großartige Dinge. *Männer werden von Gemeinden (und Christen) mit Mut angezogen.*

Herausforderung:
Der Schlüssel, um Frauen zu erreichen?

Frauen kehren der Kirche ebenfalls den Rücken zu. Das amerikanische Umfrageinstitut Barna Research berichtet, dass der Gemeindebesuch von Frauen sich von 1991 bis 2000 um 20 Prozent verringert hat. Die ehrenamtliche Mitarbeit in Ortsgemeinden ging sogar um 21 Prozent während dieses Zeitraums zurück. Frauen im Alter von achtzehn bis vierunddreißig bilden die Altersgruppe, die mit größter Wahrscheinlichkeit nicht an Gemeinde teilnimmt.[6] Es ist nicht schwer zu verstehen, warum das so ist. Frauen erobern die frühere männerdominierte Welt der Arbeit, des Sports und der höheren Bildung und werden dabei vertrauter mit den maskulinen Werten, denen sie begegnen. Die jungen Frauen von heute suchen Abenteuer und Herausforderungen, die genauso Respekt einflößend wie die von Männern sind. Das Umstellen des Thermostats in der Kirche von Sicherheit auf Herausforderung könnte deshalb durchaus auch der Schlüssel dafür sein, die nächste Generation von Frauen zu erreichen.

Was können Sie tun? Werfen Sie einen ehrlichen Blick auf den Thermostat Ihrer Gemeinde. Gehen Sie als Gemeinschaft Risiken ein? Fordern Ihre Mitglieder einander heraus oder beruhigen sie einander? Wie steht es mit Ihnen persönlich: Suchen Sie in ihrem Leben mit Gott Abenteuer oder Sicherheit? Beten Sie für Gottes Willen oder seinen Schutz? Begrüßen Sie Veränderung oder versuchen Sie, diese zu verhindern? Wenn Sie Männer (und junge Erwachsene) wieder in der Gemeinde sehen wollen, dann drehen Sie den Thermostat von

Sicherheit in Richtung Herausforderung. Wenn Gemeindeleiter den Leib in Richtung des Unbekannten drängen, dann stehen Sie ihnen nicht im Weg. Bleiben Sie stattdessen dran und genießen Sie die Reise!

4

Maskuliner und femininer Geist

Stegreifaufgabe: Betrachten Sie diese beiden Wertelisten. Welche davon charakterisiert am besten Jesus Christus und seine wahren Nachfolger?

Linke Gruppe	Rechte Gruppe
Kompetenz	Liebe
Macht	Kommunikation
Effizienz	Schönheit
Ziele erreichen	Beziehungen
Fähigkeiten	Unterstützung
Sich selbst beweisen	Hilfe
Ergebnisse	Aufbauen
Errungenschaften	Gefühle
Objekte	Sich mitteilen
Technologie	In Beziehung treten
Zielorientiert	Harmonie
Selbstgenügsam	Gemeinschaft
Erfolg	Liebevolle Zusammenarbeit
Wettbewerb	Persönlicher Ausdruck

Im Laufe der Jahre habe ich dieses Diagramm Hunderten von Leuten gezeigt: Männern und Frauen, Christen und Nicht-Christen. In mehr als 95 Prozent der Fälle entschieden sich die Befragten für die rechte Gruppe als beste Charakterisierung echter christlicher Werte. Sie haben das vermutlich auch getan.

Ich habe diese Listen dem ersten Kapitel des Bestsellers *Männer sind vom Mars, Frauen von der Venus* entnommen. Die linke Gruppe enthält die Werte des Mars, die rechte die Werte der Venus. Diese Übung macht deutlich: Wenn Menschen an Christus und seine Nachfolger denken, dann denken sie an weibliche Werte. In ihrem Denken besitzt Jesus die Werte, die natürlicherweise einer Frau zugesprochen werden – deshalb sollten wahre Jünger Jesu Werte annehmen, die normalerweise bei Frauen zu finden sind und diejenigen ablehnen, die am häufigsten bei Männern auftauchen.

Dr. Woody Davis von TEAMinistry hat diese Thematik in einer formelleren Weise studiert. Davis „hielt eine Reihe von Fokusgruppen ab, um die Hauptthemen des christlichen Glaubens zu ermitteln. Die zehn meistgenannten Antworten kamen alle aus dem weiblichen Set der amerikanischen Kultur. Dazu gehören Themen wie Unterstützung, Fürsorge, Demut und Abhängigkeit."[1] Unter Religiösen wie Unreligiösen herrscht weitgehend Übereinstimmung darüber, dass Christsein bedeutet, weibliche Werte anzunehmen.

Können Sie mir sagen, wann weibliche Gaben gleichbedeutend mit christlichem Gutsein wurden? Die frühen Christen waren bekannt für ihre Risikobereitschaft, Macht, Aggressivität und ihre heldenhafte Opferbereitschaft. Aber irgendwo in der Kirchengeschichte hat jemand an der Definition eines Christen herumgepfuscht! Heute ist ein *guter Christ* bekannt für seine Sanftmut, Sensibilität, Passivität und Lieblichkeit. Dieser Verhaltensstandard ist extrem hart für Männer (selbst solche, die total an Jesus hingegeben sind), während er für Frauen einfacher zu erreichen ist. Männer bekommen diese Botschaft: *So wie Gott dich gemacht hat, bist du nicht in Ordnung. Du brauchst eine Generalüberholung.* Und wir wundern uns, warum es Männer hassen, zur Kirche zu gehen.

Kirche: Ist das nicht ein Männerclub?

Seit Jahren erzählen uns Experten, die Gemeinde sei ein Männerclub. Feministinnen verdammen sie als hierarchisch und männerdominiert. Akademiker betrachten die Kirche als zu patriarchalisch. Reformatoren beschweren sich über die Sprache der Bibel und Kirchenlieder, die sexistisch sei und Frauen ausschließe. Liberale beschuldigen bestimmte Kirchen der Unterdrückung von Frauen, weil sie sich weigern, diese als Pastoren oder Älteste zuzulassen. Die Medien haben jedes Mal einen Heidenspaß, wenn eine führende Persönlichkeit der Kirche das Wort *Unterordnung* gebraucht.

Vielleicht haben Sie schon einmal die Geschichte der Blinden gehört, die einen Elefanten beschreiben wollten. Jeder von ihnen basierte seine Beschreibung auf den Teil, den er berührte. Auf gleiche Weise kann man die Gemeinde sowohl als männlich als auch als weiblich dominiert beschreiben. Wenn man auf die vergleichsweise dünne Schicht des professionellen Klerus schaut, dann *ist* die Kirche von Männern dominiert. Betrachtet man aber die Leiterschaft im Bereich der Laien und die idealen christlichen Werte, dann ist das Christentum weiblich dominiert. Die Kirche ist eine ganz spezielle Organisation, die von Männern geführt, aber von Frauen und deren Werten dominiert wird. Dr. Leon Podles drückt das sehr schön aus: „Moderne Kirchen sind Frauenclubs mit ein paar männlichen Beamten."[2]

Meine Frau hat einmal einen Schokoladenkuchen gebacken und ihn auf die Küchentheke gestellt, mit einem Zettel, auf dem stand: „Hau rein!" Schokolade und ich haben eine spezielle Beziehung, und so habe ich mir schnell ein Messer geschnappt und die dicke braune Glasur durchschnitten. Zu meinem Entsetzen kam darunter ein heller Kuchen zum Vorschein. Die Gemeinde ist wie dieser Kuchen. Auf der Oberfläche sieht sie männerdominiert aus, doch innen ist sie in jeder Hinsicht weiblich. Männer wie Eddie und Cliff haben ihre Messer genussvoll in den Kuchen gleiten lassen, aber keine Schokolade gefunden. Also zogen sie sich wieder zurück.

Um wirklich gesund zu sein, muss Gemeinde ein Marmorkuchen sein. Wie Sie wissen, sind hier heller und schokoladiger Teig gemischt. Jede Gemeinde braucht eine ordentliche Portion sowohl des *männlichen Geistes* als auch des *weiblichen*. Man findet diese Balance in den Kirchen, die heute wachsen. Die männliche Ausrichtung auf Qualität, Effektivität und Leistung durchdringt alles, was sie tun. Dennoch sind sie Menschen gegenüber unterstützend, fürsorglich und sanft.

Der feminine und der maskuline Geist

Was meine ich mit femininem und maskulinem Geist? Hier ist ein Beispiel: Die Welt des Sports strotzt nur so vor maskulinem Geist. Die Kernwerte des Sports sind Wettbewerb, Leistung und Sieg. Andererseits ist die Grundschulbildung vom weiblichen Geist durchdrungen. Hier sind die Kernwerte Harmonie, Zusammenarbeit und Fürsorge.

Der weibliche Geist ist wunderbar. Eine Kirche muss ihn haben. Doch die meisten von ihnen heute sind aus dem Gleichgewicht geraten, voll femininem Geist, während der maskuline Geist kaum vorzufinden ist. Männer spüren das und ziehen sich zurück.

Wenn sich der maskuline Geist in der Gemeinde zeigt, dann verdammen ihn sowohl die Christen wie auch die Nicht-Christen in Bausch und Bogen. Menschen, die heutzutage die Wahrheit mutig aussprechen, werden unterdrückt, weil sie ja die Gefühle eines anderen verletzen könnten. Leiter, die mutige Schritte wagen, werden des Machthungers beschuldigt. Bemühungen, die Kirche effizienter oder effektiver zu machen, werden im Namen der Harmonie vertagt. Kirchen, die spezifische Ziele besitzen und Leistung messen, werden als zu sehr auf Zahlen fokussiert abgekanzelt. Und wie oft haben wir diesen Spruch gehört: „Die Kirche wird zu sehr als Geschäft betrieben"?

Noch einmal, ich möchte glasklar zwei Dinge sagen: Erstens, die Rückkehr des maskulinen Geistes bedeutet nicht männliche Dominierung. Ebenso wenig ist damit ein zorniges, mit dem Finger zeigendes, auf die Kanzel dreschendes Christentum gemeint. Nein, es gibt eine lebensspendende Seite des maskulinen Geistes, die in der heutigen Kirche fehlt. Gemeinden brauchen maskuline Stärke, Größe und Entschlossenheit. Zweitens, die Antwort liegt *nicht* im Triumph des maskulinen Geistes über den femininen. Eine Gemeinde benötigt beides. Ein Mangel sowohl des einen, wie auch des anderen führt zu Missbrauch.

Zu viel maskuliner oder femininer Geist führt zu geistlichem Missbrauch

Eine Gemeinde mit zu viel maskulinem Geist verfällt der Gesetzlichkeit. Alles dreht sich nur noch um Leistung – was man für Gott tut. Häufig gibt es einen Pastor, der die Gemeinde mit eiserner Faust regiert. Da existieren alberne Regeln, frustrierende Rituale, simplifizierende Schwarz-Weiß-Antworten, die im wirklichen Leben nicht funktionieren. Es geht um Furcht, nicht um Gnade. Erlösung ist ein Gnadengeschenk, aber alles andere muss man sich verdienen.

Eine gesetzliche Gemeinde kann schrecklichen Missbrauch hervorbringen. Ich habe eine Freundin, die körperlich und verbal von ihrem Ehemann missbraucht wurde. Sie wandte sich an die Ältesten der Kirche und bat um Hilfe. Diese Männer lasen ihr die Bibel vor und beschuldigten sie, „unter dem Einfluss eines Geistes der Rebellion" zu stehen. Sie sagten ihr, sie solle „nach Hause gehen und sich ihrem Mann unterordnen". Den Mann haben sie nicht gescholten; er durfte sich weiterhin seiner Position in der Gemeinde erfreuen.

Zu viel maskuliner Geist besitzt das Potenzial, diese Art von Missbrauch hervorzubringen. Man könnte darum auf die Idee kommen, die Lösung bestünde darin, den maskulinen Geist zugunsten des weiblichen abzulehnen. Dies führt jedoch zu einer anderen Art von Missbrauch, den ich *Dornröschen-Christentum* nenne: Man taucht am Sonntag auf, nimmt an linientreuen Ritualen teil, hört kopflastige Predigten über bekannte Wahrheiten und geht dann heim, nur um den Glauben bis nächsten Sonntag zu vergessen. Dornröschen-Christentum ist die Plage des heutigen Amerika. Nachdem Cynthia Woolever und Deborah Bruce mehr als eine Million Kirchenbesucher befragt hatten, berichteten sie, dass „die Hälfte aller Gottesdienstbesucher angeben, nicht in ihrem Glauben zu wachsen."[3] Ich vermute, die wirkliche Zahl liegt bei 75 bis 80 Prozent; würden Sie denn schließlich bei einer Umfrage jemandem gegenüber zugeben, dass Sie nicht im Glauben wachsen?

Gesetzlichkeit macht Schlagzeile, doch das Dornröschen-Christentum ist das tatsächliche Krebsgeschwür der heutigen Gemeinde. Seine Schlüsselcharakteristik ist die Behaglichkeit. Jeder ist nett zu jedem. Und wir wählen die Gemeinde danach aus, wie wohl wir uns dort fühlen. Ich wünschte, ich hätte einen Dollar für jede Unterhaltung wie die Folgende bekommen, die ich gehört habe:

CORINNA: Warum hast Du Dich für die Paulusgemeinde entschieden, Maria?

MARIA: Ich fühle mich hier so wohl. Jeder ist so nett zu mir und den Kindern. Der Pastor ist so nett.

Männer kämpfen bei dieser Art von Religion mit Brechreiz. Das ist Guglhupf – weich, schwammig und unbefriedigend. Es spiegelt die Wildheit Jesu nicht wider. Wo immer Christus auch hinging, sorgte er für Aufruhr und Unannehmlichkeiten. Er scheute nicht davor zurück, Leute zu beschimpfen (Mt 23:13-29). Er nannte sogar seinen besten Freund „Satan" (Mk 8:33). (Das war eine brutale Beleidigung, so, als würde man einen Holocaust-Überlebenden „Hitler" nennen.) Obwohl er die Notleidenden tröstete, war eine Begegnung mit Jesus oft eine unbequeme Erfahrung, besonders für religiöse Leute.

Ist das Dornröschen-Christentum wirklich Missbrauch? Ja, genauso wie Gesetzlichkeit Missbrauch ist. Die Menschen betrachten es nicht als solches, weil es weder sensationell noch aufsehenerregend ist. Es eignet sich nicht gut für Klatsch. Es fühlt sich so nett an. Aber dennoch ist es Missbrauch. Gemeinden trösten Christen zu Tode, denn der feminine Geist hat die Regie übernommen und der maskuline hat sich zurückgezogen. Und dementsprechend auch die Männer.

Das Problem von zu viel femininem Geist

Männer wie Cliff und Eddie widersetzen sich der Kirche wegen ihres femininen Geistes. Von dem Moment an, in dem sie das Gebäude betreten, fühlt es sich für sie nicht richtig an. Sie wissen nicht warum, aber etwas in ihnen ruft: *Du bist hier fehl am Platz! Bring dich in Sicherheit!* Es ist dasselbe Unwohlsein, das einen Mann befällt, wenn ihn seine Frau dazu bringt, mit ihm die Damenabteilung bei Karstadt zu besuchen.

> Frau: Schatz, halte doch mal meine Handtasche, damit ich diese Blusen anprobieren kann. Du kannst auf dem Hocker hier sitzen.

Jungs, ihr wisst, wovon ich spreche. Ihr habt auf diesem Hocker gesessen: Eine harte Metallplatte, die mit einem durchgesessenen Samtpolster überzogen ist. Ihr habt euch umgesehen und Regale mit BHs, Blusen, Röcken und die Schaufensterpuppe mit der unglücklichen Frisur gesehen. Die Abteilung für Damenbekleidung ist eine Umgebung mit einem femininen Geist. Sie wurde von Frauen für Frauen gestaltet. Ihr gehört hier nicht her. Und, was schlimmer ist,

wenn ihr euren Blick zum imaginären Horizont schweifen lasst, dann
seht ihr diesen Ort mit einem maskulinen Geist – die Abteilung mit
den elektrischen Werkzeugen. Doch ihr haltet eine Handtasche und
könnt nicht dorthin gehen.

Der feminine Geist der Kirche führt dazu, dass viele Männer im
Tiefsten ihres Herzens zu der Überzeugung kommen, das Christentum sei nichts für sie. Dr. Woody Davis fragte hundert Männer, warum sie nicht zur Gemeinde gehen. Die Antwort Nummer eins lautete:
„Gemeinde ist für Frauen, Kinder und Schlappschwänze." Autor und
Pastor Gordon Dalbey merkt an: „Der aktuelle Mangel an männlicher
Teilhabe in unseren Kirchen ist ein klares Zeugnis dafür, dass Männer
sich nicht durch ein Programm zähmen lassen, das exklusiv auf
weiblichen Werten basiert."[4] Männer lassen sich andererseits willig
von einer Organisation mit einem männlichen Geist zähmen. Das Militär, Sportteams und selbst Straßengangs haben keine Schwierigkeiten, enthusiastische Männer anzuziehen. Diese Organisationen fühlen sich für Männer richtig an. Kirche nicht.

Was Sie tun können

Wie bekommen wir den maskulinen Geist wieder in unsere Gemeinden? Sie haben gerade den ersten Schritt dazu vollzogen: sich bewusst zu machen, dass die sogenannte männliche Dominanz in der
Gemeinde nur so dick wie eine Glasur ist. Ich habe in Kapitel 1 gesagt, und ich sage es wieder: *Zu häufig ist es nicht, was die Leitung
vorgibt, sondern was die Laien verlangen, das Männer abstößt.*
Wenn Ihre Vision von Gemeinde ein Ort der Behaglichkeit, der Sicherheit und der liebevollen Bestätigung ist, dann machen Sie sich
bewusst, dass Ihre Vision Männer abschrecken könnte. Beten Sie und
bitten Sie Gott, Ihnen eine größere Vision von dem zu schenken, was
es heißt, Jesus nachzufolgen – eine Vision, die den risikobereiten,
unvorhersehbaren, maskulinen Geist willkommen heißt.

5

Den Thermostat anpassen

Wie wir gesehen haben, hat jede Kirche einen geistlichen Thermostat. Wie dieser eingestellt ist, legt fest, ob diese Gemeinde Männer anzieht oder abstößt. Hier sind sechs weit verbreitete Einstellungen, die sich in heutigen Gemeinden finden:

Herausforderung

Konfrontation

Behaglichkeit

Angepasstheit

Zeremonie

Kontrolle

Die drei Einstellungen in der oberen Hälfte stellen die Methoden Jesu dar. Christus *konfrontierte* die Religiösen und *tröstete* die Bedürftigen. Alle anderen *forderte er heraus.* Herausforderung war die Standardeinstellung des Meisters. Deshalb lieben Männer Jesus: Sie wollen gerne herausgefordert werden. Jesus hasste jedoch die drei Einstellungen in der unteren Hälfte – ebenso wie Männer das tun. Diese drei waren die Lieblingseinstellungen der Pharisäer.

Wenn eine Kirche Männer erreichen will, besteht das täglich Brot darin, Menschen zur Nachfolge Christi herauszufordern. Herausforderung ist die Sprache der Liebe für Männer. Sollte die Gemeinde Menschen trösten und sie bei Bedarf konfrontieren? Absolut – aber das kann nicht der Betriebsmodus sein. Gemeinde, die zu sehr auf trösten oder konfrontieren ausgerichtet ist, wird Männer abstoßen. Konzentriert sie sich auf Zeremonie, Kontrolle oder Angepasstheit, fährt sie sogar noch schlechter, wenn es darum geht, Männer anzuziehen. Lassen Sie uns einmal die verschiedenen Einstellungen im Einzelnen durchgehen und beschreiben.

Der Thermostat steht auf Behaglichkeit

Rick Warren nennt das *Familienfeier-Gemeinde* und schätzt, dass etwa 80 Prozent aller amerikanischen Gemeinden zu dieser Kategorie gehören.[1] Das oberste Gebot in behaglichen Gemeinden lautet *sei nett.* Es ist Aufgabe des Pastors, den Frieden zu bewahren. Halte sie in den Kirchenbänken zufrieden. Wir erfreuen Gott, indem wir gut miteinander auskommen, ein gemäßigtes Leben führen und eine Familie Gottes sind. Obwohl man das nicht in der Predigt hört, ist es Wirklichkeit in Hunderttausenden amerikanischer Gemeinden.

Eine Kirche, die auf Behaglichkeit basiert, blickt nach innen auf die Familie, die sich innerhalb der Kirchenmauern trifft. Der Pastor kann eine herausfordernde Predigt halten – aber bitte nicht zu herausfordernd, sonst fühlen sich die Leute unwohl. Wie Barna Research herausgefunden hat, verlassen nur etwa die Hälfte der amerikanischen Kirchgänger den Gottesdienst häufig mit dem Gefühl, etwas verändern zu müssen.[2] Und die meisten Christen würden niemals daran denken, einander herauszufordern. Das wäre unhöflich! Die Mitglieder sprechen darüber, in die Welt hinauszugehen und dort Salz und Licht zu sein, doch nur wenige sind es tatsächlich.

Männer tun sich mit behaglichen Gemeinden schwer, denn sie fühlen sich erdrückt. Es ist Dornröschen-Christentum. Alles ist so einfach. So lieblich. So nett. Von Männern wird nichts Großartiges erwartet und so geben sie es – nichts.

Der Thermostat steht auf Zeremonie

Wenn Sie den Thermostat über Behaglichkeit hinausdrehen, dann entdecken Sie Zeremonie, eine extreme Form der Behaglichkeit. Wir erfreuen Gott durch die Teilnahme an bestimmten Ritualen. Vertraute Sakramente, Gebete und Traditionen sind der Schlüssel für einen erfolgreichen Gottesdienst. Der wahre (wenn auch unausgesprochene) Zweck der Kirche ist es nicht, die Welt zu verändern, sondern die Tradition zu erhalten.

Rituale und Traditionen sind für manche Männer, die in Hochkirchen aufgewachsen sind, höchst bedeutungsvoll. Doch die meisten liturgischen Kirchen machen einen lausigen Job, wenn es darum geht, kirchenferne Männer zu erreichen, die sich eher zum Praktischen als zum Mystischen hingezogen fühlen. Chip MacGregor hat es einmal so schön gesagt: „Männer wollen Realität, nicht Ritual."[3]

Selbst nichtliturgische Kirchen können zeremoniell werden. Ich habe von einem Baptistenpastor gehört, der beinahe gefeuert wurde, weil er nach seiner Predigt am Mittwochabend keinen Altarruf gemacht hatte. Und das, obwohl jeder in der kleinen Menge der Besucher sowieso schon Christ war. Jede Kirche kann auf ihre speziellen Abläufe fixiert sein.

Der Thermostat steht auf Kontrolle

Der Gegenpol von Herausforderung ist Kontrolle. Kirchen üben Kontrolle auf zwei Arten aus:

Feminine Kontrolle. Diese Gemeinden kontrollieren ihre Mitglieder durch Schuld. Männer, die in der Kirche aufgewachsen sind, äußern oft die folgende Beschwerde: „Ich habe mich dort die ganze Zeit schuldig gefühlt", erklärt Klaus. „Nach jedem Gottesdienst habe ich mich schlecht gefühlt, als wäre ich verrucht und böse."

Maskuline Kontrolle. Der Pastor oder sein innerer Kreis kontrollieren alles. Es gibt Regeln, Regeln und noch mal Regeln. Worte wie *Autorität* und *Unterordnung* werden häufig gebraucht. Das ist eine toxische Umgebung für Männer, denn sie verabscheuen es, kontrolliert zu werden.

Der Thermostat steht auf Angepasstheit

Angepasstheit ist eine Form der Kontrolle, wenn auch nicht so aufdringlich. In angepassten Gemeinden wird erwartet, dass jeder das Gleiche tut, die gleiche Version der Bibel liest, die gleichen geistlichen Disziplinen ausübt, die gleiche politische Ansicht hat und so weiter.

Rod Cooper fragt: „Haben Sie jemals Nintendo gespielt? Wenn irgendein Umfeld Anpassung erfordert, dann ist es dies. Es gibt bestimmte Regeln, denen man besser folgt. Tut man es nicht, wird man sofort dafür bestraft. Sie verlieren vielleicht Punkte; Sie verlieren möglicherweise ein ‚Leben'. Wenn Sie genügend Leben verlieren, sind Sie fertig – Game over. Die Pharisäer wären begeistert gewesen!"[4] Männer blühen in einer Nintendo-Gemeindeumgebung nicht auf, die voller Gruben, Selbstschussanlagen und anderer Fallen steckt. Christus kam, um Männer zu befreien, nicht um sie kleinzukriegen.

Der Thermostat steht auf Konfrontation

Jetzt kommen wir der Sache näher. Jesus setzte häufig Konfrontation ein. Manche Gemeinden jedoch gehen über das Beispiel Jesu hinaus und dreschen jede Woche mit einer ganzen Latte an Sünden auf ihre Mitglieder ein, die diese vermeiden müssen. Die richtige Lehre und Theologie ist von allergrößter Wichtigkeit – unsere Kirche hat recht; alle anderen fahren zur Hölle. Es läuft darauf hinaus: Wir, gegen eine Welt voller Sünder.

Es gibt Zeiten, in denen Konfrontation gut und notwendig ist. Doch sollte sie unter vier Augen oder in einer kleinen Gruppe enger Freunde erfolgen, nicht von der Kanzel aus. Und sie muss in einer liebevollen Haltung von Leuten praktiziert werden, die den Konfrontierten wirklich kennen. Rod Cooper weist darauf hin, dass „es einem Mann nichts ausmacht, mit der Wahrheit konfrontiert zu werden, wenn er weiß, dass ihm diejenigen, die ihn konfrontieren, beim Akzeptieren der Wahrheit und dem schmerzhaften Umsetzen von Änderungen beistehen werden. Konfrontation ohne gegenseitigen Beistand führt zur Zerstörung."[5]

Der Thermostat steht auf Herausforderung

Zwischen Konfrontation und Behaglichkeit befindet sich die ideale Balance für Männer. Eine Gemeinde, die ihre Mitglieder herausfordert, ohne sie übermäßig zu konfrontieren oder zu trösten, zieht Männer an. Aber das ist selten.

Was sind die Kennzeichen einer herausfordernden Gemeinde? Sie hält ihren Leuten eine spezifische Vision der Größe vor Augen. Die Dienste werden beständig nach außen, zur Welt hin, ausgerichtet. Herausfordernde Kirchen bringen dauernd neue Leiter hervor, um eine Kultur der Herausforderung von Person zu Person zu pflegen. Sie ist ein wenig tröstend und ein wenig konfrontierend.

Inwiefern ist sie tröstend? Eine herausfordernde Gemeinde geht liebevoll mit Menschen um, zeigt Anteilnahme in sorgenvollen Zeiten. Sie betont Gottes Gnade, nicht seinen Zorn. Sie nötigt die Leute nicht oder vermittelt ihnen Schuldgefühle, sondern lädt Menschen immer wieder ein, Teil des Abenteuers zu werden.

Inwiefern ist das konfrontativ? Die Lehre ist direkt und auf den Punkt. Leiter setzen hohe Standards und verlangen viel von der Gemeinde. Von Christen wird erwartet, ein vorbildliches Leben zu führen, doch die Lehrer nörgeln nicht an den Leuten herum oder konzentrieren sich zu sehr auf spezielle Sünden. Stattdessen vertrauen sie darauf, dass der Heilige Geist überführt und korrigiert.

Wenn man die Dinge für einen Mann zu bequem macht, verliert er das Interesse. Versucht man ihn zu kontrollieren, dann rebelliert er. Konfrontiert man ihn zu sehr, widersteht er einem als Nörgler. Wenn man ihn jedoch auf die Weise herausfordert, wie Jesus die Jünger herausforderte, dann wächst er. Eine Gemeinde, die ihre Mitglieder herausfordert, ist eine Gemeinde, in der Männer aufblühen können.

Herausforderung: Nicht nur vom Pastor

Natürlich muss der Pastor herausfordernde Predigten halten, aber das allein reicht nicht. Wenn wir ernsthaft Männer erreichen wollen, müssen Laien eine Kultur der Herausforderung von Person zu Person kultivieren. Zwei Bibelverse fallen einem dazu ein:

> Eisen schärft Eisen, ebenso schärft ein Mann einen anderen. (Sprüche 27:17)

> ... lasst uns aufeinander Acht haben und uns anreizen zur
> Liebe und zu guten Werken (Heb. 10:24)

Herausforderung kann nicht einfach nur von der Kanzel kommen. Ein korrekt eingestellter Thermostat macht es notwendig, das Christen einander herausfordern. Das allerdings ist selten in der heutigen Kirche. Gallup hat herausgefunden, dass weniger als ein Drittel der Kirchgänger der folgenden Aussage ausdrücklich zustimmen: „In den letzten sechs Monaten hat jemand in meiner Gemeinde mit mir über meine Fortschritte im geistlichen Wachstum gesprochen."[6] Nein, Christen trösten einander hauptsächlich durch Smalltalk.

Warum sind wir so zögerlich, einander so herauszufordern, wie es die Bibel beschreibt? Es wird als unhöflich betrachtet. Sagen wir mal, da ist ein Mann, den Sie kaum kennen, und er kommt im Gottesdienst auf Sie zu und sagt: „Gibt es in deinem Leben irgendwelche Sünden, die du noch nicht bekannt hast?" Wahrscheinlich wären Sie ärgerlich, und das zu Recht. Das geht ihn überhaupt nichts an. Aber nehmen wir einmal an, Sie würden dieselbe Frage von einem guten Freund hören, der sich bereit erklärt hat, Sie im Hinblick auf Ihre Verbindlichkeit zu begleiten. Dann ist eine solche Frage nicht grenzüberschreitend; sie ist der Schlüssel zu geistlichem Wachstum!

Wie schaffen wir eine Kultur von Herausforderung in den Kirchenbänken? Wie schaffen wir erfüllte Beziehungen, bei denen Menschen die Freiheit haben, einander herauszufordern? Es wird Zeit, *Jüngerschaft* wieder neu zu entdecken.

Jüngerschaft ist wahrscheinlich das am meisten missverstandene Wort in der heutigen Gemeinde. Hier ist eine einfache Definition: *Jüngerschaft bedeutet, Menschen führen einander zur Reife in Christus.* In den Worten der Bibel heißt das, ein Mensch schärft den anderen. Das ist eine verschworene Gruppe, bei der jeder den anderen im Hinblick auf Liebe und gute Werke anspornt. Es ist das Modell, das uns Jesus hinterlassen hat.

Die moderne Kirche
hat das Jüngerschaftsmodell verworfen

Die evangelikale Kirche von heute hat das *Jüngerschaftsmodell* aufgegeben und bevorzugt stattdessen ein *akademisches Modell*. Statt Menschen zu Jüngern zu machen, lehren wir sie. Wir stecken Leute in Klassenzimmer und präsentieren ihnen Bibelwissen. Wir halten wöchentliche Vorlesungen (Predigten), die eine gelehrte Person mit Universitätsabschluss hält. Was Laien anbetrifft: Je mehr sie wissen, je genauer ihre Lehre ist, desto mehr freut sich Gott. Christentum ist etwas, das in ihrem Kopf stattfindet.

Warum ist dieser akademische Glaubensansatz so entmutigend für Männer? Ganz einfach. Männer fühlen sich in einem Klassenzimmer weniger wohl. Wie Zahlen aus dem amerikanischen Erziehungsministerium belegen, besuchen Frauen eher als Männer ein College, und sie erreichen 57 Prozent aller Bachelor-Abschlüsse sowie 58 Prozent der Master-Abschlüsse.[7] Jungen brechen die High School mit 30 Prozent höherer Wahrscheinlichkeit ab als Mädchen.[8] Die Anzahl der Mädchen übersteigt die von Jungen bei Fortgeschrittenenkursen um 24 Prozent.[9] Neunzig Prozent der Ausschlüsse aus britischen Gymnasien betreffen Jungen.[10]

Wir können nicht erwarten, dass Männer in einem System von Klassenzimmern zur Reife in Christus kommen. Obwohl Lesen, Studieren, Predigten und Unterricht hilfreich sein kann, dringen diese akademischen Übungen nicht in die versteckten Orte eines Männerherzens vor. Jüngerschaft kann das, denn hier wird durch Vorbilder gelehrt. Christus hat kein Lehrbuch verteilt; er hat ein Leben vorgelebt, das Gott wohlgefällig ist. Dieses Beispiel brachte, mehr noch als seine Worte, elf Männer hervor, die die Welt aus den Angeln hoben. Deshalb wird ein Mann, der dreißig Jahre lang in der Kirche saß, ohne eine große Veränderung in seinem Leben zu erfahren, nach einer Missionsreise plötzlich zu einem anderen Menschen. *Männer werden durch ihre Erfahrungen verändert, nicht unbedingt durch das, was man ihnen erzählt.*

Jüngerschaft in der Ortsgemeinde hat viele Formen. Es kann eine kleine Gruppe sein, die sich zu einer festen Zeit trifft, oder ein Treffen zwischen Gläubigen unter vier Augen beim Kaffee im McDonald's. Der gemeinsame Nenner: Es geht nicht um die eine schlaue Person, die der Menge ihr Wissen vermittelt; es geht um einen Nachfolger, der einem anderen hilft. Oder es ist eine Gruppe von Gläubigen, die ihr Leben miteinander teilt und Jesus *als Team* nachfolgt. Das sind uralte Wege, den christlichen Glauben weiterzugeben. Weniger effizient, aber viel effektiver.

Wir denken, dass jedes Treffen von ein paar Christen ein Beispiel für Jüngerschaft darstellt. Das ist nicht der Fall. Echte Jüngerschaft findet nur dann statt, wenn die Mitglieder der Gruppe einander an-

spornen. Ein Sporn in der Seite tut weh! Wenn Eisen von Eisen ge-
schärft wird, dann fliegen die Funken! Man muss einander auf einer
tiefen Ebene kennen, einander ausdrücklich vertrauen und bereit
sein, die Wahrheit auch dann auszusprechen, wenn sie weh tut.

Männer lernen von Vorbildern. Wir können predigen und sie lehren, bis wir heiser sind, aber Männer werden nicht in Christus reifen,
bevor wir nicht Jüngerschaft wiederentdeckt haben. Wir können
nicht einfach Jüngerschaft unserem existierenden Modell von Gemeinde aufpfropfen; wir müssen die neue Kirche darauf bauen.

Am Ende des Matthäusevangeliums gibt Jesus seinen Nachfolgern die Verantwortung für drei Aufgaben: „Darum geht zu allen
Völkern und macht sie zu Jüngern. Tauft sie im Namen des Vaters
und des Sohnes und des Heiligen Geistes und lehrt sie, alle Gebote zu
halten, die ich euch gegeben habe." (28:19-20). Unsere Anweisungen
sind einfach: (1) Macht Jünger, (2) tauft sie und (3) lehrt sie, den
Geboten Christi zu folgen. Die Kirche heute hat diesen Prozess umgekehrt. Wir lehren eine Menge Leute, taufen einige und bringen
sehr wenige wirkliche Jünger hervor. Was können Sie in dieser Hinsicht tun?

Erstens, werden Sie Jünger. Lassen Sie sich von einem anderen,
reiferen Christen (Ihres Geschlechts) anleiten und bitten Sie ihn oder
sie, Sie für einen gewissen Zeitraum in einem Jüngerschaftsprozess
zu begleiten. Bitten Sie um Betreuung in einem speziellen Bereich.

Wenn es in Ihrer Gemeinde bereits Jüngerschaftsgruppen gibt,
in denen sich die Leute ernsthaft gegenseitig herausfordern, dann
beteiligen Sie sich. Wenn es keine gibt, fangen Sie eine an. Ich emp-
fehle gleichgeschlechtliche Gruppen (aus Gründen, die ich in Teil 5
darlege). Eine Liste hilfreicher englischsprachiger Bücher zu diesem
Thema finden Sie auf meiner Website: www.churchformen.com.

Eine Reihe der dynamischsten Kirchen in Amerika basieren auf
Jüngerschaft. Es wird von jedem Mitglied erwartet, Teil einer Jünger-
schaftsgruppe zu sein und die Teilnahme liegt bei 70 bis 90 Prozent.
Suchen Sie sich eine Gemeinde in dieser Art und betrachten Sie deren Modell. Eine Gemeinde, die so aktiv bei echter Jüngerschaft ist,
kann gar nicht anders, als ihren Thermostat auf Herausforderung zu
stellen.

6

Wer braucht schon Männer?

Die Mitarbeit in einer Gemeinde ist gut für Männer. Aber seit wann tun Männer das, was gut für sie wäre? Männer betrachten den Besuch der Kirche wie eine Prostata-Untersuchung: etwas, das ihr Leben retten kann, aber es ist so unangenehm und aufdringlich, dass sie es verschieben. Andere betrachten den Gottesdienst als ihre wöchentliche Dosis Religion, ein bitteres Elixier, das man schlucken muss, um gesund zu bleiben, doch nichts, auf das man sich freuen würde.

Deshalb vermeiden Männer die Kirche – und leiden daran. Männer werden mit höherer Wahrscheinlichkeit als Frauen verhaftet. Sie sterben eher eines gewaltsamen Todes, werden häufiger Opfer oder Täter bei Verbrechen, kommen eher ins Gefängnis und werden wahrscheinlicher süchtig. Sie sterben auch häufiger am Arbeitsplatz, erleiden mehr Herzinfarkte, begehen zu einem größeren Prozentsatz Selbstmord und haben eine niedrigere Lebenserwartung als Frauen. Die Liste ließe sich fortsetzen.

Wenn Männer diese negativen Auswirkungen vermeiden wollen, sollten sie zur Kirche gehen. Eine Studie der Heritage Foundation hat gezeigt, dass Kirchgänger mit größerer Wahrscheinlichkeit verheiratet sind und ein höheres Maß an Zufriedenheit mit dem Leben haben. Teil einer Gemeinde zu sein ist der wichtigste Faktor für eheliche Stabilität und Zufriedenheit. Es holt Leute aus der Armut. Es geht auch mit weniger Depressionen, höherem Selbstwert und größerer familiärer und ehelicher Zufriedenheit einher.[1] Die Teilnahme an geistlichen Aktivitäten macht aus Männern engagiertere Ehemänner und Väter.[2] Teenager mit christlich engagierten Vätern sagen mit höherer Wahrscheinlichkeit, dass sie gerne Zeit mit ihrem Papa verbringen und ihn bewundern.[3]

Offensichtlich brauchen Männer die Gemeinde. Aber braucht die Gemeinde Männer?

Ehrlich gesagt, Männer spielen keine große Rolle im spirituellen Leben der Kirche. Sie melden sich nicht als Freiwillige oder tragen sonst viel bei. Wenn jeder Mann (außer dem Pastor) auf eine Wochenendfreizeit fahren würde, liefen die Dienste der Gemeinde wahrscheinlich wie gewohnt, mit Frauen, die weitere freie Positionen übernähmen. Aber stellen Sie sich das Chaos vor, wenn jede Frau am Sonntag freinehmen würde!

Ehrlich, vielleicht ginge es der Kirche ja *wirklich* besser ohne Männer! Männer bringen immer alles durcheinander und sorgen dafür, dass die Leute sich aufregen. Sie sind nach außen nicht so fürsorglich oder bibelfest wie Frauen. Einige Männer werden machthungrig, kontrollierend oder sogar missbrauchend. Und es gibt immer ein paar Männer, die jede Bewegung des Pastors kritisieren oder der Meinung sind, sie könnten den Job auf der Kanzel besser machen. Warum also die Kirche nicht den Frauen überlassen? Warum überhaupt versuchen, die Männer wieder zurückzuholen?

Weil die Kirche Männer *braucht*. Nachdem er über fünfzig Jahre lang die Religion in Amerika studiert hat, kommt George Gallup zu dem Schluss: „Frauen sind vielleicht das Rückgrat einer Gemeinde, aber die Anwesenheit einer signifikanten Anzahl von Männern ist häufig ein klarer Indikator für die geistliche Gesundheit."[4] Jack Hayford bemerkt: „Wenn die Kirche ihr maximales Potenzial erreichen soll, müssen Männer ihren Platz in Gottes Ordnung finden."[5] Frauen allein können nicht den Leib Christi verkörpern.

Doch Männer haben die Botschaft erhalten, dass die Gemeinde sie nicht braucht. Wie konnte das passieren? Lassen Sie uns zuerst einen Blick darauf werfen, wie die meisten Gemeinden ihre Ehrenamtlichen einsetzen. Hier ist die typische Stellenbörse einer Gemeinde:

▶ Kinderkrippe

▶ Kinderdienst

▶ Suppenküche

▶ Kleinkinder

▶ Altenpflege

▶ Frauendienst

▶ Kindergruppe Kindergarten – 1. Klasse

▶ Kindergruppe – 2. Klasse bis 4. Klasse

▶ Kindergruppe – 5. Klasse bis 6. Klasse

- Preteens
- Lehrer für Erwachsene
- Frauenkreis
- Kleingruppenmoderator
- Unterstützungsgruppen
- Komiteearbeit
- Finanzen
- Pianist/Organist

- Teens
- Jugendgruppe
- Gebetsdienst
- Krankenbesuche
- Ordner
- Gebäudeausschuss
- Chor

Im Allgemeinen entsprechen die Gaben und Fähigkeiten nicht dem Bedarf an Diensten der typischen amerikanischen Gemeinde. Männer sind das fünfte Rad auf einem Parkplatz voller Autos mit vier Rädern.

Sie denken sich vielleicht: *Was meinen Sie mit fünftem Rad? Männer können doch jedes dieser Ämter übernehmen, wenn sie wollen!* Die Frage ist nicht, ob sie es könnten, sondern ob sie dafür geeignet sind. Die meisten Jobs in der Gemeinde erfordern Fähigkeiten im mündlichen Ausdruck und in Beziehungen, die Männer nicht besitzen. Sie erfordern Geschick im Umgang mit Kindern, Musik, dem Lehren, Gastfreundschaft oder dem Kochen, allesamt Bereiche, in denen Frauen normalerweise mehr Erfahrung haben. Eine Frau ist so viel wertvoller in der Gemeinde als ein Mann, da sie natürliche Gaben und Lebenserfahrung besitzt, mit deren Hilfe sie viele Aufgaben erfüllen kann.

Hier ein Beispiel: Scott und Nancy besuchen die statistische Durchschnittsgemeinde mit vierundachtzig Mitgliedern. Nach dem Gottesdienst hechtet Pastor Mark praktisch über die Bänke und begrüßt Nancy, denn sie ist eine potenzielle Mitarbeiterin im Kinderdienst, der Sonntagsschule, als Sängerin, Köchin, für Krankenhausbesuch, das Gebetsteam oder Koordinatorin bei Hochzeiten und Beerdigungen. Scott hingegen ignoriert er weitgehend, denn er ist ein potenzieller ... Ordner. Irgendwo in der Kirchengeschichte wurden die maskulinen Rollen abgeschafft (oder an den professionellen Klerus übergeben), die Rollen für Frauen dagegen vervielfältigten sich. Frauen werden dringend gebraucht, während Männer einfach Ergänzung sind, wie die Ziergrafik auf der Motorhaube von Autos. Nett, aber nicht notwendig.

Männer wollen in einem Bereich dienen, in dem sie Erfahrungen und Fertigkeiten besitzen. Steve Sondermann sagt: „Für viele Jungs besteht ein riesiges Hindernis für die Mitarbeit in der Gemeinde in der Angst, den Job nicht richtig zu machen. Männer fürchten das Versagen."[6] Das trägt zur legendären Passivität in der Gemeinde bei. Thomas ist seit fünfzehn Jahren in der Gemeinde, aber er hat noch nie eine Aufgabe übernommen. Warum? „Da ist nichts dabei, das mich wirklich interessiert", antwortet er.

Weil Männer normalerweise nicht die Soft Skills für geistliche Arbeit besitzen, werden sie eher von praktischen Diensten angezogen: Gebäude, Finanzen, Ordner und Komiteearbeit. Aber diese Anhängsel sind nicht die Kernarbeit der Gemeinde und werden vielleicht sogar als notwendiges Übel betrachtet – eben kein Rad am Wagen. Sagen Sie mir, was wichtiger für Gottes Reich ist: Das Finanzteam oder das Gebetsteam? Was ist wirklich *geistliche* Arbeit der Kirche? Die Übersicht über die Dienste sagt den Männern wieder einmal auf subtile Weise, dass sie eine Stufe unter den Frauen stehen.

Soziale Dienste in der Gemeinde sind oft nur schlecht für Männer geeignet. Dienste am Menschen wie der Krankenhausbesuchsdienst, die Suppenküche und die Krankenpflege sind seit Jahrhunderten in der Verantwortung von Frauen. Zeremonielle Ereignisse wie Hochzeiten und Beerdigungen waren ebenfalls das Reich der Frauen. Männer fühlen sich in diesen Rollen häufig unwohl, ungeeignet oder sogar entmannt.

Männer haben also das Gefühl, die Kirche benötige ihre natürlichen Gaben nicht, außer diese liegen zufällig außergewöhnlich stark in der verbalen Ausdrucksfähigkeit, der Empfindsamkeit oder der Musik. Russel Rainey hat eine Reihe von Männern befragt, warum sie nicht zur Kirche gehen. Eine häufige Antwort: „Es gibt da nichts, was ich tun kann." Nichts zu tun? Spinnen die? Suchen Kirchen nicht immer händeringend nach Mitarbeitern? Und doch sagen die Männer, es gäbe nichts für sie zu tun! Wie um alles in der Welt können sie das glauben? Rainey fährt fort: „Wenn man sie fragt: ‚Warum machen Sie nicht etwas in der Kirche?', dann antworten sie: ‚Naja, ich bin kein Prediger, und Ordner war ich schon.'" Diese Männer glauben, dass es in der Gemeinde nur zwei Rollen gibt, die ihrem Geschlecht entsprechen. Und es ist ein ganz schöner Sprung vom Ordner zum Prediger!

Männer sind nicht geistlich faul, wie manche behaupten. Männer wollen Gott dienen. Das Problem ist, dass die moderne Gemeinde die Gaben der Männer nicht braucht oder sie sogar verachtet und mit Sünde gleichsetzt! Was wäre, wenn Maria die Gaben der weisen Männer so betrachtet hätte?

> WEISER MANN: Sei gegrüßt! Wir bringen dir Gaben aus dem Osten.

> MARIA: Wunderbar. (Packt die Gaben aus) Was ist denn das?

> WEISER MANN: Gold, Weihrauch und Myrrhe.

> MARIA: Pfui! Ich nehme das Gold, aber dieses stinkende Zeug könnt ihr behalten.

So behandelt die Gemeinde Männer. Wir lieben das Gold der Männer, aber mit ihrem *stinkenden Zeug* können wir nichts anfangen. Wettbewerb? Zielorientiertheit? Leistung? Macht? Diese Dinge verpesten die Kirche! Ich fordere Sie heraus, eine Antwort auf diese Frage zu geben: Wie könnte ein Mann diese Art von Gaben in Ihrer Gemeinde einsetzen? Wahrscheinlich bekommen Sie schon beim Nachdenken Kopfschmerzen.

Weil die Kirche die männlichen Gaben nicht braucht, fühlen sich Männer abgelehnt. George Barna hat Al Perkins interviewt, einen nominalen Kirchgänger:

> Wenn ihr die Dinge ablehnt, für die ich stehe – Spitzenleistung, strategisches Denken, Fortschritt, Effizienz, Vision, kontrollierte Risiken, effektive Ergebnisse –, dann lehnt ihr mich ab. Ich habe das früher mal persönlich genommen, aber ich habe den Ärger in den Griff bekommen, indem ich die Kirche zu einer geringeren Priorität gemacht habe.[7]

John Gray warnt: „Nicht gebraucht zu werden ist der schleichende Tod für einen Mann."[8] Man bricht den Geist eines Mannes, wenn man seine Gaben ablehnt. Wie kann man also Männern wieder das Gefühl geben, gebraucht zu werden?

• *Sagen Sie es ihnen!* Im *Herr der Ringe* stolpert Frodo immer wieder auf seinem Weg nach Mordor, aber es sind die Worte von Frau Galadriel, die ihm die Kraft zum Weitergehen geben: „Diese Aufgabe ist für dich bestimmt, und wenn du keinen Weg findest, wird niemand ihn finden." Männer müssen eine ähnliche Botschaft hören, wenn sie zur Gemeinde kommen: „Wir brauchen dich unbedingt. Gott hat eine heilige Rolle nur für dich, und wenn du nicht deine Aufgabe erfüllst, ist alles verloren." Denken Sie an die Männer in Ihrer Gemeinde. Wissen sie, wie wichtig sie sind? Hat ihnen das jemals jemand gesagt? Haben die Frauen Ihrer Gemeinde jemals für die Männer ein Essen veranstaltet um ihnen damit zu sagen, wie sehr sie *gebraucht* werden?

- *Werfen Sie den Ansatz mit der Stellenbörse über Bord.* Die Stellenbörse hält Christen beiderlei Geschlechts davon ab, ihre Gaben zu gebrauchen. Weniger als die Hälfte aller amerikanischen Kirchgänger stimmt stark der folgenden Aussage zu: „In meiner Gemeinde habe ich regelmäßig die Gelegenheit, das zu tun, was ich am besten kann."[9]

- *Passen Sie die Rolle der Person an, nicht umgekehrt.* Al Winseman empfiehlt: „Statt Rollen zu schaffen und dann Leute in diese Rollen zu quetschen, sollten Gemeindeleiter mit der Person beginnen und dann die Rolle definieren."[10] Menschen in den Bereichen einzusetzen, in denen sie begabt sind, verändert Leben.

- *Erweitern Sie den Dienst in Bereichen, in denen Männer über Fachwissen verfügen.* Ich biete dazu in Kapitel 22, „Dienst und der maskuline Geist", einige spezifische Ideen an.

- *Machen Sie ein Inventar Ihrer Gaben; denken Sie dann über kreative Möglichkeiten nach, sie für das Reich Gottes einzusetzen.* Ermutigen Sie andere, dasselbe zu tun. Weigern Sie sich, einen Job zu übernehmen, für den Sie sich nicht qualifiziert oder berufen fühlen, egal wie edel die Aufgabe oder wie dringend die Not ist.

Der Dienst an Männern hat häufig die niedrigste Priorität

Die Kirche und die *Titanic* haben etwas gemeinsam: Frauen und Kinder zuerst. Die große Mehrheit des Dienstes in protestantischen Kirchen ist auf Kinder ausgerichtet, gefolgt von Frauen und schließlich, falls es noch Ressourcen gibt, auf Männer.

Ich muss ein Geständnis machen: Ich habe früher an den Kinder-zuerst-Ansatz geglaubt. Er ist so logisch. Wenn ein junger Mensch Christus empfängt, hat er oder sie noch das ganze Leben, um Einfluss in der Welt auszuüben. Statistiken zeigen, dass sich junge Menschen eher bekehren als Erwachsene. Mindestens zwei Studien berichten darüber, dass die meisten wiedergeborenen Erwachsenen Christus während ihrer Teenagerjahre angenommen haben.[11] Barna Research hat entdeckt, dass sich die meisten Amerikaner im Alter von dreizehn für einen Glauben entscheiden, und dieser sich im Erwachsenenalter wenig ändert.[12]

Kinder im Glauben zu erziehen (besonders die Kinder der Kirchgänger) ist heute de facto die Zweckbestimmung vieler Gemeinden. In einer typischen protestantischen Kirche sind mehr als 40 Prozent der Personen, für die es während der Woche Dienste gibt, Kinder.[13] Das ist eine beinahe unglaubliche Zahl, wenn man davon ausgeht, dass verheiratete Paare mit Kindern in der heutigen Kirche eine Minderheit sind, während die Mehrheit der Kirchgänger keine Kinder zuhause hat.[14]

Es ist wichtig, junge Menschen mit der guten Nachricht zu erreichen, doch die heutige „Kinder-zuerst"-Kirche stellt ein radikales Abweichen vom historischen Auftrag der Christenheit dar. Das wird besonders deutlich, wenn man sich vor Augen führt, dass es vor gerade mal zweihundert Jahren weder Sonntagsschule noch Jugendarbeit gab. Damals wurden Kinder geliebt, aber sie waren nicht der Schwerpunkt der Kirche. Heute sind sie es. In vielen Kirchen sind Krippe, Sonntagsschule und Jugendgruppe die drei größten Dienste (nach dem Gottesdienst) was die aktiven Ehrenamtlichen angeht. Und was ist der größte Einsatz des Jahres in beinahe jeder evangelikalen Gemeinde? Die Vacation Bible School, ein Feriencamp für Kinder. Statt zu versuchen, Erwachsene mit dem Evangelium zu erreichen, hat die heutige Kirche das entwickelt, was ich einen *McDonald's-Ansatz* nenne: die Kinder erreichen, um damit die Eltern anzusprechen. Renee Evans schreibt: „Kirchen können von dem Fast-Food-Giganten lernen: Wer es schafft, die Kinder anzusprechen, der erreicht auch die Eltern. McDonald's macht 40 Prozent seines Umsatzes mit Happy Meals."[15]

Der McDonald's-Ansatz fühlt sich für eine Frau richtig an, denn er überschüttet diejenigen, die ihre höchste Priorität haben, mit

Dienstressourcen: ihre Kinder und Enkelkinder. Und er funktioniert. Sich auf die Kinder zu konzentrieren, *kann* zu Transferwachstum führen. In meinen Jahren als Gemeindeältester sah ich bestätigt, dass Frauen die Gemeinden aufgrund der Qualität des Kinderdienstes wechseln.

Aber dies ist eine weitere Art, den Männern zu sagen, dass Kirche nichts für sie sei. Wenn es in der Gemeinde total um Kinder geht, dann neigt der Mann dazu, die Geschichte als etwas zu betrachten, für das die Frau zuständig ist und nicht er. Wir haben Millionen von Männern wie Frank. „Ich gehe zur Kirche, weil meine Kinder moralische Anleitung brauchen", sagt er. „Es gibt viel schlechten Einfluss da draußen und sie brauchen die Lektionen, die sie in der Kirche bekommen." Doch Frank ist völlig passiv in der Gemeinde – er besucht einfach die Gottesdienste und tut sonst nichts, denn er betrachtet es als etwas für seine Kinder und nicht für sich selbst.

Unsere fieberhafte Konzentration auf Kinder kann diese auch von einer dauerhaften Hingabe an Christus abhalten. Viele Studien haben gezeigt, dass es einen deutlichen Rückgang im Kirchenbesuch gibt, sobald das Kind sein Nest verlässt. Vielleicht haben wir so gute Arbeit damit geleistet, die Gemeinde mit der Kindheit zu verbinden, dass Teenager, die erwachsen werden möchten, das Christentum ebenso in die Mülltonne werfen wie ihre LEGO und Barbiepuppen. Das gilt besonders für Jungen. Aber muss es so sein? Ich glaube, vieles von diesem Abfall könnte vermieden werden, wenn die jungen Leute einfach sehen würden, wie ihre Väter Jesus nachfolgen. Wohin der Vater geht, dahin geht die Familie.

In den meisten Kirchen ist der Frauendienst die nächste Priorität. Eines Tages blätterte ich durch einen Katalog mit den Angeboten einer großen Gemeinde. Hier wurden *acht Seiten* an Diensten an und für Frauen angeboten: Frauenbibelkreise, Frauengebetskreise, Frauenfreizeiten, Frauentee, Gruppen für Mütter mit Vorschulkindern, Selbsthilfegruppen für Frauen und so weiter. Die Seite – Verzeihung, *halbe Seite* – mit den Diensten für Männer bot zwei Optionen: ein monatliches Männerfrühstück und eine jährliche Freizeit. Diese Kirche hatte zwei Vollzeit-Mitarbeiter für Frauen, aber niemanden für Männer. Warum dieses riesige Ungleichgewicht? Wahrscheinlich, weil sich die Frauen für solche Sachen anmelden, die Männer dagegen nicht. Nichtsdestotrotz spricht dieses Acht-zu-eins-Verhältnis eine deutliche Sprache für Männer: *Kirche ist für Frauen, nicht für dich.*

Der Ansatz Jesu für den Dienst

Was stimmt nicht an der Frauen-und-Kinder-zuerst-Konzentration der heutigen Kirche? Schließlich sind doch die Männer nicht besonders interessiert. Warum sollten Christen sich krummlegen, um Männern zu dienen? Das ist einfach. Weil Jesus es getan hat. Jesus hat seinen Dienst nicht auf Kinder oder Frauen konzentriert. Jesu Ansatz waren *zuerst die Männer*.

Ich weiß, dass ich mit dem letzten Satz viele von Ihnen verloren habe. Manche von Ihnen haben vielleicht das Buch durch den Raum geworfen. Bevor nun der Dritte Weltkrieg ausbricht, möchte ich gern sagen, dass Jesus Frauen und Kinder geliebt hat. Er hieß Frauen und Kinder willkommen. Er segnete Frauen und Kinder. Er hat es klar gemacht, dass sie in jeder Hinsicht den Männern gleichstanden – *vielleicht sogar höher als Männer* („Wer so gering wird wie dieses Kind, der ist der Größte im Himmelreich." [Mt. 18:4]). Frauen gehörten zu seinen treuesten Nachfolgern; Kinder gehörten zu seiner größten Freude.

Doch Jesus konzentrierte seinen Dienst nicht auf Frauen und Kinder. Er befahl uns auch nicht, das zu tun. Sein Beispiel ist klar: Wenn wir die Welt ändern wollen, müssen wir uns auf Männer konzentrieren. Nicht unter Ausschluss von Frauen und Kindern – die geistliche Entwicklung von Männern jedoch muss unsere Top-Priorität werden.

Wie konnten wir das übersehen?

Vielleicht denken Sie: *Nun, das war im 1. Jahrhundert so. Die jüdische Kultur zur Zeit Jesu drehte sich um Männer. Das hätte Jüngerschaft von Frauen und Kindern inakzeptabel gemacht.* Das erscheint einleuchtend, bis man sich bewusst macht, dass Jesus so ziemlich jedes Beziehungstabu seiner Zeit gebrochen hat. Denken Sie nur an den Wirbel, den er verursachte, als er mit Sündern aß. Wie schockiert die Jünger waren, als sie ihn beim Gespräch mit der samaritischen Frau entdeckten! Wie überrascht die Volksmenge war, als er einen Leprakranken berührte! Die gängige Kultur herauszufordern war seine Spezialität!

Wenn Christus Frauen und Kinder als Hauptfokus der Kirche beabsichtigt hätte, dann hätte er einen Frauenkreis und eine Sonntagsschule eingerichtet. Stattdessen konzentrierte er sich wie ein Laserstrahl auf eine zwielichtige Gruppe von zwölf Männern. Ich glaube, er hat das aus zwei Gründen getan. Erstens wusste Jesus, das Män-

ner eine unverzichtbare Rolle in seinem Leib spielen. Wenn die Männer abwesend oder blutleer sind, verkümmert sein Leib. Zweitens
vermute ich, Jesus wusste, dass seine Botschaft bei Frauen Anklang
findet. Sie war offensichtlich femininer als die gnadenlose Gesetzlichkeit der Pharisäer. Patrick Arnold schreibt:

> Das Christentum war und ist die markanteste der westlichen
> Religionen mit seiner Wertschätzung weiblicher religiöser
> Qualitäten. Die Anbetung dreht sich um das häusliche Motiv
> des Eucharistiemahls und seine Moral fordert zu Sanftmut,
> Demut und sogar einer gewissen Passivität auf. Die Ironie in
> alledem besteht darin, dass die frühen Christen zwar auf die
> Neuartigkeit der weiblichen Gaben ausgerichtet waren, da-
> bei aber ausgesprochen maskuline Qualitäten im Verbreiten
> ihrer neuen Lehre an den Tag legten! Maskulinität ist eine
> Grundannahme im frühen Christentum und schießt wie ein
> Stromstoß durch das ganze Neue Testament: Jesu mutige
> Konfrontationen der Pharisäer, die mutige Leiterschaft der
> neuen Sekte durch Petrus, die aggressive Missionsstrategie
> eines Paulus und so weiter. Ein Großteil der ersten Genera-
> tion starb den Märtyrertod für ihren Glauben – nicht gerade
> das Markenzeichen der Sanften und Milden! Und obwohl
> man wohl kaum einen neutestamentlichen Text finden wird,
> der Christen zu den maskulinen Werten von Aggressivität,
> Unabhängigkeit, Mut oder dem Widerstand gegen Unge-
> rechtigkeit auffordert, sind das exakt die Qualitäten, die die-
> se Leute im Angesicht jüdischer und römischer Unterdrü-
> ckung bewiesen.[16]

Arnold rückt eines der großen Paradoxa des Christentums klar ins
Blickfeld: Während christliche Werte eher als weiblich aufgefasst
werden, müssen sie in einer aggressiven, männlichen Weise ausge-
lebt werden.

Deshalb braucht die Kirche Männer. Die natürlichen Gaben der
Männer sind genau das, nämlich Gaben an die Kirche. Sie sind keine
Sünden, für die man Buße tun muss. Gott hat es nicht vermasselt, als
er Männer schuf. Er hat sie so erschaffen, weil wir das brauchen, was
sie haben. Genauso wie eine Grippeschutzimpfung momentan Leiden verursacht, langfristig aber für Gesundheit sorgt, kann das Praktizieren maskuliner Gaben in einer Gemeinde zu einem momentanen

Rückgang der fürsorglichen, zarten und unterstützenden Atmosphäre führen. Auf lange Sicht jedoch sorgt der „Hol's dir!"-Geist auf vielen Ebenen für Gesundheit.

Wie die Gaben der Männer für eine gesunde Gemeinde sorgen

Der expansionistische Blick der Männer sorgt für eine gesunde Gemeinde

Männer bringen die Dinge ins Laufen. Männer erweitern die Kirche und ihren Einfluss in der Welt. Richard Rohr und Joseph Martos schreiben:

> Wenn die männliche Energie fehlt, dann geschieht keine Schöpfung, weder in der menschlichen Seele noch in der Welt. Fürsorge geschieht, Unterstützung und Liebe sind da, aber nicht diese neue „Schöpfung aus dem Nichts", die das einzigartige Vorrecht darstellt, das mit der maskulinen Seite Gottes verknüpft ist.[17]

Die Risikobereitschaft der Männer sorgt für eine gesunde Gemeinde

Männer sind innerlich auf das Eingehen von Risiken gepolt. Todesursache Nummer eins für Männer im Alter von fünfzehn bis vierundzwanzig sind Unfälle.[18] Männer zahlen höhere Versicherungsprämien als Frauen.[19] Weibliche Investoren haben weniger risikoreiche Positionen in ihren Portfolios als ihre männlichen Gegenstücke und gehen normalerweise weniger Risiken mit ihrem Geld ein.[20] Sowohl Männer als auch Frauen wagen Glücksspiele, doch es ist wahrscheinlicher, dass ein Mann sein ganzes Vermögen auf einen Wurf setzt.

Jesus hat klar gemacht, dass das Eingehen von Risiken nötig ist, um Gott wohlzugefallen. Im Gleichnis von den Talenten (Mt. 25:14–26) lobt der Meister die beiden Diener, die ihr Kapital investiert und mehr hervorgebracht hatten. Er verflucht aber den Diener, der auf Nummer sicher ging. Wer alle Risiken vermeidet, ist in den Worten Jesu „böse und faul" (V. 26). Meine Frau Gina sagt: „Frauen *brauchen* Sicherheit, aber wir *wollen* Risiko. Wir wollen Männer, die uns in größere Abenteuer führen."

Die Konzentration der Männer auf die Welt draußen
sorgt für eine gesunde Gemeinde

Der maskuline Geist ist natürlicherweise auf das Außen gerichtet.
Männer bauen dauernd Dinge, erschaffen Dinge und machen sich
die Erde untertan. Ein Mann fühlt sich wahrscheinlich nicht komplett, ehe er nicht der Welt seinen Stempel aufgedrückt hat. Die
dunkle Seite dieser Tendenz zeigt sich in Männern, die sich in ihrer
Karriere verlieren und ihre Familien vernachlässigen. Sie entstellen
die Erde und versagen im Entwickeln von Beziehungen.

Doch die männliche Konzentration auf das Außen ist eine Gabe
an die Gemeinde. Ohne einen maskulinen Geist wendet sich die Gemeinde nach innen. Sie beginnt, hauptsächlich *den Familien in ihrem
Innern* zu dienen statt *der Welt da draußen*. Heute tun Gemeinden
wenig, um nach draußen zu gehen und ziehen es vor, wenn die Welt
zu ihnen kommt. Wenige geben mehr als einen winzigen Prozentsatz
ihres Budgets für die Weltmission.

Die Sorge der Männer um die Regeln
sorgt für eine gesunde Gemeinde

Frauen neigen dazu, Beziehungen über Regeln zu heben. Männer
neigen dazu, Regeln über Beziehungen zu heben. Ist das nicht Gesetzlichkeit? Hat nicht Jesus Menschen über die Regeln gehoben?
Natürlich, aber er hat ziemlich klar gemacht, dass Regeln ihren Platz
haben. Christus sagt: „ Versteht nicht falsch, warum ich gekommen
bin. Ich bin nicht gekommen, um das Gesetz oder die Schriften der
Propheten abzuschaffen. Im Gegenteil, ich bin gekommen, um sie zu
erfüllen." (Mt. 5:17). Er warnte diejenigen, die die Regeln abschaffen
wollten: „ Wenn ihr also das kleinste Gebot brecht und andere dazu
ermuntert, dasselbe zu tun, werdet ihr auch die Geringsten im Himmelreich sein." (Mt. 5:19).

Ohne Regeln schleichen sich Irrlehren in die Kirche. Verschiedene große Denominationen diskutieren, ob sie Befehle der Schrift
über Bord werfen, damit sich jeder geliebt und angenommen fühlen
kann. Das ist ein Kampf im großen Stil zwischen dem maskulinen
und dem femininen Geist.

Der Pragmatismus der Männer bringt Innovation in die Kirche

Männer versuchen immer, Dinge zu verbessern. Sie sind Bastler. Sie
klappen gern die Haube hoch und verstellen ein paar Schrauben, um
die maximale Leistung rauszuholen. Vor einer Generation haben sich

Männer wie Rick Warren und Bill Hybels gefragt: „Wie können wir Kirche besser machen?" Sie haben die Haube geöffnet und an der Mechanik des Gottesdienstes herumgeschraubt. Das Ergebnis war Saddleback und Willow Creek, zwei der dynamischsten Kirchen der Welt. Zwei Gemeinden, die einen Haufen hingegebener Männer haben.

Männer bringen Stärke in die Kirche

Edwin Louis Cole sagte: „Sie können Spiritualität von Frauen in der Kirche ableiten, die Stärke erhalten Sie jedoch von Männern."[21] Keine politisch sehr korrekte Aussage, aber was sagt Ihnen die Erfahrung? Bringt nicht die Gegenwart geistlich lebendiger Männer dem Leib Stärke? Gordon Dalbey merkt dazu an: „Es entsteht eine einzigartige und wirklich begeisternde Kraft, wenn Männer zusammenkommen: Die Kraft, die Gott speziell Männern gemeinschaftlich gibt, um seine Arbeit in der Welt zu erledigen."[22]

Männer bringen Geld in die Kirche

Ein sehr direkter Pastor hat mir einmal gesagt: „Wenn sie in die Kirche kommt und er nicht, dann bekommt man den Zehnten vom Haushaltsgeld. Wenn sie zusammen kommen, bekommt man den Zehnten vom Gehalt." Laut einer Gallup-Studie geben Leute, die in ihrer örtlichen Gemeinde aktiv sind, dreimal so viel wie diejenigen, die inaktiv sind.[23] Es ist also nachvollziehbar, dass eine Gemeinde ihre Spenden verdreifachen könnte, indem sie einfach die Männer aktiviert.

Gläubige Männer ziehen Frauen an

Die achtundzwanzigjährige Sabrina aus Australien sagt: „Da ist etwas an einem Mann, der Gott nachfolgt, das ihn sexy macht." Bruce Barton weist daraufhin, dass „Frauen nicht von Schwäche angezogen werden. Der blasse, dünnlippige sogenannte geistliche Typ Mann weckt höchstens den Mutterinstinkt, eine Mischung aus Aufmerksamkeit und Mitleid."[24] Ohne dynamische, lebensspendende Männer verliert eine Kirche irgendwann auch ihre Frauen, besonders die jüngeren.

Männer bringen ihre Familien zur Kirche

Hier eine häufig im Kreis von Männerdiensten zitierte Statistik: Wenn eine Mutter zum Glauben an Christus kommt, folgt ihr der Rest der

Familie mit einer Wahrscheinlichkeit von 17 Prozent. Wenn jedoch ein Vater zum Glauben an Christus kommt, dann folgt der Rest der Familie in 93 Prozent der Fälle.[25] Ich habe es immer wieder gesehen. Wenn ein Mann Christus begegnet, folgt seine Familie.

In Apostelgeschichte 16 gibt es ein wunderbares Bild. Paulus und Silas gaben das Evangelium an ihren Gefängniswärter weiter. Der Mann wurde auf der Stelle verwandelt. Er nahm die Apostel sofort in sein Haus auf, wo diese seiner Familie von Christus erzählten. Noch bevor die Nacht vorbei war, wurde der komplette Haushalt getauft und folgte Jesus nach. In der Bibel führen die Väter ihre Kinder zu Gott, nicht anders herum.

Curtis Burnam, seit zwanzig Jahren in der Jugendarbeit aktiv, sieht eine klare Beziehung zwischen der Teilnahme des Papas an der Gemeinde und der seiner Kinder in der Jugendgruppe. „Kinder, die von der Mama zur Gemeinde gebracht werden, sind schwerer dort zu halten", erklärt er. „Sie steigen in größerer Anzahl aus, wenn sie erwachsen werden. Sie sind auch schwerer zum Mitmachen zu bewegen, wenn sie zur Jugendgruppe kommen. Das gilt sowohl für Mädchen als auch Jungen."

Wenn das Christentum überleben soll, brauchen wir Männer!

Das Christentum wächst weltweit noch immer, aber es verliert Boden gegenüber zwei aggressiven Wettbewerbern: Säkularismus und Islam. Auch wenn ich damit das Risiko eingehe, wie ein Panikmacher zu klingen: Ich glaube, die Kirche hat höchstens noch 250 Jahre, ehe sie von diesem Duo völlig überrannt wird – es sei denn, wir gewinnen die Männer wieder.

Säkularismus ist de facto die Religion in großen Teilen des heutigen Europa. Rationalismus, Materialismus, Anarchie und radikales Umweltbewusstsein gehören zu ihren verbreiteten Erscheinungsformen. Auch in Amerika ist er auf dem Vormarsch. Das Graduate Center der Universität von New York hat herausgefunden, dass sich die Zahl der Erwachsenen, die laut eigener Aussage *keiner Religion* angehören, in den 1990er Jahren verdoppelt hat. Die Umfrage „zeigte eine breite und wahrscheinlich wachsende Front des Säkularismus unter Amerikanern."[26] Die Anzahl der kirchenfernen Amerikaner (die keine Gottesdienste außer an Feiertagen und Hochzeiten/Beerdi-

gungen besuchen) hat sich zwischen 1991 und 2004 beinahe verdoppelt.[27]

Der Islam ist die am schnellsten wachsende Religion der Welt,
und was noch? Er ist auch enorm beliebt bei Männern. Seit 1950 hat
sich die Zahl der Christen in der Welt verdoppelt, die Anzahl der
Muslime jedoch mehr als verdreifacht.[28] Im sehr christlichen Groß-
britannien gibt es schätzungsweise eine Million praktizierender
Christen und ungefähr 750.000 praktizierende Muslime.[29] Britische
Muslime leben ihren Glauben, während die meisten Christen das
nicht tun. Während der letzten drei Jahrzehnte hat sich der Islam als
die zweitgrößte Religion nach dem Christentum in Europa entwickelt.[30] Das ist nicht einfach nur Wachstum durch Einwanderung.
Beobachter berichten von einer Zunahme weißer Gesichter, die gemeinsam mit den braunen anbeten.[31] Die lauwarme europäische Kirche erreicht, was die Mauren nicht geschafft haben: Europa in den
Schoß des Islam zu bringen.

Der Islam wächst auch in den USA und hat die größte Akzeptanz
in der schwarzen Bevölkerung gefunden. Mehr als 90 Prozent der
Konvertiten zum Islam in den Vereinigten Staaten sind schwarze
Amerikaner, wie zum Beispiel Suleiman Azia. Er ist in einer Baptistengemeinde in Tennessee aufgewachsen, hat sich aber als Erwachsener
für den Islam entschieden. Sein Hauptbeweggrund: Seine Kirche
wurde hauptsächlich von Frauen besucht. „Im Islam habe ich ein
stärkeres Ideal der Brüderlichkeit und moralischen Disziplin – und
des Mannseins – gefunden", sagt Azia.[32]

Weshalb sind Säkularismus und Islam auf dem Vormarsch? Ich
glaube, es liegt an ihrer Fähigkeit, das Herz der Männer zu erobern. *In
geistlichen Dingen neigen die Kinder dazu, ihren Vätern zu folgen.*
Im Laufe der Menschheitsgeschichte waren Männer die religiösen
Führer der Gesellschaft. Ein Christentum ohne signifikante maskuline
Beteiligung wird ausbluten und sterben. Wenn sich nicht etwas än-
dert, dann werden unser Urgroßenkel, so fürchte ich, entweder ohne
Gott aufwachsen oder in einer Moschee.

John Eldredge erinnert uns: „Das Christentum ist keine Religion,
in der es um Sonntagsschule, das kalte Mittagsbuffet, Nettsein,
Wohltätigkeitsaktionen und das Verschicken unserer Gebrauchtklei-
dung nach Mexiko geht – so gut diese Dinge auch sein mögen. Diese
Welt steht im Krieg. Etwas Großes und extrem Gefährliches spielt
sich überall um uns herum ab."[33] Nun, wenn Sie der Teufel wären und
versuchen würden, die Gemeinde zu besiegen, welche Strategie wür-

den Sie wählen? Die aggressiven, mutigen, risikobereiten Krieger
vom Platz schicken. Dafür sorgen, dass sie sich unerwünscht, unnö-
tig und unwohl fühlen. Die Schlacht unter dem Deckmantel einer
tröstlichen Religion verstecken.

Männer haben nicht die geringste Idee, wie wichtig Christus für
die Zukunft der Menschheit ist. Sie begreifen auch nicht, wie sehr sie
gebraucht werden. Ohne Männer und ihren Kriegergeist in der Kirche
ist alles verloren. Unsere Aufgabe ist es, den religiösen Schleier zu
entfernen und Männer zum Kampf zu rufen. Doch noch nicht gleich.
Bevor wir sie rufen können, muss die Gemeinde ihre uralte, maskuline Stimme wiederentdecken. Sie spielen dabei eine Schlüsselrolle.
Sind Sie bereit?

Die drei Geschlechterlücken

Es gibt im Grunde genommen drei Geschlechterlücken, die die heutige Kirche plagen. Die drei Lücken bilden eine unheilige Dreieinigkeit, welche die Männer von Christus fern hält und das Leben aus den Männern saugt, die am Sonntag aufkreuzen.

Die Anwesenheitslücke

Die Mitarbeitslücke

Die Persönlichkeitslücke

Die Anwesenheitslücke. Frauen gehen in größerer Anzahl zur Gemeinde als Männer. Das ist überall auf der Welt so und in beinahe jedem Ableger des Christentums.

Die Mitarbeitslücke. Frauen sind ernsthafter, was ihren Glauben angeht. Sie arbeiten mit viel größerer Wahrscheinlichkeit als Männer in der Gemeinde jenseits des Gottesdienstes am Sonntagmorgen mit. Sie praktizieren auch wahrscheinlicher christliche Disziplinen wie Gebet, Jüngerschaft und Evangelisation.

Die Persönlichkeitslücke. Bestimmte Persönlichkeitstypen fehlen weitgehend vollständig in der Kirche. Diese Typen tauchen oft in der Bibel auf, doch in den heutigen Gemeinden sind sie nicht existent. Die Abwesenheit dieser Persönlichkeiten macht es schwerer für unsere Kirchen, Männer anzuziehen.

7

Die Anwesenheitslücke

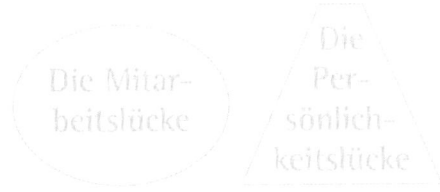

Die Anwesen-
heitslücke

Der typische amerikanische Kirchgänger ist eine Frau. Die *U.S. Congregational Life Survey* (Umfrage über das Gemeindeleben in den USA) beschreibt sie als 55-jährige, verheiratete, gut ausgebildete berufstätige Frau.[1] Eine Befragung bei ABC News/Beliefnet hat gezeigt, dass ein Gottesdienstbesucher wahrscheinlich eine ältere schwarze Person weiblichen Geschlechts ist, die im Süden lebt.[2] Zahlen aus der Volkszählung 2000 und einer Studie von Barna Research schätzen im Hinblick auf die wöchentlichen Besucherzahlen eine Geschlechterlücke von über 13 Millionen in Amerikas Kirchen:[3]

Erwachsene Frauen in der Kirche ▶ 48.660.177
Erwachsene Männer in der Kirche ▶ 35.348.028
Geschlechterlücke ▶ 13.312.149

Die *U.S. Congregational Life Survey* kommt zu einem ähnlichen Ergebnis: „Während sich die Bevölkerung der USA gleichmäßig zwischen Mann und Frau aufteilt, gibt es in den Kirchenbänken mehr Frauen (61 %) als Männer (39 %). Dieser Unterschied besteht in jeder Alterskategorie; die höhere Lebenserwartung von Frauen gegenüber Männern erklärt demnach das ungleiche Verhältnis der Geschlechter in der Religionsausübung nicht."[4]

Heute besuchen 20 bis 25 Prozent der verheirateten amerikanischen Frauen, die zur Kirche gehen, den Gottesdienst ohne ihre Männer.[5] Nachdem Thom S. Rainer zweitausend amerikanische Gemeinden untersucht hat, stellt er fest: „Die meisten Gemeinden haben angegeben, dass zu ihren Mitgliedern eine signifikante Anzahl von regelmäßig teilnehmenden Frauen gehören, die mit kirchenfernen Männern verheiratet sind." Er erzählt die Geschichte einer Frau namens Carol, die ihre Sonntagsschulklasse liebt, weil „jede Frau dort im gleichen Boot sitzt wie ich. Wir sind alle verheiratet und unsere Männer gehen nicht zur Gemeinde."[6]

Meines Wissens gibt es keine christliche Sekte oder Denomination in Amerika, die mehr Männer als Frauen anzieht. Verschiedene Umfragen sprechen von zwischen 3 und 9 Prozent der amerikanischen Kirchen, die mehr Männer haben sollen. Ich habe jedoch in fünf Jahren des Nachforschens keine einzige solche Gemeinde entdeckt.[7] Rod Stark, ein Religionssoziologe, spekuliert, Kirchen in Kasernen oder Metropolitan Community Churches (eine weitgehend homosexuelle Denomination) könnten mehr Männer anziehen. (Wenn Sie eine Kirche kennen, die dauerhaft mehr Männer als Frauen anzieht, dann schicken Sie mir bitte eine Nachricht unter www. churchformen.com.)

Welche Art von Kirchen weisen die größte Lücke auf?

Dieser Abschnitt hebt einige Ergebnisse der *National Congregations Study* (NCS – Studie der nationalen Gemeinden) aus dem Jahr 1998 hervor. Die NCS zeigt uns, welche Arten von Kirchen das schlimmste Geschlechtermissverhältnis aufweisen.

Entsprechend den Ergebnissen der NCS wird jede Gemeinde mit mindestens 12 Prozent mehr Frauen als *von der Geschlechterlücke betroffen* betrachtet. Für unsere Zwecke sieht also eine Gemeinde mit Lücke so aus:

Von der Geschlechterlücke betroffene Kirchen nach Denomination

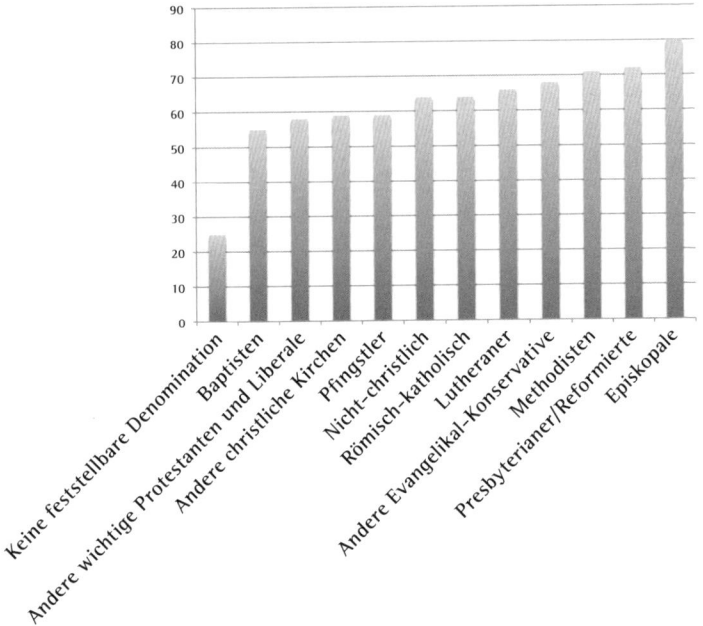

Kirchen, die keiner Denomination angehören, weisen mit der geringsten Wahrscheinlichkeit eine Geschlechterlücke auf. Nur 25 Prozent dieser unabhängigen Gemeinden berichten von einem großen Frauenüberschuss. Unter den großen Denominationen berichten die Baptisten am ehesten, keine Geschlechterlücke zu haben. (Bevor die Baptisten jetzt aber feiern, sollten sie erkennen, dass über die Hälfte ihrer Gemeinden eine deutliche Diskrepanz aufweisen.) Andere protestantische, pfingstliche und katholische Kirchen zeigen viel eher eine Lücke, und die wichtigen liberalen Kirchen haben mit der größten Wahrscheinlichkeit eine Geschlechterdiskrepanz. Erstaunliche 80 Prozent aller Episkopalkirchen weisen ein merkliches Geschlechtermissverhältnis auf!

Diese Zahlen deuten darauf hin, dass Geschlechterlücke und Kirchenschwund Hand in Hand gehen. Wichtige Denominationen wie Lutheraner, Presbyterianer, Methodisten, die Church of Christ und die Episkopalen verlieren seit Jahrzehnten Mitglieder. Sie haben auch sehr wahrscheinlich Männermangel. Andererseits wachsen Gemeinden, die keiner Denomination angehören, wie Pilze aus dem Boden – und weisen mit sehr viel geringerer Wahrscheinlichkeit eine Lücke auf.

Diese Zahlen zeigen auch die Treue der Frauen zu ihrer Denomination. Männer ziehen sich aus allen möglichen Kirchen zurück, aber sie scheinen besonders desillusioniert von den etablierten Denominationen zu sein. Häufig halten treue Frauen die Türen dieser traditionellen Kirchen offen, doch scheinen sie aufgrund einer mageren Teilnahme von Männern nicht in der Lage zu sein, das Geschick ihrer Gemeinden zu wenden.

Die katholische Kirche hat es besonders schwer, Männer anzuziehen. Eine Umfrage von ABC News/Beliefnet ergab, dass nur 26 Prozent der amerikanischen katholischen Männer auf wöchentlicher Basis die Messe besuchen, verglichen mit 49 Prozent der katholischen Frauen.[8] Diese Umfrage wurde *vor* Bekanntwerden der schlimmsten Anschuldigungen hinsichtlich des sexuellen Missbrauchs durch Priester durchgeführt.

Aber keinen trifft es so hart wie die traditionellen schwarzen Gemeinden. Atemberaubende 92 Prozent der afroamerikanischen Kirchen berichten von einer Geschlechterlücke, der höchste Prozentsatz aller Gruppen.[9] Beobachter wie Edward Thompson und Jawanza Kunjufu bestätigen, dass 75 bis 90 Prozent der Erwachsenen in einer typischen schwarzen Gemeinde Frauen sind.[10] Vergleichen Sie das mit schwarzen Muslimen, die überwiegend männlich sind.[11] Die afroamerikanische Gemeinde sieht sich getrennten Religionen für jedes Geschlecht gegenüber: Christentum für Frauen, Islam für Männer.

Welche Glaubensrichtungen in den USA weisen eine umgekehrte Geschlechterlücke auf? Aus Umfragen lässt sich ablesen, dass Atheisten, Freidenker (eine Form des Atheismus), Agnostiker, Muslime, Buddhisten, Juden und *keine Religion* mehr Männer als Frauen anziehen.[12] Echtes Gedankenfutter.

Von der Geschlechterlücke betroffene Kirchen nach Gründungsjahr

Jüngere Kirchen scheinen etwas erfolgreicher darin zu sein, Männer für sich zu interessieren und sie an sich zu binden. Dies deutet darauf hin, dass Gemeinden mit zunehmendem Alter die Männer verlieren und keine neuen anziehen können.

Woran liegt das? Denken Sie an die Bedürfnisse einer jungen Gemeinde. Neu gegründete Gemeinden brauchen die Gaben der Männer. Es müssen Risiken eingegangen werden. Pläne müssen geschmiedet werden. Gebäude werden gebaut. Männer lieben dieses Zeug. Sie haben einer jungen Gemeinde viel zu bieten. Doch mit zunehmendem Alter fängt diese an, die weiblichen Gaben wie Fürsorge, Stabilität und eine enge Gemeinschaft mehr wertzuschätzen. Philip Yancey bemerkt: „Ich habe immer wieder ein Muster beobachtet: Eine Gemeinde fängt mit hohen Idealen an, löst einen Wirbelwind an Aktivitäten aus und zähmt dann schrittweise seine Vision, um sich schließlich mit viel weniger als dem Ideal zufrieden zu geben."[13] Frauen bleiben aufgrund der Beziehungen, die sie entwickelt haben, loyal, die weniger beziehungsorientierten Männer fallen ab. Männer brauchen Vision – nicht nur Beziehungen –, um in der Kirche motiviert zu bleiben.

Prozentsatz der Gemeinden, die eine Geschlechterlücke von mindestens 12 % aufweisen

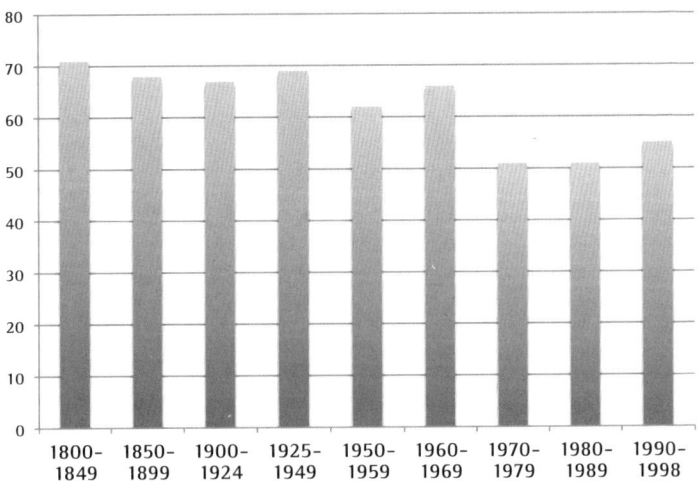

Von der Geschlechterlücke betroffene Kirchen nach Gemeindegröße

Prozentsatz der Gemeinden, die eine Geschlechterlücke von mindestens 12 % aufweisen

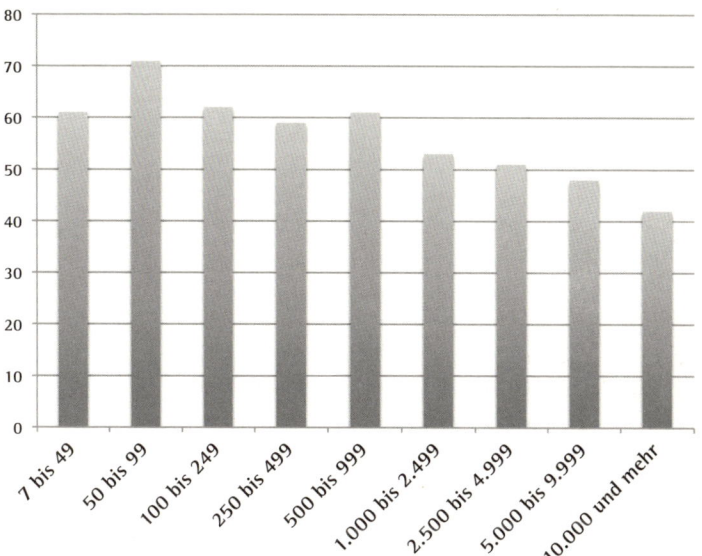

Anzahl der regulären Besucher einschließlich Kinder

Die typische protestantische Kirche der USA hat sonntags vierundachtzig Besucher.[14] Das entspricht genau der Gemeindegröße, die am ehesten eine Geschlechterlücke aufweist. Wenn die Kirche jedoch größer wird, sinkt die Wahrscheinlichkeit einer Lücke.[15] Das führt zu einer Huhn-oder-Ei-Frage: Kommen die Männer, weil die Kirche groß ist, oder wird die Kirche groß, weil Männer sie besuchen? Lassen Sie uns einmal beide Seiten dieser Frage genauer ansehen.

Huhn: Männer ziehen größere Kirchen vor, weil diese groß sind

Männer lieben die Qualität, die große Gemeinden bieten. Diese werden oft von einem begnadeten Pastor geleitet, der ein talentierter

Sprecher ist. Die Musik ist ausgezeichnet. Die Präsentation ist ge-
schliffen und poliert. Es muss Männern nicht peinlich sein, ihre
Freunde einzuladen, denn sie wissen, dass alles geschmackvoll und
professionell abläuft. Große Gemeinden haben eine Atmosphäre des
Erfolgs an sich, die Männer attraktiv finden.

Männer sehen ihre Werte in großen Kirchen betont. Diese Gemeinden sprechen die Sprache von Risiko, Produktivität und Wachstum. Sie sind lokal bekannt. Große Gemeinden messen Effektivität,
feiern Erfolge und starten kontinuierlich neue Projekte und Initiativen. Die größte Schwäche einer großen Gemeinde – die Schwierig-
keit, Wärme und Intimität zu erzeugen – ist für viele Männer tatsächlich ein Pluspunkt.

Einige Zyniker haben den Einwurf gebracht, Männer würden von
großen Gemeinden angezogen, weil sie sich dort verstecken könnten, einfach nur den Sonntagsgottesdienst besuchen und dabei den
Druck vermeiden könnten, mitzuarbeiten – etwas, das ihnen in einer
kleineren Gemeinschaft drohen könnte. Andere sind der Ansicht,
Männer mögen die Anonymität einer großen Kirche. Die größten Zyniker behaupten, Männer nutzen große Kirchen als eine Gelegenheit,
ein Geschäftsnetzwerk aufzubauen (Hunderte potenzieller Kunden
statt einer Handvoll in einer typischen Gemeinde).

Ei: Die Kirche wird groß,
weil dort so viele Männer sind

Diese Theorie geht davon aus, dass Kirchen wachsen, wenn sie einen
Kern von starken, hingegebenen Männern haben, die echte Nachfolger Jesu sind. Die Gegenwart geistlich lebendiger Männer bringt die
ganze Gemeinde auf Kurs.

Überrascht Sie das? Christus hat dieses Muster festgelegt. Er hat
drei Jahre lang sein Leben in zwölf Männer investiert. Diese Männer
haben andere Männer angezogen. An Pfingsten wurden dreitausend
Männer Nachfolger Jesu ... nicht nur durch das, was sie hörten, *sondern auch durch das, was sie sahen:* eine kleine Gruppe von Männern, durch den Heiligen Geist bevollmächtigt. So wuchs die Kirche
in neutestamentlicher Zeit und heute ist das nicht anders. Männer
kommen zu Christus und als Folge dessen zur Gemeinde, wenn sie
andere Männer erleben, die unter dem Einfluss des Geistes Gottes
leben. Das bringt uns zu einem der Schlüsselpunkte dieses Buchs:

Männer folgen nicht Programmen; sie folgen Männern. Eine Frau sucht eine Gemeinde vielleicht wegen der angebotenen Programme auf, aber ein Mann sucht nach einem andren Mann, dem er folgen kann. Ihr ganzes Leben lang werden Männer durch Begegnungen mit inspirierenden Männern verändert. Jeder erfolgreiche Mann erzählt dir von einem Vater, einem Onkel, einem Lehrer, einem Coach oder einem Unteroffizier, der seinem Leben eine entscheidende Wende gegeben hat. Die Filme, die Männer lieben, zeigen oft einen inspirierenden Coach, Befehlshaber oder Lehrer. Männer lechzen nach einem Führer. Jeder Mann, egal welchen Alters, braucht einen Mann, zu dem er aufblicken und sich innerlich sagen kann: *Ich möchte wie er sein.*

Deshalb kann ein dynamischer Pastor eine Kirche in eine neue Richtung führen. Mutige Leiterschaft zieht Männer an. Aber noch attraktiver als ein dynamischer Pastor ist das Bild von Männern in den Bänken, die echte Nachfolger Christi sind. Schon allein ihre Anwesenheit in einem Gottesdienst führt zu einer prickelnden Begeisterung, die nicht machbar ist.

Geistlich lebendige Männer sind lebenswichtig für die Gesundheit einer Gemeinde. Ich habe mit Männern gesprochen, die viele Kilometer fahren, um solche Kirchen zu besuchen, und dabei unterwegs an Dutzenden anderer Gemeinden vorbeifahren. Darüber hinaus scheinen es Frauen zu lieben, in Anwesenheit transformierter Männer anzubeten. Es ist schwer für diese Gemeinden, die Geschlechterlücke zu schließen, denn weil die Männer dort hinströmen, rauschen die Frauen noch viel schneller herein!

Das soll nicht die Wichtigkeit geistlich reifer Frauen herabsetzen. Ihre Anwesenheit ist ebenfalls essenziell für die Gesundheit einer Gemeinde. Doch verwandelte Männer sind so wertvoll, *weil sie so selten sind!* Jede Kirche hat aufrechte christliche Frauen. Ein geistlich lebendiger Mann ist aber so ungewöhnlich, dass es den Leuten auffällt. Der heilige Irenäus sagte einmal: „Die Herrlichkeit Gottes ist der lebendige Mensch." (*Anm. des Übersetzers: Im Englischen steht hier „man", was „Mensch" heißt, aber auch „Mann" bedeuten kann – in letzterem Sinn versteht es hier der Autor.*) Sind die Männer nicht engagiert, sind sie passiv oder abwesend, dann schrumpft die Gemeinde. Doch wenn es einen Kern geistlich lebendiger Männer gibt, blüht sie auf! Haben große, keiner Denomination angehörende Gemeinden das Geheimnis zum Schließen der Geschlechterlücke entdeckt? Nein, denn diese Gemeinden ziehen noch immer viel mehr

Frauen als Männer an. Es gibt keinen Zweig des westlichen Christentums, der dem Überwinden der Geschlechterlücke auch nur nahe kommt.

Die Geschlechterlücke: Nicht nur ein amerikanisches Phänomen

Das Missverhältnis der Geschlechter existiert überall auf der Welt. Obwohl es einige Hinweise darauf gibt, dass die Kirche des Ostens und die griechisch-orthodoxen Kirchen in Europa und Asien nicht an der Geschlechterlücke leiden, ist das bei jedem anderen Zweig der Christenheit der Fall. Keine Form von katholischer oder evangelischer Kirche ist immun. Die Forschung findet dieses Muster der männlichen Abwesenheit seit mindestens einem Jahrhundert in den Kirchen in England, Wales, Spanien, Deutschland und Frankreich. Asiatische, australische und afrikanische Kirchen ziehen ebenfalls mehr Frauen als Männer an einem typischen Wochenende an.[16] Die Geschlechterlücke droht inzwischen das explosive Wachstum der evangelikalen/pfingstlichen Kirchen in Lateinamerika zum Stillstand zu bringen. Joshua Georgen von der Latin America Mission bemerkt: „Jesus Christus nachzufolgen wird normalerweise nicht als das allergrößte Macho-Ding betrachtet, zu dem ein Mann sich bekennen kann. Als Folge gehen überall in Mexiko Frauen allein mit ihren Kindern zu Gottesdiensten, während ihre Männer zuhause bleiben." Der Mangel an männlicher Teilhabe führt zu einem Teufelskreis: Die meisten Leitungsämter gehen an „wohlmeinende und scheinbar verantwortungsvollere mexikanische Frauen". Doch Mexikos *Macho*-Kultur macht es für Männer schwer, sich Frauen unterzuordnen, was die Teilnahme von Männern weiter erodiert. „Der Mangel an männlicher Teilnahme hat in Mexiko deshalb eine Kirche mit einer Leitungsschicht und Mitarbeitern hervorgebracht, die hoch spezialisiert auf das Erreichen von Frauen und Kindern sind."[17]

Ist dieser zahlenmäßige Unterschied ein modernes Phänomen?

Die meisten Leute nehmen an, die Geschlechterlücke sei etwas Neues. Männer waren doch früher religiöser, richtig? Falsch. Laut Dr.

Leon Podles waren die Männer in den letzten siebenhundert Jahren in der Kirche unterrepräsentiert. Männer begannen während des 13. Jahrhunderts, sich aus dem Gemeindeleben zurückzuziehen, als sich ein bräutlicher Mystizismus in der Kirche auszubreiten begann. Ein Ruf nach Schwäche und Passivität ersetzte die historische Betonung der Gemeinde auf Kampf und Selbstaufopferung. Die Jungfrau Maria rückte in den Mittelpunkt. Mutter Kirche sorgte sich um alles geistliche. Mittelalterliche Männer besuchten einfach die Messe, nahmen die Sakramente und zahlten ihren Zehnten und ihre Ablässe.

Religiöse Männer haben vielleicht die Neue Welt besiedelt, aber ihr heiliger Eifer hat nicht immer ihr Erscheinen in den Kirchenbänken garantiert. Die Kirchen in Neuengland, deren Mitgliederverzeichnisse bis zum Jahr 1600 zurück reichen, zeigen, dass die Mehrheit ihrer Mitglieder stets Frauen waren.[18]

Die Geschlechterlücke entwickelte sich im 19. Jahrhundert zu einer gähnend breiten Kluft. Der große Evangelist Charles Finney schrieb in den 1830er Jahren: „Frauen bildeten die große Mehrheit der Mitglieder in allen Gemeinden." Frederic Dan Huntington, ein episkopaler Pastor, schrieb 1856, dass die Kirche „sich hauptsächlich aus Frauen und älteren Männern zusammensetzt".[19] Selbst im Bible Belt in der Zeit nach dem amerikanischen Bürgerkrieg (1861 bis 1865) hielt ein Beobachter fest: „Die Altäre unserer Kirchen sind erbärmlich frei von jungen Männern" und „Es hat hier seit Jahren kaum einen religiösen jungen Mann gegeben."[20]

Wohin sind all die Männer verschwunden?

Der Mangel an Männern war teilweise auf die neuen Arbeitsbedingungen zurückzuführen, welche die industrielle Revolution mit sich brachte. Männer arbeiteten länger in Fabriken und Minen, von denen manche auch sonntags in Betrieb waren. Andere mussten ihre Heimat verlassen, um Arbeit zu finden und verbrachten ausgedehnte Zeiten weit weg von ihrem Zuhause und der vertrauten Pfarrei. Frauen, Kinder und ältere Männer waren die einzigen, die in der Kirche zurückblieben.

Geistliche, die nun Kirchenbänke voller Frauen vor sich hatten, begannen ihre Botschaften auf diese zuzuschneiden. Der rachsüchtige Gott der Calvinisten wurde durch einen warmen, tröstenden Jesus ersetzt, der dem Bedürfnis einer überwiegend weiblichen Gemeinde entsprach. Eines der beliebtesten Kirchenlieder dieser Zeit beginnt mit den Worten: „Jesus, Geliebter meiner Seele, lass mich an deine Brust fliehen."[21] Diese romantische Sicht von Jesus war bei Frauen populär, deren Ehemänner wenig Zeit für sie hatten. Männer jedoch fanden Christus als Liebhaber abstoßend und hatten keine Lust, an seine Brust zu fliehen.

Während des Viktorianischen Zeitalters (etwa 1840 bis 1900) waren Männer und Frauen strengen Geschlechterrollen verpflichtet, doch Pastoren befanden sich irgendwo dazwischen – eine spezielle Klasse von Mann, die weibliche Gaben ausüben durfte. Pastoren bewegten sich in femininen Kreisen; sie predigten für Frauen, begleiteten sie seelsorgerlich, tranken Tee und aßen Kuchen mit Frauen. Das Bild des dünnen, schwächlichen, verweichlichten Pastors war in der Literatur der damaligen Zeit häufig anzutreffen. Ann Douglas schreibt: „Es scheint sehr wahrscheinlich, dass in einer Zeit, in der die Religion sich mehr und mehr zur Frauensache entwickelte, viele der jungen Männer, die von der Kirche angezogen wurden, als tief verbunden oder sogar gleichförmig mit den Frauen betrachtet wurden, die sie am besten kannten, nämlich ihren Müttern."[22] Viktorianische Frauen verehrten diese verweichlichten, sensiblen, fürsorglichen Männer, doch ihre Ehemänner waren nicht beeindruckt. Sie machten folglich einen Bogen um die Kirche.

Mit Anbruch des 20. Jahrhunderts arbeiteten Frauen und Pastoren gemeinsam gegen männliche Vergnügungen wie Trinken, Spielen, Fluchen und das Aufsuchen von Prostituierten. Diese politische Allianz erreichte 1919 ihren Höhepunkt, als das Eighteenth Amendment (Änderung der amerikanischen Verfassung) verabschiedet wurde, das Alkohol in Amerika für illegal erklärte. Für viele Männer war das die letzte Zuflucht gewesen. Umfragen aus den 1920er Jahren zeigen ein Geschlechtergefälle im Verhältnis 60 zu 40,[23] vergleichbar mit demjenigen, das wir in der heutigen Kirche vorfinden.

Dann geschah das Unerwartete. Nach den Entbehrungen der Weltwirtschaftskrise und des Zweiten Weltkriegs kehrte der Wohlstand in die USA zurück. Und die Männer fanden den Weg zurück in die Gemeinden. Amerikaner füllten die Kirchenbänke in historisch hoher Zahl. Es ist kein Zufall, dass die männliche Beteiligung ebenfalls ein Rekordhoch erreichte. Die Umfrage des Gemeindewachstumsexperten Lyle Schaller aus dem Jahr 1952 zeigte bei den erwachsenen Besuchern der großen Kirchen in den USA eine Verteilung von 53 Prozent Frauen und 47 Prozent Männern, was der amerikanischen Bevölkerung entsprach.[24] Die Männer gingen zur Kirche und die Kirche wuchs.

Die 1950er und 1960er Jahre waren die große Zeit der sogenannten *Builder*-Generation (Erbauer). Kirchengebäude schossen wie Pilze aus dem Boden. Doch als die Farbe schließlich getrocknet war, fingen die Männer an, sich zu langweilen. Sie hatten nichts zu tun. Die Kirche der 1960er hatte keine Ahnung von Jüngerschaft und bot Männern keine Möglichkeit, ihre maskulinen Gaben auszuüben. So drifteten sie ab. Sie verließen entweder die Gemeinde oder wurden zu Zuschauern. Zuschauer wurden Kritiker. Pastoren waren die Leidtragenden dieser Kritik. Die Spannung zwischen Männern und Pastoren flammte wieder auf. Männer verloren das Interesse an Gemeinde; Pastoren verloren das Interesse an Männern.

Die 1950er und 1960er Jahre waren eine Anomalie. Männer waren jahrhundertelang am christlichen Glauben weniger interessiert. Männer besetzten die Kanzel, Frauen die Kirchenbänke. Aber selbst das ändert sich. In den theologischen Seminaren der großen Kirchen schreiben sich heute mehr Frauen als Männer ein und insgesamt ist mehr als ein Drittel der Studierenden der Pastoraltheologie weiblich; eine Zahl, die seit den 1970er Jahren beständig zunimmt.[25] Wenn die aktuellen Trends anhalten, werden Frauen schließlich den Klerus dominieren, so wie sie das bei jedem anderen Aspekt des Gemeindelebens in Amerika tun. Dr. Podles trifft folgende Prognose: „Der protestantische Klerus wird ein charakteristisch weiblicher Beruf werden, wie beispielsweise Erzieherinnen, und das innerhalb einer Generation."[26] Der *Newsweek*-Kolumnist Kenneth Woodward ist der Ansicht, das sei möglicherweise keine so gute Idee:

> An einem beliebigen Sonntag gibt es in protestantischen wie katholischen Gemeinden immer mehr Frauen als Männer. Mehr Frauen als Männer lassen sich in den großen Pastorenseminaren für den geistlichen Dienst ausbilden. Die meisten Christen erhalten ihre geistliche Prägung nicht von Männern, sondern von Frauen: von Mutti, der Sonntagsschullehrerin oder der Nonne, die mit den Kindern die Erstkommunion vorbereitet. Meiner Meinung nach ist die letzte Bastion der Männer in der Kirche der Altar und die Kanzel. Ich fände es furchtbar, wenn sich das Priesteramt in eine grundlegend weibliche Berufung verwandeln würde.[27]

Das Neue Testament hatte eine eigene *Builder*-Generation. Die Bibel enthält die Geschichten dynamischer Männer, die alles opferten, damit das Königreich Gottes wachsen konnte. Ihr Schwerpunkt lag nicht auf materiellen Gebäuden, sondern darauf, die Kirche zu einer Kraft positiver Veränderung in der Welt zu machen. Die frühe Kirche wuchs wie verrückt und wenn es irgendeine Art von Geschlechterlücke gab, dann bestand diese in einem Mehr an Männern statt Frauen, obwohl die Bibel nichts Eindeutiges dazu sagt.

Nichtsdestotrotz spielten sowohl Männer als auch Frauen herausragende Rollen in den Anfängen des Christentums. Sie teilten sich die Bühne. Heute haben Männer noch immer die Führungsrollen, aber die restlichen Mitwirkenden sind beinahe ausschließlich Frauen. Darum geht es im nächsten Kapitel.

8

Die Mitarbeitslücke

Die Anwesen-
heitslücke

**Die Mitar-
beitslücke**

Die
Per-
sönlich-
keitslücke

Howard Hendricks vom Dallas Theological Seminary sieht zwei Arten von Menschen in der Kirche: Die Säulen (*Pillars*) und die
Raupen (*Caterpillars*). Die *Säulen* erhalten die Kirche mit ihren Gebeten, ihrer Arbeit und ihren Spenden aufrecht. Sie bauen im Schweiße
ihres Angesichts das Reich Gottes. Die *Raupen* kriechen am Sonntagmorgen herein, singen ein paar Lieder, hören sich eine Predigt an
und kriechen dann wieder hinaus, nur um eine Woche lang nicht
mehr gesehen zu werden.

Wenn Ihre Gemeinde typisch ist, dann sind die meisten Säulen
weiblich. Frauen widmen sich viel eher als Männer dem Christentum,
über das bloße Besuchen des Gottesdienstes hinaus. Der Forscher
George Barna hat herausgefunden, dass Folgendes für Frauen gilt:

- 100 % eher sind sie in Jüngerschaft involviert.
- 57 % eher sind sie Teilnehmer an der
  Sonntagsschule für Erwachsene.
- 56 % eher sind sie in einer Leitungsposition einer
  Kirche (Pastorenrolle ausgenommen).
- 54 % eher besuchen sie eine Kleingruppe/Hauskreis.
- 46 % eher unterstützen sie jemanden in der Jüngerschaft.

- 39 % eher pflegen sie eine Andachtszeit oder stille Zeit.
- 33 % eher melden sie sich freiwillig für Aufgaben in einer Gemeinde.
- 29 % eher lesen sie in der Bibel.
- 29 % eher besuchen sie die Gemeinde.
- 29 % eher sprechen sie mit anderen über ihren Glauben.
- 23 % eher spenden sie an die Gemeinde.
- 16 % eher beten sie.[1]

Frauen sind mit mehr Glauben an ihrer Religion beteiligt, nach Aussage einer Gallup-Studie. Amerikanische Frauen stimmen viel häufiger als Männer zu, wenn man ihnen folgende Aussagen über ihr geistliches Leben präsentiert:[2]

	M	W
Religion ist für mein Leben sehr wichtig.	48	68
Ich bin Mitglied einer Kirche oder Synagoge.	59	69
Religion ist eine Antwort auf unsere heutigen Probleme.	59	72
Beim Fällen von Entscheidungen achte ich auf Gott.	40	56
Beim Fällen von Entscheidungen achte ich auf meine Ansichten.	54	37

Außerdem beschrieben sich 38 Prozent der Männer als *spirituell, aber nicht religiös*, verglichen mit gerade einmal 28 Prozent der Frauen. Das legt nahe, dass „traditionelle religiöse Institutionen vermutlich etwas weniger in der Lage sind, den spirituellen Bedürfnissen von Männern zu entsprechen."[3] Dies ist ein weiterer Beweis dafür, dass Männer an Gott interessiert sind, aber nicht am Christentum, wie es derzeit praktiziert wird.

Der Index zur Gemeindemitarbeit von Gallup misst die Verbindlichkeit, mit der Einzelpersonen sich an ihrer jeweiligen Glaubensgemeinschaft beteiligen. Es ist wenig überraschend, dass 28 Prozent der Frauen sich voll im Leben ihrer Gemeinde *engagieren*, gegenüber 21 Prozent der Männer. Bei den *aktiv nicht engagierten* Mitgliedern ist es genau umgekehrt: 24 Prozent der Männer sind aktiv nicht engagiert, bei den Frauen sind es 16 Prozent.[4]

Das interessanteste Ergebnis war allerdings, dass der Glaube der Frauen *biblischer* ist als der von Männern. Barna schlussfolgert:

> Die Umfragedaten zeigen, dass nahezu die Hälfte der Frauen unseres Landes einen Glauben besitzen, der sie als wiedergeboren charakterisiert (46 %), gegenüber nur etwa einem Drittel der Männer (36 %). In anderen Worten: Es gibt zwischen elf und dreizehn Millionen mehr wiedergeborener Frauen als Männer im Land.

Frauen sprechen auch eher mit anderen Menschen über ihren Glauben und begleiten andere geistlich. Frauen übernehmen heute die Fußarbeit bei der Evangelisation und erfüllen den Missionsbefehl, während die Männer auf der Ersatzbank sitzen. Barna fasst die Ergebnisse zusammen: „Frauen sind das Rückgrat der christlichen Gemeinden in Amerika."[5]

Konfessionelle und übergemeindliche Organisationen ziehen mehr Frauen an

Frauenorganisationen innerhalb von Kirchen sind wesentlich stärker als ihre männlichen Gegenstücke. Beinahe jede Gemeinde der Southern Baptists hat eine WMU (Woman's Missionary Union – *eine Organisation, die Frauen bezüglich Weltmission unterrichtet und motiviert, Anm. d. Ü.*). Es gibt keine vergleichbare baptistische Männerorganisation, die ihr auch nur halbwegs hinsichtlich Größe oder Einfluss nahe kommt. Das gleiche gilt für die Presbyterian Women, die in praktisch jeder Kirche in den USA aktiv sind. Obwohl es eine Organisation Presbyterian Men gibt, finden wenige Kirchen genügend Männer, die ihr beitreten würden. National betrachtet überflügeln die United Methodist Women die United Methodist Men 875.000 zu 248.000.[6]

Bible Study Fellowship (BSF) International ist das am weitesten verbreitete übergemeindliche Bibelstudienprogramm. Hier werden

fünfmal mehr Klassen für Frauen angeboten. Hier die Zahlen aus
fünf Bundesstaaten in verschiedenen Regionen der Vereinigen Staaten:

Staat	Frauenklassen	Männerklassen
Texas	84	26
Massachusetts	3	0
Illinois	26	5
Washington	39	13
South Carolina	8	3

Die Geschlechterlücke zeigt sich aber auch in verschiedenen Regionen der Welt:

Nation/Kontinent	Frauenklassen	Männerklassen
Kanada	11	3
Europa	17	2
Afrika	18	11
Südamerika	5	2
Australien	40	5
Asien	24	7

Die meisten Teilnehmer an christlicher Kultur und christlichem Handel sind Frauen

Frauen kaufen am ehesten in einem christlichen Buchladen ein, sehen sich ein christliches Fernsehprogramm an oder hören christliche Musik. Christliche Einzelhändler und Medien wissen das. Und sie vermarkten und verkaufen ihre Produkte entsprechend.

In jedem christlichen Buchladen in Amerika ist die Frauenabteilung größer als die der Männer – üblicherweise drei- bis viermal so groß. Informierte Buchhändler wissen, dass Frauen etwa 75 Prozent der christlichen Produkte kaufen. Sie arbeiten deshalb hart daran, eine feminine Atmosphäre zu schaffen. In dem Moment, in dem ein Mann ein religiöses Geschäft betritt, weiß er, dass er nicht in seinem Element ist. Susan Faludi beschreibt ihren Besuch in einem christlichen Buchladen so:

> Die „Männer"-Abteilung war in ein Regal im hinteren Teil verbannt ... [Sie war] hoffnungslos in der Minderheit und umzingelt von rosafarbenen Andachtspamphleten und rosenverzierten geistlichen Ratgebern, von denen die anderen Regale voll waren – von Bibeleinbänden mit Rüschen, von Deckchen mit Lämmern und Küken, die aus den Regalen quollen, blumenverziertem Schmuck und lächelnden Jesus-Figuren in Schaukästen, unscharfen Portraits unerschütterlicher Hausfrauen, die Tee schlürften, Duftblumen an den Wänden und erbaulicher, süßlicher Musik, die aus Boxen mit Schmucksteinen in Blumenform den Raum durchströmte. Es gab Babyspielzeug zum Aufziehen, Stofftiere mit Spieluhren, die für ein unerträgliches Durcheinander zuckersüßer Klänge sorgten.[8]

Ein Blick auf die Liste der hundert von der Christian Bookseller Association (CBA) ermittelten meistverkauften Bücher zeigt, dass „sechs Titel auf die besonderen Bedürfnisse von Männern ausgerichtet waren und 21 auf die der Frauen.

Letztere Kategorie, die von *Umarmungen für Mutti* bis zu *Böse Mädchen der Bibel* reicht, spiegelt die Tatsache wider, das die meisten Käufer von CBA-Büchern Frauen sind."[9] Das CBA-Magazin besitzt tatsächlich keine Rubrik für Männerthemen. Als Pat Morley, einer von Amerikas führenden Namen in der Männerarbeit, die CBA deswegen ansprach und bat, eine solche einzurichten, erhielt er eine Absage.[10]

Nicht nur lesen Frauen die meisten christlichen Bücher; sie schreiben auch die meisten davon. Obwohl viele der Bestsellertitel immer noch von Männern geschrieben werden, gibt es wesentlich mehr Frauen, die für den Kirchenmarkt schreiben. Kürzlich war ich auf einer Konferenz für christliche Autoren, auf der fünfundsechzig

Frauen und fünf Männer waren. Ich habe mich gefühlt, als wäre ich im Publikum der *Oprah Winfrey Show* gelandet.

Frauen hören auch eher christliche Radiosender. Im Allgemeinen sind die Radiohörer ein exakter Spiegel der Bevölkerung: 51,7 Prozent weiblich, 48,3 Prozent männlich. Doch christliches AC-Radio (*AC steht für „Adult Contemporary", ein Radioformat mit melodisch geprägter Popmusik, Anm. d. Ü.*) – das ist das Format, das die meisten christlichen Sender einsetzen – hat ein Publikum, das zu 63 Prozent weiblich und zu 37 Prozent männlich ist. Christliche Sender ziehen durchschnittlich 21 Prozent mehr weibliche Hörer an als Mainstream-Sender.[11]

K-Love, Amerikas größter Zusammenschluss christlicher Radiosender mit Niederlassungen in 189 Städten,[12] zielt mit seinem Programm auf achtzehn bis fünfundvierzig Jahre alte Frauen ab. Die K-Love- Sprecher haben eine mythische Durchschnittshörerin kreiert, die sie Kathy nennen. Sie ist Mitte dreißig und Mutter mit zwei Kindern, fährt einen Minivan und zahlt ein Darlehen für ihr Haus ab. Kathy ist unheimlich beschäftigt: Sie fährt ihre Kinder zum Fußballplatz, zu Klavierstunden und zur Jugendgruppe. Beim Fahren hört Sie K-Love. Kathys Name taucht bei Mitarbeiterbesprechungen oft auf und die Sprecher stellen sicher, dass ihre Kaspereien auf Sendung sie nicht befremden oder ihre Befindlichkeit stören.

Schließlich sehen Frauen auch eher christliches Fernsehen als Männer. Wie Barna Research herausgefunden hat, sind Frauen die Hauptnutzer aller Formen christlicher Medien. Je älter eine Frau, desto wahrscheinlicher sieht sie zu.[13]

Die Mitarbeitslücke gibt es tatsächlich ... und sie könnte noch schlimmer werden

Hat Ihre Gemeinde schon einmal Schwierigkeiten gehabt, genügend Mitarbeiter für die verschiedenen Dienste zu finden? Landesweit kämpfen Kirchen damit, ehrenamtliche Mitarbeiter zu finden. Frauen hatten früher viel Zeit, um mitzuarbeiten. Doch nun, da so viele arbeiten, ihre Kinder zuhause unterrichten oder sie umherfahren, bleibt nicht mehr viel Energie für die Kirche. George Barna spricht warnende Worte aus:

> Während Frauen den Löwenanteil der Christen und die Mehrheit der Teilnehmer an religiösen Veranstaltungen darstellen, scheinen viele Frauen aufgrund ihrer intensiven Mitarbeit auszubrennen. Am aussagekräftigsten ist vielleicht der Rückgang des Gottesdienstbesuchs um 22 % seit 1991 (von 55 auf 45 %). Außerdem hat sich die Zahl der Frauen, die ehrenamtlich bei einer Gemeinde mithelfen, um 21 % verringert (29 % im Jahr 1991 und 24 % im Jahr 2000). Der monumentalen Anstrengung der Frauen, die Arbeit der christlichen Gemeinde zu unterstützen, könnte die Luft ausgehen.[14]

Das könnte die versteckte Tragödie der Geschlechterlücke sein: Wenn die Männer nicht ihren Teil der Arbeit in der Gemeinde übernehmen, fühlen sich Frauen festgenagelt, überarbeitet und nicht genug wertgeschätzt. Einige denken tatsächlich darüber nach, die Kirche wegen dieser Gefühle zu verlassen.

Frauen können und sollten nicht die Packesel des modernen Christentums sein. Männer müssen ihren rechtmäßigen Platz in der Gemeinde einnehmen. Wie wir jedoch gesehen haben, sind viele Männer der Meinung, sie *haben* gar keinen rechtmäßigen Platz in der Kirche von heute. Diesen Eindruck zu ändern ist der erste Schritt zum Schließen der Mitarbeitslücke.

9

Die Persönlichkeitslücke

Nun werfen wir einen Blick auf die dritte Lücke, *die Persönlichkeitslücke*. Diese Lücke ist schwer zu verstehen, denn sie lässt sich schwieriger quantifizieren. Das Klassifizieren von Menschen in Bezug auf Gottesdienstbesuch oder Mitarbeitsgewohnheiten ist einfacher, denn Köpfe kann man zählen. Persönlichkeitstypen lassen sich dagegen nicht so leicht auf den Punkt bringen.

Nichtsdestotrotz beteiligen sich bestimmte Menschentypen selten an einer lokalen Gemeinde. Das nenne ich *die Persönlichkeitslücke*. Obwohl einzelne Gemeinden sehr unterschiedliche Arten von Menschen aufweisen mögen, mangelt es der Kirche im Allgemeinen an bestimmten Typen. Andere dagegen sind im Überfluss vorhanden. Stellen Sie sich die Persönlichkeitslücke als ein Dreieck vor. Wir werden uns dessen Seiten eine nach der anderen ansehen. Die erste davon wird als *die Passivitätsseite* bezeichnet.

Die Passivitätsseite des Dreiecks

Kirchgänger neigen eher dazu, passive Persönlichkeiten aufzuweisen als die allgemeine Bevölkerung.

Das behauptet Dr. Mels Carbonnel, der mit Tausenden von Christen in den letzten zwanzig Jahren Persönlichkeitstests durchgeführt hat. Während etwa 62 Prozent der Amerikaner eine passive Persönlichkeit besitzen, fallen 85 Prozent der von Carbonnel getesteten Christen in die passive Kategorie.[1]

Welche Schlussfolgerungen muss man aus diesem Ungleichgewicht ziehen? Jede Institution, die so stark in Richtung passiver Persönlichkeiten geneigt ist, wird selbst passiv werden. Sie wird dazu neigen, Tradition und Stabilität höher zu schätzen als Innovation und Wachstum. Jeder, der in der Leitung einer Ortsgemeinde aktiv war, weiß, dass das stimmt.

In vielen Kirchen ist Passivität eine hoch entwickelte Kunst. Tradition wird verehrt. Veränderung und Innovation schreiten mit der Geschwindigkeit eines Gletschers voran. Selbst die kleinste Änderung kann Leute in höchstem Maße verärgern. So entwickelte sich beispielsweise ein blutiger Faustkampf zwischen zwei Mönchen, als ein Stuhl von einer Stelle an eine andere verschoben wurde.[2] In einem anderen tragischen Fall vergiftete ein dreiundfünfzigjähriges Gemeindemitglied den Kaffee in einer lutherischen Gemeinde mit Arsen. Ein Mann starb dabei, fünfzehn wurden krank. Der Täter war verärgert über Gespräche, die sich um den Zusammenschluss mit einer anderen Gemeinde drehten.[3] Jeder Pastor kann Ihnen Geschichten von Mitgliedern erzählen, die hysterisch auf kleine Änderungen im Gottesdienst reagierten. Man könnte sagen, die heutige Kirche ist voll von *Passivitätsaktivisten*, deren meiste Energie sich auf das Bekämpfen von Veränderung richtet.

Aber noch verstörender an diesen Ergebnissen ist die Tatsache, dass viele der von Dr. Carbonnel getesteten Personen christliche Leiter sind wie Pastoren, Lehrer und Älteste! In der säkularen Welt werden Personen mit aktiven Persönlichkeiten von Leitungspositionen angezogen. In der Kirche jedoch sind es üblicherweise die Passiven, die führen. Eine Leiterschaftskrise humpelt durch die Kirche und ein Mangel an mutiger, visionärer Leitung treibt die Männer aus den Kirchen.

George Barna kam zu ähnlichen Ergebnissen.

„Wir haben kürzlich mehr als 2400 protestantische Pastoren interviewt und festgestellt, dass 92 % von ihnen sagten, sie seien Leiter. Als wir ihnen die Definition dessen gaben, was wir unter Leitung verstehen, schrumpfte diese Zahl auf we-

niger als zwei Drittel", meint Barna. „Wir haben anschlie-
ßend gefragt, ob sie das Gefühl hätten, Gott habe ihnen
eine der Gaben gegeben, die sich auf das Führen von Menschen beziehen, wie etwa die der Leitung, Apostelschaft
oder gar Administration. Dann stürzte die Zahl auf weniger
als ein Viertel ab. Schließlich baten wir sie, uns die Vision zu
beschreiben, zu der hin sie Menschen führen – das heißt,
das eigentliche Herz ihres Dienstes –, und dann waren wir
bei einer einstelligen Zahl gelandet."[4]

Barna hat herausgefunden, dass die heutige Kirche von wundervol-
len, liebevollen Leuten geführt wird, die aber auf dem Gebiet der
Leitung nicht begabt sind. Die meisten bezahlten Leiter amerikanischer Gemeinden heute sind entweder Lehrer oder Musiker, die vielleicht nie in der Leitung ausgebildet wurden und auch keine Vision
für das Führen einer Gemeinde haben. Und das trifft nicht nur auf
bezahlte Mitarbeiter zu. Christliche Leiter jeder Ebene neigen zu passiven Persönlichkeiten.

Gemeinden, die von Leuten mit passiver Persönlichkeit geführt
werden, stoßen Männer aus zwei Gründen ab:

1. Passiv geführte Kirchen sind sehr beschäftigt. Doch keiner hält jemals inne und fragt sich, ob diese Geschäftigkeit zu irgendetwas führt. Männer treten eher dem Rota-
   ry Club bei – der erreicht wenigstens etwas.

2. Passiv geführte Kirchen bewegen sich nicht auf eine mit-
   reißende Vision zu – und „ohne prophetische Weisung
   (engl. Vision, Anm. d. Übers.) wird ein Volk zügellos."
   (Sprüche 29:18, Gute Nachricht)

Männer möchten sich einer Sache verschreiben, die effektiv ist, und
nicht einfach nur beschäftigt werden. Viele Frauen lassen aus Loyalität passive Leitung über sich ergehen; die meisten Männer dagegen
nicht. Männer sind leistungsorientiert und haben wenig Geduld mit
einem Team, das immer nur defensiv und nie offensiv spielt.

Die Niedriges-M-Seite des Dreiecks

Studien zeigen, dass am Christentum interessierte Männer eine weniger männliche Lebensperspektive haben als andere Männer. Diese Tendenz nenne ich *Niedriges M*. Die Kirche steht in dem Ruf, sanfte, feinfühlige, lebensfremde Typen anzuziehen, die weniger maskulin als der Durchschnitt sind.

Ist da etwas dran? Dr. Leon Podles zitiert aus einer Studie der Psychologen Lewis M. Terman und Catherine Cox Miles. Das Paar hat Männern und Frauen eine Reihe von Fragen vorgelegt. Sie untersuchten, wie jedes Geschlecht auf die Fragen antwortete; die von Frauen am häufigsten gewählten Antworten wurden als *feminin* bewertet, diejenigen der Männer als *maskulin*.

Männer, die ein Interesse an Kunst oder Religion ausdrückten, neigten eher dazu, *wie eine Frau* zu antworten als andere Männer. In anderen Worten, die Antworten künstlerischer und religiöser Männer sahen mehr wie die Antworten aus, die Frauen gaben. Die Forscher schrieben: „Interesse an Religion oder Kunst ist das Kennzeichen einer definitiv größeren Femininität, gegenüber mangelndem Interesse diesen Dingen gegenüber." Sie fahren fort: „Die maskulinsten Männer sind diejenigen, die wenig oder kein Interesse an Religion haben." Podles fällt auf: „Sehr maskuline Männer zeigten wenig Interesse an Religion, sehr feminine Männer ein großes Interesse ... junge, athletische und ungebildete Männer neigten dazu, gleichbleibender maskulin zu sein als ältere, sesshafte und gebildete Männer."

Und jetzt kommt eine Überraschung: Dieses Muster zeigte sich auch auf der weiblichen Seite. Sehr feminine Frauen waren auch besonders religiös, während Frauen mit maskulineren Antworten gegenüber Religion neutral oder ablehnend eingestellt waren.[5]

Die Studie scheint zu zeigen, dass jeder – Mann wie Frau –, der eine sehr männliche Lebensperspektive besitzt (Hohes M), die Kirche scheut. Stimmt das nicht auch mit Ihrer Erfahrung überein? Denken Sie an die Macho-Männer, die Sie kennen. Denken Sie an die getriebenen, karriereorientierten Frauen in Ihrem Bekanntenkreis. Sind die am Sonntag in der Gemeinde? Selbst wenn sie teilnehmen; scheinen sie besonders hingegeben zu sein oder liegt ihre wahre Loyalität woanders?

Andererseits ist es so, dass diejenigen mit einer weniger männlichen Sichtweise (Niedriges M) – Männer wie Frauen – eher von der

Kirche angezogen werden. Das könnte erklären, weshalb so viele
schwule Männer sich der Kirche zuwenden, während Lesben sie mei-
den. Eine im *Journal for the Scientific Study of Religion* veröffent-
lichte Studie ergab, dass „schwule Männer [prozentual gesehen]
deutlich aktiver in religiösen Organisationen waren als heterosexuelle Männer." Die Autoren weisen darauf hin, das schwule Männer in
Bezug auf Religiosität und Kirchenbesuch ein ähnliches Verhalten
wie heterosexuelle Frauen an den Tag legen, „ohne dass sie von
weiblichen Partnern zu Gottesdiensten gezerrt werden müssen – wie
das bei heterosexuellen Männern der Fall ist." Jedoch „zeigen Lesben
und weibliche Bisexuelle sehr niedrige Raten religiöser Aktivität."[6]

Warum besuchen so viele unmännliche und schwule Männer die
Kirche? Vielleicht deshalb, weil die Kirche eine der wenigen Institu-
onen in der Gesellschaft ist, in der es nicht den Druck gibt, sich wie
ein Mann verhalten zu müssen. Tatsächlich werden Männer ermutigt, sich nicht so zu verhalten. Wo sonst in unserer Gesellschaft
kann man seine feminine Seite ausdrücken und dafür sogar noch
Applaus erhalten?

Außerdem neigen Männer mit zunehmendem Alter und wach-
sender Sesshaftigkeit dazu, eine femininere Lebensperspektive zu
entwickeln. Sie sind mehr auf Sicherheit ausgerichtet als auf Risikobereitschaft. Das sind genau die Männer, die die Gemeinde noch
halbwegs erfolgreich anzieht. Weitgehend abwesend in der Gemeinde sind junge, athletische und ungebildete Männer, die eine männliche Lebensperspektive aufweisen.

Kirche: Der natürliche Lebensraum des Softies

Der Mangel an Machismo unter den männlichen Kirchgängern ist
nicht unbemerkt geblieben. Der durchschnittliche Kirchenmann ist
das, was der Autor John Bly *den weichen Mann* nennt. Er ist ein ge-
zähmter Mann. Er hat ein Kuscheltier als Maskottchen. Die wilden
Hengste hängen in der Bar rum; die kastrierten Wallache in der Kirche. Gordon Dalbey schreibt:

> „Die größte Enttäuschung meines Lebens im Dienst", so hat
> mir einmal ein Freund und Pastorenkollege erzählt, als er
> Ende fünfzig war, „war die Tatsache, dass ich einfach nicht
> in der Lage scheine, Männer in die Gemeinde zu bringen." Er

hielt kurz inne und seufzte, konfus und frustriert. „Klar, ich hab' Männer bekommen – aber ehrlich gesagt, das waren meistens ruhige und zurückgezogene Typen mit starken, dominanten Frauen. Ich wünschte, ich könnte ein paar echte Männer in meine Gemeinde kriegen!"[7]

Susan Faludi hat es so ausgedrückt, nachdem sie Männer bei einer Veranstaltung der Promise Keepers beobachtet hatte:

> Wenn sie eine Verschwörung zum Sturz der feministischen Welt planten, dann zeigten sie jedenfalls keinerlei Anzeichen dafür. Die meisten von ihnen schienen wohlerzogen und ordentlich. In einer Ära, in der die üblichen Zuschauer in den Rängen einer Sportarena das Stadion vermüllt und verwüstet hinterlassen, achteten die Promise Keepers genau darauf, all ihren Abfall in die Mülleimer zu werfen. Sie schrieben brav während der Vorträge mit und zeigt immer ihr Armband mit der Promise Keepers ID, das wie die Identifikationsbänder aussah, die Patienten im Krankenhaus tragen ... Sie waren strikt gefügig, als ob sie – wenn sie nur lange genug gehorchten – schließlich ihre Belohnung erhalten würden.[8]

Wir sind sauber. Wir sind höflich. Wir sind gewissenhaft. Und am allermeisten sind wir nett. Was uns unsere Sonntagsschullehrerinnen vor vielen Jahren erzählt haben, gilt heute immer noch: Wir sind Gottes kleine Lämmer.

Erfolgreiches Leben als Christ ist nicht durch die mutigen Handlungen definiert, die wir wagen, sondern durch die Dummheiten, die wir vermeiden. Gute christliche Männer werden wir nicht durch die Ziele, die wir erreichen, sondern die Sünden, denen wir entkommen. Wir sollen schwach, demütig und süß sein. Echte Männer besuchen unsere Kirchen, blicken herum und sehen die weichen Männer in ihren weichen Bänken sitzen und kämpfen sich zum Ausgang durch. Echte Männer wollen nicht sicher sein – *sie wollen gefährlich sein.*

Echte Männer haben in der heutigen Gemeinde keinen Platz. Ehrlich gesagt, wir wollen sie nicht. Wir sagen zwar, das wir es tun, aber wenn eine Gruppe echter Männer auftauchen würde, dann hätten wir keine Ahnung, was wir mit ihnen anfangen sollen. Ich nenne diese dauerhaften Kirchenvermeider *die fehlenden Männer.*

Die Dreiecksseite der fehlenden Männer

Viele Männertypen fehlen in der Gemeinde von heute. Doch diese drei Untergruppen der Männer mit hohem M scheinen besonders befremdet zu sein: Risikobereite, Spaßliebende und gefährliche Männer.

Risikobereite

Es gab eine Zeit, da konnte es gefährlich für die eigene Gesundheit sein, wenn man Christ war. Im 1. Jahrhundert hat Kaiser Nero Christen als menschliche Fackeln aufgestellt. Tausende der frühen Christen starben an Kreuzen oder wurden von wilden Tieren zermalmt.

Obwohl es in der verfolgten Kirche noch immer viele Risikobereite gibt, ziehen unsere bequemen westlichen Kirchen relativ wenige an. Es gibt einen Mangel an leistungsstarken Männern mit einer risikofreudigen Mentalität. Abenteurertypen fehlen weitgehend in der heutigen Gemeinde. Unternehmer sind unterrepräsentiert.

Wie kann eine Gemeinde also anziehend für Risikobereite werden? Indem sie Risiken eingeht! Verfolgen Sie unerhörte, gottgegebene Visionen. Entwickeln Sie Dienste, die gefährlich sind. Schicken Sie Leute auf Missionsabenteuer im Ausland. Erzählen Sie Geschichten von Männern, die alles für Christus aufs Spiel gesetzt haben. Fangen Sie mit den Geschichten der Märtyrer an. Jeden Tag sterben eine Menge Leute für Christus, doch ihre Geschichten werden in den westlichen Kirchen so gut wie gar nicht erzählt. Die Website www. persecution.org erzählt die Geschichten moderner Märtyrer. Besuchen Sie diese Website regelmäßig. Sie wird Ihren Glauben vertiefen.

Wir brauchen Risikobereite in der Kirche von heute. Ohne die Risikobereiten neigen Gemeindevorstände dazu, auf Nummer sicher zu gehen, weil sie sich aus vorsichtigen Leuten zusammensetzen. Nach jahrelangen sicheren, praktischen Entscheidungen beginnt eine Gemeinde zu schrumpfen. Männer gehen. *Eine wachsende Gemeinde ist eine risikobereite Gemeinde.*

Spaßliebende

Spaßliebende Menschen sind in der Kirche von heute unterrepräsentiert. Das wundert auch wenig. Gottesdienste machen nicht besonders viel Spaß. Sie sind normalerweise sehr ernste Angelegenheiten. Ein mutiger Pastor erzählt vielleicht einen Witz am Anfang der Predigt, aber wenn er zwei erzählt, dann gibt's schon Beschwerden. Laien, die den Gottesdienst mit einer humorvollen Abkündigung oder einem witzigen Sketch auflockern, ernten schon mal eine strenge Zurechtweisung oder einen bösen Brief von einem langjährigen Mitglied.

Wenn Sie ein Partytyp sind, dann enden Sie vielleicht im Gemeinschaftskomitee der Kirche. *Gemeinschaft* ist ein Begriff, den Christen erfunden haben, die Angst vor dem Wort *Spaß* haben. Das Gemeinschaftskomitee ist ein zähneknirschendes Zugeständnis der Mächte innerhalb der Gemeinde an die Tatsache, dass es eine Zeit und einen Ort für Spaß geben muss. Solange der nur ja nicht spontan ausbricht, besonders während des Gottesdienstes! Das Gemeinschaftsteam ist ein raffinierter Mechanismus, der Freude und Feiern kontrolliert und dafür sorgt, dass sie nur zu theologisch akzeptablen Zeiten und an ebensolchen Orten ausbricht.

Spaßliebende Menschen entdecken vielleicht irgendwo unter der Oberfläche der Gemeinde eine Spur von Freude, aber weil sie selten zum Vorschein kommt, wenden sie sich ab. Sie suchen sich eine lebendigere Gemeinde, die sich selbst nicht so ernst nimmt, oder sie entscheiden sich für einen Party-Lebensstil. Dieser Lebensstil erfordert es, am Samstagabend lange aufzubleiben, weshalb viele Spaßliebhaber den Gottesdienst ausfallen lassen. Schließlich zeigt die Erfahrung der meisten Leute, dass die lahmste Party mehr Spaß macht als der coolste Gottesdienst.

John Piper beschreibt den Gottesdienst als „Das Fest des christlichen Hedonismus"[9]. Der Kleine Katechismus von Westminster beginnt mit den Worten: „Die wichtigste Bestimmung des Menschen ist es, Gott zu verherrlichen und ihn für immer *zu genießen*" (meine Betonung). Wir sollen Gott genießen. Kann es nicht auch sein, dass wir Kirche ebenfalls genießen sollen? Wir brauchen Spaß liebende Leute in der Gemeinde, die uns helfen, die Freude wieder in die Anbetung zu holen. Nur dann werden wir auch die Männer wieder erobern (mehr dazu in Kapitel 20, „Anbetung und der maskuline Geist").

Gefährliche Männer

Das ist eine Auffangkategorie für eine dritte Art von Mann, der nicht zur Kirche geht. Wie viele Ex-Betrüger besuchen Ihre Gemeinde? Wie viele Harleys röhren am Sonntagmorgen über den Parkplatz? Wie sieht's mit dreckbeschmierten Geländewagen aus? Wie viele Tattoos sehen Sie beim Gottesdienst?

Der gefährliche Mann ist eine andere Form des Risikobereiten: Er pflegt einen Lebensstil und eine Rolle, mit der er der Welt sagt, dass sie sich besser nicht mit ihm anlegen soll. Jeder Mann, der ein Bild von Härte um sich verbreitet, fällt in diese Kategorie. Bauarbeiter, Automechaniker, Seeleute, Schweißer und dergleichen sind gefährliche Männer. Denken Sie bloß an die Art von Männern, mit denen Jesus seine Zeit verbrachte.

Wenn ein gefährlicher Mann in der Kirche auftaucht, dann fühlt er sich oft abgeurteilt. Lee Strobel zitiert einen solchen Mann: „Ich dachte, die Leute würden hinter meinem Rücken flüstern: ‚Kuck mal, das ist einer von denen, einer von diesen hoffnungslos verlorenen Heiden! Schnell, versteckt die Wertsachen! Schützt die Frauen!'"[10] Einige Prediger verbringen viel Zeit damit, von der Kanzel den Untergang weltlicher Menschen vorherzusagen. Solche Predigten führen dazu, dass sich gefährliche Männer unerwünscht fühlen.

Männer, die gefährliche Dinge mögen oder in gefährlichen Berufen arbeiten, fühlen sich in unserer Kirche vielleicht fehl am Platz. Holzfäller, Ölarbeiter, Soldaten und Jäger werden in einigen liberalen Kirchen offen verteufelt. Andererseits wird in einigen konservativen Gemeinden Männern mit gefährlichen Gewohnheiten wie Rauchen oder Trinken ausgewichen.

Wir brauchen gefährliche Männer in der Gemeinde. Jesus hat gefährliche Männer angezogen. Diese sozialen Außenseiter waren seine größten Fans. Es ist sicherlich ein Anzeichen für eine gesunde Gemeinde, wenn die gefährlichen Männer am Sonntagmorgen auftauchen. Doch sie bleiben nicht, ehe wir nicht damit aufhören, sie zu verurteilen. Wir müssen ihre Sprache lernen: die Sprache des Risikos.

Warum diese drei Lücken Männer so abschrecken

Die Zahlenlücke. Es ist ein Teufelskreis: Je weniger Männer in der Kirche sind, desto weniger Männer gehen hin. Männer sehen sich nach anderen Männern um, mit denen sie sich identifizieren können. Wenn der Gottesdienst voller Frauen, Kinder und Weicheier ist, dann spricht der Bauch eines Mannes die deutliche Sprache – hier ist kein Platz für mich. Er verabschiedet sich möglicherweise und das heißt: Wieder einer weniger, mit dem sich der nächste Mann identifizieren könnte.

Die Teilnahmelücke. Männer, die am Gemeindeleben über den Sonntagmorgen hinaus teilnehmen wollen, finden Dienste vor, die von Frauen und deren Werten dominiert werden. Sie fühlen sich inkompetent und steigen aus. Die niedrige Beteiligung von Männern hält andere Männer von der Mitarbeit ab und so geht der Kreislauf weiter.

Die Persönlichkeitslücke. Männer sind auf der Suche nach starken Leitern, die Risiken eingehen und ihnen den Weg zeigen. Sie halten Ausschau nach gesunden Vorbildern für ihre Söhne. Männer brauchen weise geistliche Väter, die Klartext mit ihnen sprechen. Die finden sie nicht in der Kirche, also suchen sie woanders.

Mit Gottes Hilfe können wir diese drei Lücken schließen. Doch jedes Mitglied einer Gemeinde muss Männer besser verstehen lernen. Folgen Sie mir jetzt auf einer Reise durch das Unterbewusste eines Mannes, das Feld, auf dem diese Schlachten geschlagen werden.

3

Männer und Maskulinität verstehen

Männer halten die Kirche für zu feminin für ihren Geschmack. Na und? Können Männer nicht einfach von ihrem Macho-Trip runterkommen? Nein, das können sie nicht. Sie könnten genauso gut eine Frau bitten, ihre mütterlichen Instinkte an den Nagel zu hängen. Es ist eine Tatsache, dass Körper, Gehirn, Geschichte und Kultur eines Mannes es nahezu unmöglich für ihn machen, im Umfeld der heutigen Kirche aufzublühen.

Wir gehen davon aus, dass Gott einen Menschen, der Christ wird, verändert, und er anfängt, die Kirche zu mögen. Zu häufig ist das allerdings nicht der Fall. In den 1990er Jahren führten die Promise Keepers Tausende von Männern zum Glauben an Christus. Die Anzahl der männlichen Gottesdienstbesucher hingegen ging in diesem Jahrzehnt leicht zurück.[1] Was war passiert? Männer sind Christus in einem ziemlich maskulinen Umfeld begegnet, doch zuhause fanden sie eine relativ weibliche Kirche vor. Die PK-Veranstaltungen hatten sich richtig angefühlt, die Gemeinde dagegen nicht.

Dan Schaffer fragte mal in einen Raum voller christlicher Jungs hinein: „Ist die Gemeinde ein maskuliner oder ein femininer Ort?" Sofort kam lautstark die Antwort: „Ein femininer Ort!" Dann fragte er, wie das ihre Reaktion auf Gemeinde beeinflussen würde. Sie sagten, es mache sie zögerlich, befangen und zurückhaltend. Schaffer erkannte, dass Männer sich niemals voll hingeben würden, solange sie ihren Glauben nicht auf eine Art und Weise leben konnten, mit der sie sich wohlfühlten.[2] Die Passivität der Männer in der Kirche entspringt nicht so sehr der *Faulheit* als dem *Unwohlsein*.

Was aber wollen Männer? Darum geht es in den nächsten vier Kapiteln. Wenn unser Verständnis für die Bedürfnisse der Männer und ihre Erwartungen wächst, wird es auch klar werden, warum Männer es hassen, zur Kirche zu gehen und was einzelne Christen tun können, um den Dingen eine neue Richtung zu geben.

10

Was uns die Biologie
über Männer lehrt

Das Gehirn des Mannes unterscheidet sich von dem der Frau; das sagt uns die Wissenschaft. Männer besitzen auch einen anderen Hormonspiegel als Frauen. Diese biochemischen Ungleichheiten führen dazu, dass sich die Geschlechter im Beruf, zuhause und der Schule anders verhalten. Doch die Unterschiede sind besonders auffällig in der Kirche.

Wenn Ehemann und Ehefrau in die Kirche spazieren, ist er sofort im Hintertreffen. Sein Gehirn ist in einer Weise verdrahtet, die es ihm einfach unmöglich macht, den Ablauf an so einem typischen Sonntagmorgen zu verstehen oder sich damit zu identifizieren. Das liegt nicht an seinem Unwillen, es zu versuchen. Die Hormone, die durch seinen Körper schwirren, machen das Stillsitzen ziemlich schwer. Sein Gehirn ermöglicht ihm nicht, genauso wie die Frau zu reagieren. Je mehr er teilnehmen möchte, desto frustrierter fühlt er sich vielleicht.

Sie auf der anderen Seite fühlt sich ausgesprochen wohl in der Kirche. Ihr Gehirn versteht und schätzt alles, was passiert. Sie verarbeitet leicht die Informationen, die von der Kanzel strömen. Ihre Hormone helfen ihr, in jeder Situation angemessen zu reagieren.

Sie flattert wie ein Schmetterling durch die Kirche – er kriecht herum wie eine Schnecke. Sie teilt schlagfertig ihre Gefühle mit – er hat eine schwere Zunge. Woher dieser Unterschied? Lassen Sie uns, um Antworten zu finden, einen Blick in den jeweiligen Körper werfen.

Hormonelle Unterschiede
zwischen Mann und Frau

Männer haben wesentlich mehr Testosteron als Frauen. Testosteron ist mehr als alles andere das Hormon, das einen Mann zum Mann macht. Es macht Männer aggressiv und risikofreudiger, sorgt für ihr legendäres Interesse an Sex und entfacht ihr Verlangen nach Unabhängigkeit. Es hängt mit Dominanz, Körperlichkeit und hohem Selbstwert zusammen – sowohl bei Männern als auch bei Frauen.

Männer können ihr Testosteron nicht an der Kirchenpforte abgeben; sie bringen es mit in den Gottesdienst. Testosteron macht es für Männer schwer, still zu sitzen. Bei Jungen wird vier- bis neunmal wahrscheinlicher Hyperaktivität diagnostiziert als bei Mädchen. Die Ergebnisse einer Studie weisen darauf hin, dass ein Drittel der amerikanischen Jungen ausgesprochen hyperaktiv oder „hyperablenkbar" sind.[1] Nach Berichten von Harvard-Forschern ist der männliche Testosteronspiegel am Morgen höher und sinkt den Tag über,[2] was Sonntagmorgen zu einer denkbar ungünstigen Zeit macht, um von Männern das Stillsitzen bei einer Klasse oder langen Predigt zu erwarten. Ein Mann sagte einmal: „Männer können nicht so lange stillsitzen. Deshalb möchten sie Ordner sein – dann können sie sich wenigstens bewegen."

Thom und Joani Schultz wollten herausfinden, warum Kinder so wenig in der Sonntagsschule lernen. Sie befragten Grundschulkinder und fanden heraus, dass zu den unbeliebtesten Dingen an der Sonntagsschule das *Sitzen auf Stühlen* gehört.[3] Das Klassenzimmerformat mit der Betonung auf *stillsitzen, ruhig sein, lesen, Auswendiglernen und in Worten ausdrücken* stellt sicher, dass Jungen schlechter damit fahren als Mädchen. In der Sonntagsschule gewinnen die Mädchen normalerweise und die Jungs verlieren. Je mehr Testosteron in einem Jungen steckt, desto wahrscheinlicher verliert er. Von klein auf vermitteln wir Jungs (besonders maskulinen Jungs) diese Botschaft: *In der Gemeinde kannst du einfach nicht punkten.*

Wie können wir Männern helfen?

- *Freundliche, körperliche Wettbewerbe für Männer und Jungs.* Viele Gemeinden vermeiden alle Formen des Wettbewerbs, weil diese zu Gewinnern und Verlierern führen. Selbst manche Jugendgruppen haben den Wettbewerb abgeschafft – Spiel und Spaß werden durch Singen und eine Kurzpredigt ersetzt – Kirche light. Jungen brauchen harmlose Wettbewerbe, das motiviert sie. Eine aktivere gottesdienstliche Umgebung mit freundlichen Wettbewerbselementen würde Männern und Jungen helfen.

- *Die Sonntagsschule neu erfinden.* Welcher Junge will schon am Sonntag zur Schule gehen? Es gibt eine Alternative zum Klassenzimmermodell – unsere Gemeinde nennt sie *Summit Kids* (Spitzenkinder). Statt Lektionen in einem Klassenzimmer zu lernen, treffen sich unsere Grundschulkinder in einer Turnhalle zu einem von Bewegung geprägten Lehr- und Anbetungserlebnis. Die Kinder spielen, singen lustige Lieder, rennen herum und lernen über Jesus. Sowohl Jungen als auch Mädchen lieben das. Meine neunjährige Victoria kann es immer kaum erwarten, bis sie wieder zu *Summit Kids* kann. „Das macht viel mehr Spaß als Sonntagsschule", sagt sie. „Und ich lerne viel mehr über Gott."

- *Pausen.* Wenn Ihr Gottesdienst länger als sechzig Minuten geht, denken Sie doch einmal über eine Pause als festen Bestandteil nach. Eine Reihe von Kirchen haben Pausen eingebaut und dabei entdeckt, dass nicht nur die Männer davon profitieren; jeder bekommt dadurch die Chance, besser eingebunden zu werden als in einer Begrüßungszeit von dreißig Sekunden, in der man sich kurz zu seinem Nachbarn wendet.

- *Körperliche Aktivität.* Geben Sie Männern die Gelegenheit, körperlich aktiv zu werden. Männer können nicht stundenlang in einem Konferenzzimmer stillsitzen. Wenn Sie das nächste Mal eine Konferenz oder Freizeit planen, dann achten Sie auf jede Menge körperlicher Bewegung und Aktivität. Gehen Sie weiter als lediglich während der Anbetung zu stehen und zu sitzen. Sorgen Sie dafür, dass sich die Männer bewegen. Sie werden Sie dafür lieben.

Frauen besitzen mehr Serotonin

Während Männer mehr Testosteron haben, ist es bei Frauen im Allgemeinen mehr Serotonin. Das ist ein spezielles Hormon, das als Neurotransmitter bekannt ist. Es beruhigt den Menschen. Deshalb besitzen Frauen natürlicherweise mehr Selbstkontrolle, sind weniger aggressiv und weniger gewaltbereit als Männer.

Frauen werden wütend, aber das Serotonin ermöglicht ihnen, mit Konflikten anders als Männer umzugehen. Zwei Männer werden wütend, streiten sich, geben sich die Hand und sind wieder Freunde. Alles ist vergeben. Nicht so bei Frauen. Serotonin führt dazu, dass Frauen ihren Ärger unterdrücken, der dann in ihnen schwelt, während sie auf Rache sinnen. Männer werden wütend, Frauen sorgen dafür, dass sie quitt sind.

Überlegen Sie nun einmal, wie mit Konflikten und Ärger in der Kirche umgegangen wird. Wenn sich zwei Kirchenmitglieder in die Quere kommen, gehen sie dann die Sache wie Männer an? Haben Sie jemals einen Ältesten zu einem Diakon sagen hören: „Hans, jetzt gehen wir mal raus und dann klären wir die Sache *wie echte Männer*"? Natürlich nicht. Die meisten Christen würden einen Faustkampf zwischen Gläubigen als ein schrecklich unchristliches Verhalten betrachten. Selbst ein scharfer öffentlicher Schlagabtausch mit Worten wird als furchtbares Versagen betrachtet, etwas, das um jeden Preis vermieden werden muss.

Doch Konflikte treten immer auf, und wie geht die Kirche damit in 99 Prozent der Fälle um? Auf die weibliche Weise, indem man die Sache unter der Oberfläche kochen lässt. Die Konfliktparteien sind höflich in der Öffentlichkeit, aber bösartig im Verdeckten. Kämpfe in der Gemeinde zeichnen sich routinemäßig aus durch Angriffe, die hinten herum erfolgen, Klatsch und Tratsch sowie Rache. All das findet im Verborgenen statt und nur Kircheninsider kennen alle Details. Öffentlich beißt jeder die Zähne zusammen und tut so, als wären die Dinge völlig in Ordnung. Schließlich verlässt eine der kämpfenden Parteien die Gemeinde; in Extremfällen spaltet sich die Kirche.

Männer kommen damit nicht klar. Wenn ein Mann in einen Gemeindekonflikt gezogen wird, dann ist er auf fremdem Gebiet. Sein Gehirn sagt ihm, er solle die Sache mit einem Kampf austragen, für ein reinigendes Gewitter sorgen und dann weitergehen. Aber so laufen die Dinge in den meisten Gemeinden nicht. Also steigen die Männer aus. Die Zahl der Männer, die aufgrund der Heuchelei beim Umgang mit Konflikten auf feminine Weise das Thema Kirche ad acta gelegt haben, ist Legion.

Kirchen können in diesem Bereich eine Menge für Männer tun:

• Entschlossen mit Konflikten umgehen und nicht zulassen, dass sich diese festsetzen. Reden Sie die Wahrheit, selbst wenn es weh tut. Es ist häufig besser, das Übel bei der Wurzel zu packen und dann die Sache heilen zu lassen.

- Nicht alle Konflikte sollten im Verborgenen gelöst werden, besonders nicht Konflikte, die die gesamte Gemeinde betreffen. Ermutigen Sie, wo immer möglich, beide Seiten, ihre unterschiedlichen Ansichten öffentlich zu machen.

- Manche Jugendpastoren erlauben vielleicht den Jungs, ihre Meinungsverschiedenheiten durch Wettbewerbe oder einen kontrollierten Kampf in irgendeiner Weise auszutragen, wie beispielsweise durch Armdrücken. Ein Junge muss lernen, sowohl ein großzügiger Gewinner als auch ein guter Verlierer zu sein. Welcher Ort wäre für diese Lektionen besser geeignet als die Gemeinde?

Wenn Ihnen diese Vorschläge seltsam vorkommen, denken Sie daran, wie Christus mit Konflikten umgegangen ist. Er war nicht diplomatisch. Er war so schamlos offen bei seinen Zusammenstößen mit den Pharisäern, dass es selbst seinen Jüngern peinlich war. Er ging Situationen entschlossen an und wandte sich dann anderen Dingen zu. Wenn die Gemeinde es lernt, mit Konflikten entschlossen umzugehen (wie es Christus getan hat), erleiden Männer keinen Schiffbruch.

Unterschiede im Gehirn von Mann und Frau

Wissenschaftler haben eine Reihe von Unterschieden im Gehirn von Männern und Frauen festgestellt. Zwei davon sind besonders relevant für unser Thema:

1. Männer haben eine größere Amygdala. Nein, Amygdala ist nicht die Prinzessin aus *Star Wars*. Sie gehört zum Kerngebiet des Gehirns mitten im Hypothalamus. Dr. James Dobson schreibt dazu:

> Die Amygdala vergisst keinen einzigen angstvollen Moment, weshalb es für traumatisierte Menschen oft so schwierig ist, ihre haarsträubenden Erlebnisse zu bewältigen ... die Amygdala kann nur auf das reagieren, was als Erinnerung abgespeichert ist. Sie denkt oder überlegt nicht. Sie reagiert mit einer „irrationalen" chemischen und elektrischen Reaktion, die in einem Notfall das Leben retten kann – sie kann aber auch Gewalttätigkeit auslösen und die Dinge wesentlich schlimmer machen.[4]

Männer besitzen eine größere Amygdala als Frauen. Das erklärt, weshalb sie einen stärkeren Impuls zu Kampf oder Flucht haben und warum Männer zu Flashbacks neigen, wenn sie in eine Situation geraten, die an eine Bedrohung erinnert. In den 1970er Jahren hörte man Geschichten von Vietnam-Veteranen, die Flashbacks hatten, wenn sie beispielsweise Bambus sahen. Männliche Überlebende des Holocaust, die längst geschlossene Konzentrationslager besuchen, werden manchmal von einem überwältigenden Fluchtdrang ergriffen. Schieben Sie diese Reaktionen auf die Amygdala – sie denkt nicht nach, sondern reagiert einfach.

Männer mit negativen Kindheitserlebnissen in der Gemeinde können in Panik geraten, wenn Sie Kerzen, Glasmalereien oder Gesangsbücher sehen, denn dieser Anblick führt sie direkt zurück in die schmerzhafte Situation, und das selbst nach Jahrzehnten. Wenn ein Mann sagt, er fühle sich in der Kirche nicht wohl wegen etwas, das vor fünfundzwanzig Jahren geschah, dann spricht er wahrscheinlich die Wahrheit. Er kommt *einfach nicht drüber weg*. Möglicherweise arbeitet sein Gehirn gegen ihn.

Glücklicherweise gibt es in der Kirche von heute eine große Vielfalt. Ein Mann kann eine Gemeinde finden, deren Anbetungsstil, Gebäude und Drumherum ganz anders ist als diejenige, in der er aufgewachsen ist. Das ist vielleicht einer der Gründe, weshalb große, keiner Denomination angehörende Kirchen, die nach 1970 gegründet wurden, das kleinste Geschlechtergefälle aufweisen. Moderne Megakirchen haben die Symbole der Kindheitsreligion oft über Bord geworfen. Ein nicht traditioneller Ansatz bei der Anbetung kann Männern helfen, die als Junge traumatisiert wurden.

2. Männer besitzen ein kleineres Corpus callosum. Das Corpus callosum (CC) verbindet die rechte und die linke Gehirnhälfte. Es ist ein Bündel von Fasern, über das der Informationsaustausch der beiden Gehirnhälften erfolgt. Sie können sich das wie eines dieser komplexen Autobahnkreuze vorstellen, bei denen Autos über schmale Zubringer flitzen, um an ihr Ziel zu gelangen. Das CC im Gehirn der Frau ist wesentlich größer, weshalb ein größeres „Verkehrsaufkommen" von einer Hemisphäre zur anderen bewältigt werden kann. Das CC eines typischen Mannes ist wie eine einspurige Bundesstraße, während das der Frau eher einer gut ausgebauten Autobahn mit zwei oder drei Spuren entspricht. Diese wesentlich bessere Verbindung sorgt dafür, dass Frauen Männer bei verschiedenen Aufgaben übertrumpfen, die in der heutigen Kirche weit verbreitet sind.

Frauen sind oft die besseren Leser

Lesen ist eine relativ komplexe Aufgabe, die gleichzeitig beide Hälften des Gehirns beansprucht. Um gut lesen zu können, braucht man ein großes Corpus callosum. Im Vorteil: Frauen. Das erklärt vielleicht, weshalb bei Männern viermal so häufig eine Leseschwäche oder Legasthenie diagnostiziert wird wie bei Frauen.[5] 55 Prozent der Frauen lesen gerne literarische Werke; nur 37 Prozent der Männer tun es ihnen gleich.[6]

Der Sonntagsgottesdienst ist oft angefüllt mit Lesen. Einige Männer tun sich schwer, bei abwechselndem oder gemeinschaftlichem Lesen und dem liturgischen Lesen zu folgen. Das Singen unbekannter Lieder kann für einige der Jungs hart werden, denn es erfordert das gleichzeitige Lesen und Singen.

Kinder werden oft aufgefordert, in der Sonntagsschule laut zu lesen. Das ist eine gut gemeinte Übung, um die Mitarbeit in der Klasse zu steigern, die aber für Jungen mit einer Leseschwäche der Horror sein kann. Sie verpassen oft die gesamte Lektion, weil sie dafür beten, nicht aufgerufen zu werden. Laut vorlesen ist besonders hart in Gemeinden, die schwer zu verstehende Bibelübersetzungen wie die Luther- oder Elberfelder Übersetzung verwenden.

Lesen wird oft als eine der Säulen des Glaubens gepriesen. Evangelikale Pastoren ermahnen häufig die Mitglieder ihrer Kirche, sich *ins Wort zu vertiefen* oder jeden Tag ihre Bibel zu lesen. Ein guter Ratschlag, doch problematisch für Männer, die sich mit dem Lesen schwer tun.

Wie können wir es Jungen und Männern leichter machen?

• Christliche Lehrer sollten andere Möglichkeiten finden als das laute Lesen, um ihre Schüler zur Mitarbeit zu bewegen.

• Manche Kirchen verabschieden sich vom gemeinsamen Lesen und von Liedern mit komplexen oder altertümlichen Texten.

• Pastoren und Lehrer können daran erinnern, dass die Bibel heute auch als CD oder Hörbuch erhältlich ist. Sogar Computerprogramme können einem heute schon die Bibel vorlesen.

• Viele Gemeinden verwenden eine leichter lesbare moderne Bibelübersetzung. Das hilft Männern.

Das Gehirn einer Frau
besitzt mehr verbale Ressourcen

Die im weiblichen Gehirn für die Sprache zuständigen Regionen sind größer als die entsprechenden Bereiche beim Mann. Wenn es um Tests der Sprachkompetenz geht, übertreffen Mädchen die Jungs um Längen.[7] Studien zeigen, dass Frauen ihr Gehirn beim Sprechen in größerem Umfang einsetzen, weshalb sie sich wesentlich besser verbal ausdrücken können. Andere Studien zeigen, dass eine typische Frau zwischen 20.000 und 25.000 Worten pro Tag spricht, während es ein typischer Mann auf gerade mal 7.000 bis 10.000 bringt.[8]

Frauen lieben es zu sprechen. Wenn Sie daran zweifeln, bleiben Sie einfach nach dem Gottesdienst noch eine Weile da. Wer steht herum und spricht? Überwiegend Frauen. Denn Frauen fühlen sich in der Welt der Worte wohl; Männer dagegen sind in der Welt der Objekte zuhause. Deshalb ist sie am Reden, während er im Auto sitzt und am Radio herumdreht. Kevin Lemann sagt: „Wenn Sie sich schon immer gefragt haben, warum Ihr Ehemann kein bisschen von der Idee begeistert ist, zu einem Bibelkurs am Abend zu gehen ... sein Zögern hat wahrscheinlich nicht das Geringste mit mangelndem geistlichen Interesse zu tun; es ist vermutlich eher so, dass er genug vom Reden hat und einfach nur einen ruhigen Abend daheim verbringen will."[9]

Unterschiede im Gehirn wirken sich auf die Art von Unterhaltung aus, die Männer und Frauen suchen. Frauen kaufen Liebesromane; Männer kaufen Pornomagazine. Sie wird durch Worte stimuliert; er wird durch Bilder stimuliert. Frauen sehen sich Fernsehshows an, in denen Leute über ihre Probleme sprechen; Männer schalten bei Sport und Krimis ein, wo Worte eine untergeordnete Bedeutung haben.

Elvis Presley hat es einmal so ausgedrückt: „A little less conversation, a little more action, please." (Etwas weniger Unterhaltung, etwas mehr Bewegung, bitte.) Doch die Kirche heute ist ein beinahe ausschließlich verbales Erlebnis geworden. Das Christentum ist mächtig stark, was *verbales Lernen* und ziemlich schwach, was *aktives Lernen* angeht. Fangen wir mit den Veranstaltungen für Erwachsene an. Die meisten werden von einem Lehrer geleitet, der die Teilnehmer unterrichtet oder eine Diskussion leitet. Er schreibt vielleicht Worte an eine Tafel oder verteilt Lehrmaterial, das voller Buchstaben ist. Manche Lehrer setzen Videos ein, aber raten Sie mal, was da kommt? Das meiste davon sind sprechende Köpfe, die aufgezeichnet wurden. Wenn die Stunde vorbei ist, teilen sich die Besucher vielleicht in kleine Gruppen auf, um sich *auszutauschen* – und es wird noch mehr gesprochen. Wenn der Lehrer Hausaufgaben vergibt, dann ist das unausweichlich mit Lesen verbunden, typischerweise in der Bibel, die der Lehrer als *das Wort* bezeichnet.

Nach dem Treffen geht es in die Kirche. (Der Autor bezieht sich hier auf die in den USA häufig anzutreffende Praxis, sonntags vor oder nach dem Gottesdienst eine Sonntagsschule für Erwachsene durchzuführen. *Anm. d. Übers.*) Gottesdienste sind ein Eldorado der verbalen Kommunikation. Vor und nach dem Gottesdienst wollen Gespräche geführt werden. Im Mitteilungsblatt der Kirche finden sich Worte, genauso wie im Liederbuch, den Abkündigungen, der Liturgie, den Gebeten und den Lesungen.

Der Hauptteil der meisten protestantischen Gottesdienste ist die Predigt – ein Dauerbeschuss mit Worten. Mich würde nur interessieren: *Wer hat denn bitteschön entschieden, dass die Predigt im Stil einer Vorlesung die beste Form ist, um den Menschen etwas über Jesus beizubringen?* Wie aus einer Menge Studien deutlich wird, ist ein langer, ununterbrochener Monolog die *am wenigsten effektive* Weise, um Leuten irgendetwas beizubringen.[11] Was denken wir uns eigentlich? Wir haben die wichtigste Botschaft der Welt und dennoch verwenden wir die uneffektivste Methode, um sie zu verbreiten. Und wer tut sich am schwersten, von einer Vorlesung zu lernen? Männer.

Predigten bringen Männer in eine unmögliche Situation: Sie müssen aufmerksam bleiben, während eine Flut von Worten sich aus dem Mund des Pastors ergießt. Männer müssen diese Worte nicht nur verstehen, sondern auch noch mit der anderen Hälfte des Gehirns emotional auf den Aufruf des Predigers reagieren. Nur sehr wenige Männer sind rein physiologisch dazu in der Lage. Ihr Gehirn ist einfach nicht so verdrahtet. Männer finden Predigten nicht so sehr wegen ihres *Inhalts* langweilig, sondern wegen des *Formats*.

Gibt es Alternativen zum langen Predigtmonolog? Ja, und diese Modelle erweisen sich als effektiv für Männer. Damit werden wir uns in Kapitel 19 näher beschäftigen, „Lehre und der maskuline Geist".

Männer erfassen einfach vieles von dem nicht, was in der Kirche heute gelehrt wird, weil ihr Gehirn nicht auf einen in höchstem Maße verbalen Lehrstil eingerichtet ist. Wenn die Gemeinde zum visuellen, praktischen Lehrstil Jesu zurückkehrt, werden Männer, junge Leute und Frauen alle darauf reagieren. Frauen dürfen sich glücklich schätzen, denn sie verstehen einen verbalen wie einen visuellen und praktischen Kommunikationsstil. Wenn das der Fall ist, warum sollten wir dann nicht die Methoden verwenden, die jeder versteht und stattdessen am verbalen Stil festhalten, den nur Frauen zu verstehen scheinen?

Männer und Frauen sind wirklich unterschiedlich

Die Gemeinde ist eine der wenigen Institutionen, die der großen Lüge der 1970er und 1980er Jahre nicht auf den Leim gegangen ist: Es gibt keinen Unterschied zwischen Männern und Frauen. Wir Christen haben immer den Unterschied zwischen den Geschlechtern erkannt, selbst wenn wir dafür öffentlich verspottet wurden. Ironischerweise weigern wir uns aber, entsprechend dieser Unterschiede zu handeln! Ja, wir glauben, dass Männer und Frauen unterschiedlich sind, aber wir dienen ihnen in der exakt gleichen Weise. Wir erwarten von ihnen, sich genau gleich zu verhalten, Informationen gleich zu verarbeiten und dieselben Dinge zu mögen.

Das Christentum ändert nicht die Physiologie und chemischen Eigenschaften des Körpers. Es wird Zeit, dass wir Christen einen sehr genauen Blick darauf werfen, wie wir die Dinge tun. Kleine Veränderungen machen die Männer ein großes Stück zufriedener in unseren Gemeinden.

11

Was uns die Sozialwissenschaften über Männer lehren

Wir wenden uns jetzt den Sozialwissenschaften zu – besonders der Psychologie und Anthropologie – um mehr über Männer und ihre tiefsten Bedürfnisse zu erfahren.

Was uns die Psychologie über Männer lehrt

Jungen wachsen in einer femininen Welt auf. Ein Junge verbringt die ersten neun Monate im Körper einer Frau. Nach seiner Geburt sorgt eine ganze Reihe von Frauen für ihn: seine Mutter, Babysitter, Krippen- und Kindergartenmitarbeiterinnen, Lehrerinnen. An irgendeinem Punkt braucht ein Junge aber Abstand vom Femininen und muss sich selbst als etwas anderes definieren, das sich von der Mutter unterscheidet, aus deren Körper er entsprungen ist. Psychologen nennen das *Trennung/Individuation*. Ein Junge muss seine Mutter und ihre feminine Weise ablehnen und seinen Platz als Mann in der Gesellschaft einnehmen.

Ein Mann, der sich psychologisch nicht von seiner Mutter gelöst hat, kämpft ein Leben lang mit Verwirrung, Missbrauch und Dysfunktion in Bezug auf seine Geschlechterrolle. (Denken Sie an Norman Bates im Film *Psycho*.)

Ein häufig verwendeter Begriff für diese Trennung ist das *Abnabeln*. Jesus hat sich, wie wir in der Schrift sehen, einige Male von Maria abgenabelt. Als er zwölf Jahre alt war, blieb er mit den Männern im Tempel zurück, als seine Familie nach Nazareth zurückkehrte. Als Erwachsener wies er die Bitte der Mutter zurück, bevor er schließlich Wasser in Wein verwandelte. Jesus liebte seine Mutter und respektierte sie, aber er ließ sich nicht von ihr kontrollieren. Er machte klar: Er lebte unter der Leitung seines himmlischen Vaters.

Wenn ein junger Mann in die Pubertät kommt, hält er Ausschau nach Nabelschnüren, die er kappen kann, und die Kirche ist dabei eine ganz offensichtliche. Die meisten Männer werden durch Frauen mit dem Christentum in Kontakt gebracht: Nonnen, Mitarbeiterinnen im Kinderdienst und der Sonntagsschule und natürlich den Muttis. Eine Studie über sechsunddreißig katholische Pfarreien, durchgeführt von der Notre Dame University, USA, hat gezeigt, dass 80 Prozent der Katechismus-Sponsoren Frauen waren.[1] Ein Junge kann sein Leben lang zur Kirche gehen und keinen einzigen männlichen Lehrer haben.

Studien zeigen, dass es wahrscheinlicher Mutti und nicht Vati ist, die religiöses Leben vorleben, wie beispielsweise Beten vor dem Essen, Auswendiglernen von Bibelstellen und Gebete vor dem Schlafengehen. Sie leitet vielleicht die Stille Zeit mit den Kindern an und der Papa ist passiv oder verlässt den Raum. Mutti liest auch eher in der Bibel als Vati und verbringt mehr Zeit in der Gemeinde.[2]

Jungen assoziieren also schon sehr früh den Glauben mit Frauen. In der Kirche mitzuarbeiten ist etwas, das Frauen tun, während Männer woanders beschäftigt sind. Viele Männer kehren aufgrund dieser starken Assoziation nie zur Gemeinde zurück. Ein junger Mann kann tatsächlich zu dem Schluss kommen, dass es nur als Kleriker möglich ist, ein an Gott hingegebenes Leben zu führen – nicht gerade ein populärer Beruf für Teenager.

Wenn Sie eine Mutter sind, die einen Sohn ohne einen Vater erzieht, der zur Kirche geht, dann ist hier mein Ratschlag für Sie: finden Sie einen männlichen Mentor für Ihren Sohn. Idealerweise ist das ein verheirateter Mann, der etwa so alt wie Ihr Ehemann ist. Sie sollten einen Mann finden, der authentisch mit Christus lebt, und es versteht, junge Männer herauszufordern. Ihr Sohn braucht früh ein solches Vorbild, von der ersten oder zweiten Klasse an. Bitten Sie den Mentor, Ihren Sohn kennenzulernen und ihn jedes Mal anzusprechen, wenn er ihm in der Kirche begegnet. Geben Sie ihm die Erlaubnis, Ihren Sohn herauszufordern. Wenn Sie keinen Ehemann haben, bitten Sie den Mentor, Ihren Jungen auf Veranstaltungen für Väter und Söhne mitzunehmen.

Warum ist ein Mentor so wichtig? Jungen folgen Männern, nicht Religionen. *Wenn Ihr Sohn nie einen Mann kennenlernt, der Christus nachfolgt, sind die Chancen sehr gering, dass er selbst jemals Chris-*

tus nachfolgen wird. Ich möchte ganz offen mit Ihnen sein: Wenn es in Ihrer Kirche keinen geistlichen Mentor gibt, sollten Sie überlegen, die Gemeinde zu wechseln.

Männer fürchten psychische Regression

Sigmund Freud, der Vater der modernen Psychologie, sagte, dass Männer eine große Furcht vor etwas haben, das man *psychische Regression* nennt. Darunter versteht man die Rückkehr zu einer zweiten Kindheit, um der Wirklichkeit auszuweichen. Die Gesellschaft betrachtet Männer, die diesen Rückschritt machen oder zurück zu ihren Muttis rennen, als Versager. Eine Frau beispielsweise kann nach Hause zu Mutter gehen; ein Mann kann das nicht.

Der feminine Geist der Kirche ist für Männer so furchtbar, weil sie Angst vor der Regression haben. Das Problem ist nicht, dass die Welt der Frauen seltsam und fremd wäre, sondern dass sie so vertraut und komfortabel ist! Die Kirche und ihr weiblicher Geist erinnern den Mann an seine Kindheit und einfachere Zeiten. Psychologisch ist das ein warmer, komfortabler Mutterleib. Selbst Männer, die an Gott interessiert sind, lehnen schließlich die Gemeinde wegen dieser starken, unbewussten Assoziation mit der Kindheit ab. Zur Kirche zu gehen ist ein unbewusster Schritt in Richtung Mama, in Richtung Kindheit, in Richtung Regression.

Unter Stress fliehen Frauen in die Gemeinschaft, Männer isolieren sich

Männer und Frauen reagieren sehr unterschiedlich auf Stress. Psychologen an der Universität von Pennsylvania haben herausgefunden, dass Frauen *sich um etwas kümmern oder Freundschaften schließen*, wenn sie unter Stress stehen. Anders ausgedrückt: Eine gestresste Frau sieht sich nach anderen um, die ihr helfen, die Herausforderungen des Lebens zu meistern. Ein Mann dagegen möchte normalerweise seine Probleme allein lösen.[3] Für eine Frau ist das Engagement in der Gemeinde ein Faktor zum Stressabbau. Die Gemeinde ist ein Ort, an dem sie Unterstützung erhält und über ihre Probleme sprechen kann. Ein gestresster Mann jedoch flieht vor den anderen und zieht sich in seine Höhle zurück, um seine Probleme zu lösen.

Was uns die Anthropologie über Männer lehrt

Anthropologie, das Studium des Menschen, kann uns Erkenntnisse über das männliche Unbehagen bezüglich der Kirche vermitteln. Viele Christen misstrauen der Anthropologie, weil ihr bekanntester Lehrsatz die Evolutionstheorie ist. Entspannen Sie sich, darum geht es uns nicht. Stattdessen konzentrieren wir uns auf den Teilbereich der Ethnologie, die eine Menge über männliche und weibliche Rollen sagen kann, warum sich diese Rollen entwickelt haben und wie sie sich in der Gesellschaft auswirken – heute.

Männer waren Jäger, Frauen Sammler

Als im 19. Jahrhundert anthropologische Studien populär wurden, gab es noch eine Reihe intakter Jäger-und-Sammler-Kulturen auf dieser Erde. Anthropologen zogen aus und studierten sie, ehe sie unter den Einfluss der modernen Gesellschaft gerieten. Sie entdeckten männliche und weibliche Muster im Arbeitsverhalten, die überall auf der Welt gleich waren:

> Überall jagen Männer große Land- und Wasserfauna, stellen Fallen für Kleintiere und Vögel, jagen Vögel, bauen Boote und arbeiten mit Holz, Stein, Knochen, Horn und Muscheln. Überall sammeln Frauen Brennstoff und Nahrungsmittel, holen Wasser, bereiten Getränke und Speisen aus Gemüse zu und kochen. Die meisten Aktivitäten der Frau spielen sich in der Nähe des Zuhauses ab und beinhalten monotone Aufgaben, die keine Konzentration erfordern und einfach unterbrochen und wieder aufgenommen werden können. Männliche Aktivitäten erfordern lange Abwesenheit von zuhause und Reisen über weite Entfernungen, die für Frauen nicht möglich sind, da sie sich um die Kinder kümmern müssen. Die männlichen Aufgaben können gefährlich sein, da Männer keine Kinder gebären oder großziehen und können höher bewertet werden, um den entbehrlichen Mann dazu zu bewegen, sie auszuführen.[4]

Sozialwissenschaftler verwenden dieses Jäger-/Sammler-Modell, um eine Reihe menschlicher Verhaltensmuster zu erklären, die sich auch heute noch halten. Männer lieben es, draußen zu sein, einschließlich Jagen und Fischen. Männer freuen sich, wenn sie ihr eigenes Essen fangen, selbst wenn es häufig billiger und einfacher ist, es im Supermarkt zu kaufen. Jahrhunderte des Sammelns könnten ein Grund dafür sein, weshalb Frauen gerne einkaufen und so gut in sich wiederholenden Aufgaben sind wie beispielsweise Fließbandarbeit oder in klerikalen Berufen.

Einige Wissenschaftler glauben, Männer haben in den Jahrhunderten, in denen sie ihren Weg zurück ins Lager finden mussten, ihre überlegene dreidimensionale, räumliche Wahrnehmung entwickelt. Andere sind der Meinung, Frauen entwickelten deshalb ihr Sprachzentrum im Gehirn mehr als Männer, weil sie im Lager über alles reden konnten, was sie wollten. Männer waren auf der Jagd und mussten still sein und wurden so zu Experten in nonverbaler Kommunikation. Sammler-Frauen scheinen besser in der Lage zu sein, viele kleine Details zu behalten. Ich staune über die Fähigkeit meiner Frau, so viele Bälle in der Luft zu halten. Jäger-Männer neigen eher dazu, einen Tunnelblick zu entwickeln und sich auf ein einziges Ziel zu konzentrieren.

Männer neigen dazu, objektorientiert zu sein

Weil Männer all ihre Energie auf das Jagen konzentrierten, neigen sie dazu, *projektorientiert* zu sein. Ihr Leben besteht aus dem Planen der Jagd, aus dem Rausgehen zur Jagd, aus dem Feiern der Jagd und aus dem Ausruhen von der Jagd. *Planen, arbeiten, feiern, ausruhen.* Das ist der natürliche Zyklus des Mannes. Er ist der Grund, warum Männer lieber an einem Projekt arbeiten, es fertig stellen und sich dann dem nächsten zuwenden. (Es erklärt auch, weshalb sich Männer nach einem harten Arbeitstag berechtigt fühlen, vor dem Fernseher abzuhängen. Das ist ihre Ruhezeit.)

Das Leben der im Lager bleibenden Frau war vorhersehbarer. Frauen verbesserten ihr Leben durch Systeme, die ihr Leben einfacher machten. Sie wurden *programmorientiert*. Ein Programm ist eine clevere Methode zum Organisieren von Ressourcen und Leuten, sodass laufende Bedürfnisse gedeckt werden. Zum Beispiel wurden die jüngeren Mädchen dafür organisiert, sich um die Babys zu kümmern. Das erlaubte den Müttern, sich auf der Suche nach besseren Beeren und Wurzeln weiter vom Camp zu entfernen.

Ist also die Kirche heute *projektorientiert* oder *programmorientiert*? Wahrscheinlich sind 90 Prozent der ehrenamtlichen Mitarbeit in Gemeinden mit fortlaufenden Programmen verbunden: Lehrprogrammen, Anbetungsprogrammen, Kinderdienstprogrammen, Wohltätigkeitsprogramme und Einsatzprogramme. Je größer die Gemeinde, desto mehr Programme bietet sie an.

Männer können aus einer Reihe von Gründen davor zurückschrecken, sich an Kirchenprogrammen zu beteiligen:

- Programme bieten nicht den Kreislauf von planen, arbeiten, feiern, ausruhen, nach dem Männer sich sehnen. Sie sind fortlaufend und können monoton werden.

- Programme haben unklare Ziele. Einige Kirchenprogramme existieren selbst dann weiter, wenn die Zeit ihrer Nützlichkeit lange vorbei ist. Männer verstehen möglicherweise nicht, weshalb Programme weiterbestehen.

- Programme bieten normalerweise keinen Punkt zum Aussteigen. Männer ziehen daraus den Schluss, dass Gottes Arbeit niemals fertig wird. Sie ist eine fortlaufende Verpflichtung, die niemals endet.

Eine Gemeinde, die Männer zur Teilnahme gewinnen will, bietet mehr projektbasierte Möglichkeiten für die Mitarbeit an. Das sind einmalige oder kurzzeitige Ereignisse wie eine Missionsreise, ein Diensteinsatz für soziale Zwecke oder das Errichten eines Hauses mit Habitat for Humanity. Projekte haben ein klares Ziel und ein festgelegtes Ende. Das begeistert Männer. Sie beinhalten auch die vier Elemente männlichen Engagements: planen, arbeiten, feiern und ausruhen.

Männer sind eher nach draußen orientiert

Das Reich des Jägers war die Welt außerhalb des Hauses. Selbst heute fühlen sich Männer lebendiger, wenn sie draußen sind. Im Gegensatz dazu war das Reich der Sammler das Zuhause – die Sicherheit von Heim und Herd. In den meisten Fällen sind Frauen mehr auf das Zuhause ausgerichtet als Männer. Meine Frau hat *Mein Zuhause* abonniert, ich dagegen den *Explorer*.

Wo findet aber 99 Prozent des christlichen Gemeindelebens statt? Drinnen. Bibelstunden? Drinnen. Bibelschulausbildung? Drinnen. Selbst bei gutem Wetter denken wir selten daran, Dienste nach draußen zu verlegen. Die meisten Gemeinden bieten nur einen einzigen Freiluftgottesdienst im Jahr an: Der Morgen des Ostersonntags. (Ist Ihnen schon einmal aufgefallen, dass eine Menge Männer diesen Gottesdienst besuchen?)

Männer, die sagen: „Ich fühle mich draußen im Wald Gott näher", lügen nicht. Männer erwarten nicht, Gott in der Kirche zu begegnen, weil die Veranstaltung drinnen stattfindet. Für Männer lebt Gott draußen. Er ist der Gott des Himmels, des brennenden Dornbuschs, der Feuersäule und des mächtigen Winds. Die größten Momente im Dienst Jesu ereigneten sich im Freien.

Haben Sie sich jemals gefragt, weshalb manche Kirchen immer noch Zeltevangelisationen durchführen? Warum machen sie sich die Mühe, ein Zelt aufzurichten, wo es doch ein komfortables Gemeindegebäude gleich nebenan gibt? Warum zieht Billy Graham für seine evangelistischen Veranstaltungen Stadien vor und nimmt das Risiko schlechten Wetters auf sich? Die Saddleback Church erlebte mit das stärkste Wachstum, als sie ihre Veranstaltungen in einem Zelt hatte. Robert Schuller begann seinen Dienst in einem Autokino und baute die weltberühmte Crystal Cathedral, um das Draußen in die Kirche zu holen. Warum waren die Veranstaltungen der Promise Keepers in Stadien so erfolgreich beim Erreichen von Männern? Warum nehmen so viele junge Männer Christus beim Sommercamp am See an? *Männer finden Gott leichter draußen.*

Wenn Sie Männer erreichen wollen, dann verlegen Sie so viel wie möglich von den Diensten der Gemeinde nach draußen. Öffnen Sie die Fenster ihres Gottesdienstraums und lassen Sie das Licht herein. Holen Sie Pflanzen und Grünzeug rein. Im Zweifelsfall verlegen Sie die ganze Veranstaltung nach draußen! Das ist eine kleine, feine Möglichkeit, den Männern zu sagen: „Ihr seid uns wichtig."

Männer waren Krieger

Außer dem Jagen hatten Männer auch noch eine weitere wichtige Aufgabe: Krieg führen gegen rivalisierende Gruppen. Der Krieg prägt noch immer die männliche Psyche. Männer lieben es, Kriegsfilme zu sehen und entsprechende Romane zu lesen. Sie spielen auf ihren Computern Krieg. Umfragen zeigen, dass Männer militärische Aktionen stets stärker unterstützten als Frauen.

Liberale Kirchen machen Männer in dieser Hinsicht wütend:

● Manche Kirchen lehnen Krieg grundsätzlich ab, egal ob er gerechtfertigt sein könnte. Der Papst, der Nationale Kirchenrat der USA und viele große Denominationen leisten automatisch Widerstand gegen jede militärische Handlung, was die Presse als *christliche* Ansicht zum Thema Krieg darstellt.

• Einige Kirchen entfernen alle militärischen Bilder aus Lehrmateria-
lien und der Musik. So wäre zum Beispiel „The Battle Hymn of the
Republic" in vielen Gemeinden heute inakzeptabel.

• Was geistliche Kampfführung angeht, ist Satan in vielen Kirchen
verschwunden, obwohl 68 Prozent der Amerikaner an seine Exis-
tenz glauben.[5] Die Kirchen haben den Feind eliminiert. Es gibt niemanden, gegen den es zu kämpfen gilt, und deshalb verlieren
Männer das Interesse.

Liberale hassen vielleicht all die Kriege im Alten Testament, aber die
sind dort nicht ohne Grund: Geschichten über Schlachten sprechen
zum Herz des Mannes. Douglas Wilson erinnert uns: „Der christliche
Glaube ist keineswegs pazifistisch. Der Friede, den unser großer Prinz
bringt, wird ein Friede sein, der durch Blut erkauft ist. So, wie unser
Herr sich selbst in diesem Krieg geopfert hat, so müssen das auch
seine Nachfolger lernen zu tun."[6]
      Männer müssen erkennen, dass es um alles geht. Sie befinden
sich in einer Schlacht gegen einen wirklichen Gegner, der sie zerstören will. Männer müssen den Bösen bekämpfen, nicht nur das Böse
als Konzept. Deshalb gibt es in Filmen immer den Bösewicht. Ohne
eine wirkliche Bedrohung durch einen wirklichen Gegner wollen
Männer nicht kämpfen. Das ist die Lektion aus Vietnam.

Männer wurden zur Selbstaufopferung gerufen

Im Lauf der Geschichte wussten Männer, dass sie sich eines Tages
vielleicht zugunsten des Stammes würden opfern müssen. Männer
waren immer das entbehrliche Geschlecht, weshalb die Selbstaufopferung in die Psyche des Mannes eingebrannt ist. Ist Ihnen aufgefallen, wie viele Bücher und Filme sich um Helden drehen, die ihr Leben
für andere geben? Letzte Woche habe ich zwei Filme angesehen: den
ausgezeichneten *Braveheart* und den albernen *Space Cowboys*. In
beiden Filmen gibt es einen Helden, der sich opfert, damit andere
leben können.
      Im Christentum haben wir eine solche Figur, nämlich Christus
selbst. Wenn wir die Geschichte seines Opfers erzählen, sprechen wir
zu Männerherzen. Aber wir sprechen kaum über die Gefahr des Todes
für seine Nachfolger. Hat irgendjemand in der Kirche Sie jemals davor gewarnt, dass Ihr Glaube Sie eines Tages Ihr Leben kosten könnte? Dass Sie einen Weg eingeschlagen haben, der zu Ihrem Tod füh-

ren könnte? Wie bereits erwähnt, Dutzende Menschen sterben täglich für Christus, aber ihr Opfer wird in unseren Gemeinden nur selten gewürdigt. Das würde die Kinder zu sehr verstören.

Tief im Herzen hat jeder Mann das Verlangen, sich selbst für eine große Sache aufzugeben. Paulus sagte: „Ich möchte lernen, was es heißt, mit ihm zu leiden, indem ich an seinem Tod teilhabe, damit auch ich eines Tages von den Toten auferweckt werde!" (Phil. 3:10-11). Als Jesus seinen Tod vorhersagte, waren Thomas und Petrus sofort bereit, auch ihr Leben aufzugeben (Joh. 11:16; 13:37). Männer werden von Religionen angezogen, in denen das Selbstopfer eine reale Möglichkeit ist. Wenn Sie daran zweifeln, sehen Sie sich nur an, was im Islam passiert.

Religion war traditionell eine Männerdomäne
Die Anthropologin Ernestine Friedl hat herausgefunden, dass in den meisten Gesellschaften vor Einführung der Schriftsprache die Männer die Bewahrer der Religion waren. Dies „schließt die Idee ein, dass Männer für das Überwachen heiliger oder spiritueller Aspekte des Universums verantwortlich sind und Frauen für die profanen und säkularen."[7] Stellen Sie sich das vor. Seit Tausenden von Jahren waren in Kulturen überall auf der Welt die Männer führend, was das religiöse Leben angeht. Männer hatten die heilige Verantwortung, den Glauben an die nächste Generation weiterzugeben. Doch moderne Christen haben diese uralte Gleichung neu geschrieben: Jetzt sind Frauen die Bewahrer des Glaubens, die die Religion an die nächste Generation weitergeben, während sich die Männer auf die säkularen Aspekte des Lebens konzentrieren.

Das sind schlechte Nachrichten für das Christentum. Wie ich bereits gesagt habe, in Bezug auf geistliche Dinge ist die Gesellschaft immer der Führungsrolle des Mannes gefolgt. Die heutigen Männer sind auf das Säkulare konzentriert, und so wendet unsere Zivilisation ihre Aufmerksamkeit auch dem zu. Wenn das Christentum nicht die Männer erneut ansprechen kann, wird sein Einfluss weiter zurückgehen.

12

Männer suchen Größe

Es passierte am Ende des neunten Innings. Die Baseball-Mannschaft der Little League Pirates lag zwei Punkte zurück. Die Stadtmeisterschaft stand auf dem Spiel. Doch mit Spielern auf den Bases gab es noch Hoffnung. Der kleine Billy Simmons, kaum eins fünfzig groß, trat in das Feld des Batters, vor Furcht zitternd. Es lag eine riesige Last auf dem zwölfjährigen Catcher. Als der erste Wurf sein Feld erreichte, schwang Billy den Schläger mit voller Wucht. Das weiße Rund schoss hoch in die Luft und landete eine Autolänge außerhalb des Zauns um das Spielfeld. Home Run! Die Pirates gewannen 6:4.

Der Unterstand der Pirates leerte sich und Billys Teamkollegen drängten sich um ihn. Das war wahrlich der großartigste Moment im Leben des jungen Billy. Doch dann passierte etwas Merkwürdiges. Billys Vater preschte von der Tribüne herunter und fing an zu schreien: „Hey! Warum jubelt ihr ihm zu? Ich habe ihm alles beigebracht, was er weiß! Ich war derjenige, der ihm beigebracht hat, wie man den Schläger schwingt. Ich bin früh aufgestanden und habe ihn zum Üben gefahren. Das Lob für diesen Home Run steht mir zu ... *mir!*"

Was würden wir über so einen Vater denken? Seltsam? Ja. Unsicher? Aber hallo! Ein Problem mit Eifersucht? Absolut!

Doch genau so stellen sich viele Christen unseren himmlischen Vater vor! Wir betrachten ihn als diesen unsicheren Mann im Himmel, der knatschig wird, wenn seine Kinder auch nur einen Hauch von Anerkennung für ihre Leistungen bekommen. Die meisten Väter sind begeistert, wenn ihre Kinder großartige Dinge leisten; nicht so unser himmlischer Vater. Wir haben diese verrückte Idee, er wäre vom Erfolg seiner Kinder bedroht. Wenn ein Christ Lob erhält, dann soll er dieses Lob besser auf Gott lenken – oder Gott kommt anmarschiert und rächt sich!

Es gibt bestimmte Leute in der Kirche – ich nenne sie *die Demutspolizei* –, die es als ihre Aufgabe betrachten, jeden zu demütigen, der Lob und Anerkennung erhalten könnte. Die Demutspolizei schadet Männern, denn die nach dem Bild Gottes erschaffenen Männer streben danach, große Dinge zu tun, so wie das auch Gott tut. Die Demutspolizei stellt sicher, dass das nicht passiert – zumindest nicht in der Gemeinde.

Präsident Woodrow Wilson hat gesagt: „Männer sind verliebt in Macht und Größe." Männer fantasieren dauernd darüber – die Filme, die sie ansehen, die Videospiele, die sie spielen, und die Bücher, die sie lesen, haben immer einen mächtigen Helden, der große Dinge tut. Jeder Mann möchte ein Held sein, ein großer Mann werden. Jungs träumen nicht davon, einmal im Großraumbüro zu sitzen; sie träumen davon, einen Drachen zu erschlagen, die Prinzessin zu retten und mit dem Schatz davonzuziehen. Meine Kindheitsfantasie war es, den entscheidenden Pass im Super Bowl zu fangen. Ich kann Ihnen gar nicht sagen, wie oft ich mit ausgestreckten Armen über mein Bett geflogen bin und diesen Gewinnerball fing, während die Zuschauer auf ihren Rängen ausflippten.

Männer wollen nicht nur großartig sein, sie wollen auch *anerkannt werden, wenn sie großartig sind.* Ein Athlet, der eine Meisterschaft gewinnt, trägt für den Rest seines Lebens einen Ring. Ein Typ, der die höchste Punktzahl in einem Videospiel schafft, ruft seine Freunde an, damit sie sich den Bildschirm ansehen. Geschäftsleute arbeiten nicht nur wegen des Geldes hart, sondern auch wegen der Anerkennung, die mit ihrer Leistung einhergeht. (Der häufigste Grund für Kündigungen ist nicht die schlechte Bezahlung, – es ist ein Mangel an Anerkennung.)[1] Ein Mann, der eine gut aussehende Frau abschleppt, gibt mit ihr als Symbol seiner Größe an. Jungs, lasst uns mal annehmen, ihr seid mit Miss America befreundet. Würde es sich nicht toll anfühlen, mit so einer epischen Schönheit am Arm die Straße entlang zu spazieren? Je mehr Männer einen dabei sehen, desto besser.

Was bedeutet das alles? Wenn Sie das Herz eines Mannes erobern wollen – besonders eines jüngeren Mannes –, müssen Sie ihm eine Prise Größe bieten. Männer investieren sich selbst nicht von ganzem Herzen in irgendeine Unternehmung, die nicht diese Möglichkeit beinhaltet.

Doch die meisten Leute betrachten die örtliche Gemeinde nicht als einen Ort, an dem Großartiges erreicht wird. Es ist ein Ort, um

Gott anzubeten. Um sich inspirieren zu lassen. Um Freunde zu treffen. Um in Gemeinschaft zu sein. Um anderen zu helfen. Um ein moralisches, aufrechtes Leben zu führen. Die Idee, Kirche könnte ein Sprungbrett zu einem Leben in Größe sein, insbesondere zu heldenhafter Größe, ist den meisten Leuten völlig fremd. Nehmen wir einmal an, es würde eine Umfrage unter hundert Männern durchgeführt: „Was ist der beste Ort für einen Mann, um Großartiges im Leben zu leisten?" Würde auch nur ein Mann die Gemeinde erwähnen? Ich befürchte, dass weniger als einer aus zehn das Christentum nennen würde.

Es gibt darüber hinaus genügend Kirchgänger, die sicherstellen, dass man nichts Großartiges erreicht. Versuchen Sie das Außergewöhnliche in Ihrer lokalen Gemeinde und Sie laufen in die knatternde Motorsäge des Widerstands, angeführt von der Demutspolizei.

Männer werden von Orten angezogen, an denen sie ein gewisses Maß an Größe erreichen können. Sport, Geschäftswelt, Hobbys, Videospiele, Banden, Liebesaffären. Sie alle bieten die Möglichkeit von Triumph und Verdiensten. Ich sage es noch einmal: *Männer werden sich nicht völlig in irgendetwas investieren, das nicht eine Prise Größe enthält.*

Ist es Sünde, nach Größe zu streben?

Gott hat zwei Patriarchen aus dem Alten Testament Größe versprochen: Abraham und David. Was sagte der Herr zu Abraham? „Ich will dich segnen und dir einen großen Namen machen" (1. Mose 12,2, Luther 1984). Und was zu David? „Ich will dir einen großen Namen machen gleich dem Namen der Großen auf Erden" (2. Sam. 7,9, Luther 1984). In beiden Fällen versprach er diesen Männern einen großen Namen. Einen Namen, der in die Geschichte eingehen würde. Wie jeder gute Vater *möchte Gott, dass seine Kinder zu großartigen Männern und Frauen werden.* Er scheint nicht gekränkt zu sein, wenn andere diese Größe erkennen.

Was war die Haltung Jesu, als zwei seiner Jünger Größe suchten? Markus 10:35-27 berichtet darüber:

> Da kamen Jakobus und Johannes, die Söhne des Zebedäus, auf ihn zu und sprachen ihn an. »Lehrer«, sagten sie, »wir möchten dich um einen Gefallen bitten.« »Was soll ich für

euch tun?«, fragte er. »Wir möchten in deinem herrlichen Reich neben dir auf den Ehrenplätzen sitzen«, sagten sie, »einer zu deiner Rechten und einer zu deiner Linken.«

Jakobus und Johannes taten das, was Männer tun: Sie suchten Größe und Anerkennung. Sie wollten die besten Plätze im Reich Gottes. Beachten Sie, was dann geschieht:

> Als die anderen zehn Jünger merkten, worum Jakobus und Johannes gebeten hatten, waren sie empört. (V. 41)

Zwei Männer suchen Größe, und sofort kochen 83 Prozent der Gemeinde vor Wut! (Das ist das erste schriftlich dokumentierte Treffen der Demutspolizei.)

Jesus rief die Zwölf zusammen. Ich kann mir vorstellen, was Judas in seinen Bart murmelte: „Mannomann, jetzt werden sie aber eine serviert bekommen. Ich wette, Jesus reißt ihnen den Kopf ab!" Christus hatte bereits die beiden Hitzköpfe zurechtgestutzt, die vorgeschlagen hatten, er solle doch Feuer vom Himmel fallen lassen und eine Stadt vernichten, weil sie dort nicht willkommen geheißen worden waren. Doch zur allgemeinen Überraschung wies Jesus die Brüder nicht zurück.

Stattdessen zeigte er ihnen den Weg zur Größe:

> »Wer unter euch groß werden will, soll den anderen dienen; wer unter euch der Erste sein will, soll zum Dienst an allen bereit sein. Denn auch der Menschensohn ist nicht gekommen, um sich dienen zu lassen, sondern um zu dienen und sein Leben als Lösegeld für viele hinzugeben.« (V. 43-45, Neue Genfer Übersetzung)

Diese ersten sechs Worte sind bemerkenswert: „Wer unter euch groß werden will." In anderen Worten heißt das, es ist okay, Größe zu suchen. Das Verlangen, ein großer Mann zu sein, ist keine Sünde; es ist eine Tugend. Statt dem Verlangen von Jakobus und Johannes nach Größe zu widersprechen (wie es die zehn Jünger taten), steuerte Jesus es in eine andere Richtung. *Der Weg nach oben führt nach unten, Jungs.* In Johannes 14 trifft Jesus eine bemerkenswerte Vorhersage: Die Jünger werden sogar noch *größere* Dinge tun als er selbst! Das sind nicht die Worte eines eifersüchtigen, unsicheren Erlösers.

Denken Sie daran, dass Jesus auch sagte: „Wer unter euch groß werden *will*." Der Weg zur Größe ist nicht einer, den jede Person beschreiten wird. Tatsächlich wählen ihn nur wenige. Die Möglichkeit der Größe muss Männern angeboten werden, denn eine bestimmte Art von Mann wird ohne sie nicht nachfolgen. Jakobus und Johannes erhielten den Spitznamen „Donnersöhne". Ich vermute, das charakterisiert sie als den eher aggressiveren Typ (genau die Art von Männern, die der heutigen Kirche fehlen).

Wie Jesus, müssen wir Männern eine Vision wahrer Größe bieten und ihnen dann Raum schaffen, sie zu erreichen. Erlauben Sie Männern, zu glänzen und Anerkennung zu erlangen, wenn sie Diener und Sklaven sind. Männer müssen wissen, dass es okay ist, sich nach Größe auszustrecken, so lange es auf die von Jesus beschriebene Weise geschieht – nicht durch Selbstdarstellung, sondern durch Selbstaufopferung. Und wir müssen Männer bewundern, wenn sie diese Art von Größe erlangen. Hier weisen uns die Worte von Pastor Robert Lewis den Weg, der einer von Amerikas führenden Leitern in der Männerarbeit ist:

> Robert Bly hat gesagt: „Wenn man nicht von anderen Männern bewundert wird, dann verletzt einen das." Das kam mir bekannt vor. Wenn ich mit Männern über ihre Kämpfe spreche, wird mir bewusst, wie sehr Männer danach lechzen, für die noblen Dinge in ihrem Leben Anerkennung zu bekommen. Wir brauchen männliche Cheerleader. Wenn einen keiner für Edelmut anfeuert, dann werden Männer in eine geistlose, primitive Form des Mannseins zurückfallen, die den Jubelrufen der Welt folgt – verbissenes Karrieredenken, selbstsüchtige Ziele und gemeine Taten. Wir versuchen, Männer anzufeuern – für die richtigen Dinge.[2]

Die Welt bietet Männern die Möglichkeit der Größe. Die Welt jubelt Männern zu. Allzu häufig tut die Kirche das nicht. Was für eine Tragödie! Es ist keine Sünde, die Männer für ihre guten Taten anzuerkennen. Es geht nicht darum, einzelne auf einen Sockel zu stellen; es geht darum, das zu feiern, was Gott im Leben von Leuten tut.

Schon seit Abrahams Zeiten wollen Männer Größe gewinnen. Ist das so schlimm? Wie wäre es, wenn die Gemeinde, statt ihres Widerstands gegen diesen Traum, Männer aktiv partnerschaftlich unterstützt? Was wäre, wenn die Kirche sich darauf konzentrieren würde,

Männer von Weisheit, Charakter und Stärke zu fördern? *Was wäre, wenn Ihre Gemeinde es sich zur Aufgabe machen würde, große Männer hervorzubringen?*

Der Unterschied zwischen Größe und Herrlichkeit

Wenn Ihnen dieses Gerede über Größe Magenschmerzen macht oder Sie befürchten, dadurch würde einer Gemeinde voller rasender Egoisten der Weg gebahnt, dann lassen Sie mich bitte *Größe* für Sie definieren. Größe ist nicht Herrlichkeit, die ganz klar nur Gott zusteht. Stellen Sie sich Größe als ein Widerspiegeln der Herrlichkeit vor: So wie der Mond das Licht der Sonne reflektiert, so spiegelt ein Mann Gottes Herrlichkeit in der Welt wider, wenn er etwas für Gottes Königreich erreicht. Wenn wir dem Beispiel Jesu folgen, spiegeln wir seine Herrlichkeit allen Menschen wider.

Wir Christen müssen damit aufhören, das Streben nach Größe als ein Übel zu behandeln. Wenn wir es zulassen, dass sich Männer innerhalb der Ortsgemeinde nach Größe ausstrecken, dann wird der ganze Leib neu belebt. Applaudieren Sie Ihren Männern. Stellen Sie sie als Vorbilder hin. (Denken Sie an die Worte des Paulus: „Folgt mir, wie ich Christus folge.") Und machen Sie sich keine Sorgen darüber, dass jemand die Herrlichkeit bekommt. Gott ist schon groß; er kann auf sich selbst aufpassen. Wenn irgendein Heuchler aus unlauteren Motiven dient, weiß Gott das. Denken Sie an die Worte Jesu, die dreimal in Matthäus 6 wiederholt werden: „Ich sage euch: Sie haben ihren Lohn damit schon erhalten." (Neue Genfer Übersetzung). Es ist nicht unser Job, die Demutspolizei zu spielen.

Warum suchen Männer Größe? Warum sind Leistung, Erfolg und Männlichkeit nahezu universell Leidenschaften der Männer? Darum geht es im nächsten Kapitel.

13

Das Streben nach Männlichkeit: Sein größtes Verlangen

Warum verhalten sich Männer wie Machos? Warum vermeiden sie alles, das mit Femininität zu tun hat? Warum kultivieren so viele Männer ein gefährliches Image statt eines warmen, freundlichen? Warum tragen bestimmte Männer ihre Männlichkeit zur Schau wie ein Pfau seine Federn?

Das ist keine Entwicklung, die erst in letzter Zeit stattgefunden hätte. Maskulinität ist Männern seit Tausenden von Jahren von größter Wichtigkeit. Aber sie ist auch für die Gesellschaft wichtig. Ohne Männlichkeit gäbe es keine Zivilisation, so wie wir sie kennen.

Maskulinität: Der Schlüssel zum Überleben der menschlichen Rasse

Jede Gesellschaft braucht Menschen, die die gefährlichen Aufgaben erledigen. Irgendjemand musste im Laufe der Geschichte die Schlachten kämpfen, lange Strecken ohne die Annehmlichkeiten eines Zuhauses zurücklegen und die gefährlichen Tiere jagen. Heute brauchen wir Menschen, die in Minen arbeiten, in Kriegen kämpfen und sich in brennende Gebäude stürzen. Wir brauchen Leute, die die Bösewichte fangen und verlorene Kinder retten.

Männer haben immer die gefährlichen Aufgaben übernommen und das tun sie noch heute. 94 Prozent der tödlichen Arbeitsunfälle widerfahren Männern.[1] Männer sterben im Verhältnis außerdem häufiger für ihr Land. Wenn eine Zivilisation überleben und gedeihen soll, braucht sie Männer, die sich *wie Männer verhalten*, wenn das notwendig ist.

Aber wie überzeugt man Männer davon, sich selbst zu opfern? Wie hält man einen Mann davon ab, in einer Schlacht zu desertieren, wenn ihn die Angst schier um den Verstand bringt – zu fliehen, wenn ein Tier versucht, ihn zu töten – oder sich zurück ins Lager zu schleichen, wenn die Nahrung ausgeht oder es bitterkalt ist? Die Antwort ist *Männlichkeit.*

Was ist Maskulinität?

Maskulinität ist ein informeller Code, der alle Männer des Stammes prägt. Um als Mann akzeptiert zu werden, muss man der Gefahr entgegentreten, Leiden ertragen und sich für das Wohl anderer opfern. Dieser Verhaltenskodex hilft einem Mann, seine natürlichen Instinkte (Angst, Hunger, Einsamkeit usw.) zu überwinden, sodass er tut, was zum Besten des Stammes ist und nicht für ihn selbst. Maskuline Eigenschaften wie Mut, Stoizismus oder Selbstaufopferung sind für einen Mann nicht natürlich: Sie speisen sich aus dieser kulturellen Quelle.

Wenn ein Mann nicht mutig, stoisch oder selbstaufopfernd ist, wird er als Feigling abgestempelt. Er wird ein Außenseiter. Er leidet unter totaler Ablehnung. Das mag grausam erscheinen, aber wie wir gesehen haben, hing das Überleben des Stammes davon ab, dass Männer ihre Rollen erfüllten. Und das sandte eine kraftvolle Botschaft an die Jungen: *Sei ein Mann oder du wirst abgelehnt.* Der maskuline Code lebt bis heute fort, besonders in Kriegszeiten. Soldaten haben noch immer Angst, aber relativ wenige desertieren. Sie bleiben und kämpfen, nicht wegen der Angst vor einer standrechtlichen Verurteilung, sondern aus Furcht vor der Schande, die sie den Rest ihres Lebens begleiten würde.

Das ist der Grund, weshalb Männer so zwanghaft dem Machismo (Männlichkeitswahn) verfallen, wenn die Gesellschaft von ihnen erwartet, sich männlich zu verhalten. Wenn ein junger Mann risikoreiche Dinge tut, dann übt er einfach nur für den Tag, an dem er aufgefordert wird, alles zu riskieren, um seine Familie oder sein Land zu retten. Der maskuline Code zwingt Männer, in Friedenszeiten männlich zu sein, damit sie sich in Kriegszeiten auf ihren Mut verlassen können.

Aber hier ist der Haken: Maskulinität ist nicht etwas, das man einfach an- und abschalten kann. Wenn ein Mann unerschütterlich der Gefahr entgegentreten soll, dann muss er jeden Tag üben, unerschütterlich zu sein. So wie ein olympischer Läufer jeden Tag trainiert, Jahr für Jahr, um bei einem Rennen von ein paar Sekunden erfolgreich zu sein, so übt ein Mann seine Maskulinität jeden Tag, damit er im richtigen Moment stark und bereit sein kann.

Männlichkeit ist etwas, das sich ein Mann verdient, Tat für Tat, Aufgabe für Aufgabe, Interaktion für Interaktion. Der Anthropologe David Gilmore hat es so formuliert:

> Echte Männlichkeit unterscheidet sich vom einfachen anatomischen Mannsein insofern, als es nicht ein natürlicher Zustand ist, der sich spontan durch biologische Reife entwickelt, sondern auf einem zerbrechlichen oder künstlichen Status beruht, den Jungen im Angesicht mächtiger Widerstände erlangen müssen.[2]

Männlichkeit ist etwas, das man verdient. Eine Münze nach der anderen.

Wie Männer ihre Männlichkeit verdienen

Hier ist ein hilfreiches Wortbild: Jeder Mann hat in sich eine *Maskulinitätsbank*. Mit jedem Erfolg bei einer männlichen Unternehmung werden ein paar Münzen auf seiner Bank eingezahlt: *kling, klang, klong*. Bei den meisten Männern wird die Bank niemals voll. Ein Mann verbringt sein gesamtes Leben damit, maskuline Münzen zu sammeln, obwohl das Streben nach den Münzen mit zunehmendem Alter weniger Gewicht erhält. Männer wissen nicht, dass sie eine Maskulinitätsbank haben; sie wissen einfach nur, dass es wichtig ist, Dinge zu tun, die in den Augen ihrer Kumpel *männlich* sind.

Nicht alle Männer sind betont männlich, weshalb Männer ihre Banken auf unterschiedliche Weise füllen. Robert zum Beispiel hat einen Führungsposten in der Industrie und beweist seine Männlichkeit durch ein repräsentatives Büro mit einer attraktiven jungen Sekretärin. Das bedeutet Daniel, dem Künstler, herzlich wenig. Er misst seine Männlichkeit daran, Preise für seine außergewöhnlichen Bilder abzuräumen. Für Tom, den Polizisten, ist das wiederum kalter Kaffee. Männlichkeit heißt für ihn, der beste Schütze seiner Truppe zu sein. Claus, der Hochschulprofessor, hat dagegen in seinem Leben noch nie eine Schusswaffe in der Hand gehabt. Er beweist seine Männlichkeit, indem er testet, wie viele weibliche Studenten er zu sich ins Bett locken kann. Gibt es eine positive Seite bei all diesen Beweisen der eigenen Männlichkeit? Natürlich. Es produziert Mut, Heldentum, Großzügigkeit, Selbstaufopferung und Innovation. Jeden Tag beweisen Männer ihren Wert durch harte Arbeit, Aufopferung für ihre Familien und den Dienst an der Allgemeinheit. Ich bin nicht gerade der Macho-Typ, aber vor ein paar Jahren habe ich angefangen, mein Haus umzubauen. Ich genieße es, Bretter zu schneiden und Nägel reinzuhauen, was auch teilweise damit zu tun hat, dass es sich männlicher anfühlt, als den ganzen Tag vor dem Computer zu sitzen (mein normaler Beruf). Mein Verlangen nach dem Auffüllen meines Maskulinitätskontos beschert meiner Familie ein hübscheres Zuhause. Wenn ich mit einem Projekt fertig bin, lade ich meine Freunde ein, die mich dann für meine Handwerkerkünste loben (*kling, klang, klong*). Selbst Schriftsteller und Künstler wie ich haben eine Maskulinitätsbank, die gefüllt werden will, und wir müssen uns wegen unserer fehlenden Macho-Persönlichkeit und unseres Berufs clevere Möglichkeiten ausdenken, unsere Männlichkeit zu beweisen.

Von einer Maskulinitätsbank wird auch abgehoben. Wenn ein Mann bei einer männlichen Unternehmung versagt, verliert er ein paar Münzen. Wenn er etwas tut, das seine Kumpel als *weibisch* betrachten, ist das, als würde er den Stöpsel aus seiner Spardose ziehen und das Geld in den Gully werfen. Wenn sich beispielsweise herumspricht, dass ein Mann Spitzenunterwäsche trägt, dann leert das seine Maskulinitätsbank in ein paar Sekunden weitgehend komplett.

Da Männer so hart daran arbeiten, ihre Maskulinitätsbank zu füllen, sind sie natürlicherweise sehr zurückhaltend, was das Hergeben ihrer Münzen angeht. Männer vermeiden alles, was ihre Bank belasten könnte. Das erklärt, warum weibliches Verhalten so schädigend für einen Mann ist. Und weshalb es so eine schwer wiegende Beleidigung für einen Mann ist, als „weibisch" bezeichnet zu werden oder zu hören: „Du bist so eine Frau".

Zur Kirche gehen: Eine tolle Möglichkeit, die eigene Maskulinitätsbank zu schrumpfen

Weil viele Männer den Besuch der Kirche als weibliches Verhalten betrachten, kostet es einen Kerl immer ein paar Münzen, wenn er den

Chorraum betritt. Es kostet ihn noch mehr, wenn in der Arbeit herumerzählt wird, dass er *Jesus liebt.* Stellen Sie sich einmal diese Szene an einem Mittwochabend vor, nach einem langen, heißen Tag auf der Baustelle:

> FRANK: Hey Jungs, was macht ihr denn nach der Arbeit?
>
> TOM: Ich geh' ein kühles Bierchen zischen.
>
> DANIEL: Ich hab' Tickets für das Bayernspiel.
>
> FRANK: Und was ist mit Dir, Stefan?
>
> STEFAN: Ähhh ... Ich gehe zur Kirche.

Können Sie hören, wie die Maskulinitätsmünzen aus Sams Bank poltern? In den Augen von Sams Kumpels ist es maskulines Verhalten, in eine Bar zu gehen oder ins Stadion. Zur Gemeinde gehen dagegen nicht. Hier ist das populäre Bild von *echten Männern* im Vergleich zu *Kirchenmännern:*

Echte Männer ...	Kirchenmänner ...
leben ein wildes Leben.	leben ein unterdrücktes Leben.
genießen sexuelle Eroberungen und sexuelle Abwechslung.	erfahren sexuellen Entzug oder sexuelle Monotonie.
schauen Frauen hinterher.	schauen in ihre Bibel.
trinken Bier.	trinken Traubensaft.
gehen auf Partys.	gehen zum Kirchenkaffee.
fahren coole Autos.	fahren den Gemeindetransporter.
zünden sich eine Zigarette an.	zünden die Kerze an.
hängen mit den Mädels in Bars ab.	hängen mit den Babys im Kinderdienst ab.

Mal abgesehen davon, dass die meisten dieser Klischees übertrieben sind, ist doch der Ruf hartnäckig und wiegt schwer. Kurz gesagt, eine Menge Männer sind zurückhaltend, was den Kirchenbesuch angeht, weil damit ein ganz bestimmter Ruf verknüpft ist. Sie haben keine Angst vor Gott; sie haben Angst vor der Entmannung.

Es gibt eine Ausnahme. Wenn ein Mann aus rein kulturellen Gründen zur Kirche geht, aber eindeutig keine Hingabe an Jesus vorhanden ist, dann hält sich der Verlust an Münzen in Grenzen. Ich nenne das *die Mafia-Ausnahme*. Schlägertypen der Mafia können beispielsweise die Messe besuchen, aber ihre Maskulinität bleibt intakt, denn sie sind offensichtlich nicht wirklich religiös. Und es gibt Millionen von Typen, die sich die Mafia-Strategie zunutze machen: Sie gehen zwar zur Kirche, achten aber sorgfältig darauf, sich nicht von dem berühren zu lassen, was sie hören. Diese Männer besuchen Gottesdienste, um ihre Frauen bei Laune zu halten oder kulturelle Traditionen zu wahren. Doch das Evangelium prallt an ihrer Seele ab wie Pistolenkugeln an Supermans Heldenbrust. Diese cleveren Männer haben eine Möglichkeit gefunden, sich mit der Kirche einzulassen, ohne ihre Maskulinität zu verlieren. Ich vermute, dass vielen dieser Männer ihre Heuchelei bewusst ist, aber das ist ihnen egal: Ihre Männlichkeit ist intakt.

Kirche: Der Ort der Frau

Wo immer sich Frauen tummeln, ist nach dem Verständnis der Männer der Bestimmungsort der Frau. Einkaufszentren, Kaffeekränzchen, die Kosmetikabteilung, Blumenläden, Küchen und Kirchen haben diesen Ruf. Wie bereits gesagt, ein Mann der mehr Zeit als absolut notwendig in diesen Bereichen verbringt, stellt seine Männlichkeit infrage.

Ich bin auf eine Sportveranstaltung gegangen und habe eine Umfrage unter neunundfünfzig Jungs darüber gemacht, was ein typischer Aufenthaltsort der Frauen sei. Zweiunddreißig Prozent der Männer hielten die Gemeinde für einen Bestimmungsort der Frau, nur zwölf Prozent dachten, sie sei ein Ort des Mannes. Bei der Sonntagsschule war die Schieflage noch größer: 51 Prozent hielten sie für einen Ort der Frau, nur drei Prozent für einen Ort des Mannes.[3]

Ein Mann geht an einen „Frauenort", aber er bleibt dort nicht. Meine Frau schickt mich zum Beispiel ab und zu in ein Stoffgeschäft, um dort Nähbedarf abzuholen. Ich bin wie Flash Gordon: rein und raus bevor irgendjemand mich sehen kann. Ein Mann kann in einen Blumenladen gehen, dort etwas für seine Frau kaufen und ohne Gesichtsverlust gehen. Aber dort herumstehen, an den hübschen Sträußen riechen und von den wunderschönen Arrangements schwärmen ist maskuliner Selbstmord!

Männer gehen mit der Kirche wie mit jeder anderen „Weibersache" um: Sie gehen entweder überhaupt nicht hin, oder – wenn sie gehen – widerwillig, und versprühen eine Aura von Desinteresse oder milder Feindseligkeit während des gesamten Gottesdienstes. Sobald der Gottesdienst vorbei ist, steuern sie so schnell wie möglich die Tür an. Es ist im Denken mancher Männer okay, zur Gemeinde zu gehen, solange sie nur kein Vergnügen daran haben! (Das ist die Mafia-Strategie in der Praxis.)

Millionen Männer, die *tatsächlich* zur Kirche gehen, sprechen niemals öffentlich davon – besonders, wenn sie mit anderen Männern zusammen sind. Männlichen Kirchgängern ist das peinlich – nicht wegen Christus, sondern weil zur Gemeinde zu gehen darauf schließen lässt, dass man feminin ist. Wenn jemand sagt: „Ich gehe gern zur Gemeinde", dann ist das etwa so, als würde er sagen: „Ich gehe gern auf Kindergeburtstage." Das ist einfach etwas, über das Männer nicht sprechen.

Priester enthalten sich männlichen Verhaltens

Männer haben einen natürlichen Hunger, etwas zu schaffen: ein Unternehmen aufzubauen, eine Familie, eine Karriere. Doch die Katholische Kirche, Amerikas größte Denomination, wird von Männern geführt, die nichts davon schaffen. Katholiken verehren Männer, die sich vom typischen männlichen Verhalten abgewandt haben. Der Jesuit Patrick Arnold schreibt:

> „Echte (geistliche) Männer" müssen die meisten der Werte und Unternehmungen über Bord werfen, für die das Herz von Männern schlägt – Wettbewerb, Kampf, sexuelle Ausdruckskraft, Reproduktion, wirtschaftliche Produktivität, Abenteuer, Autonomie – und das zugunsten einer Eunuchenexistenz. Das Motiv des Eunuchen ist selbst im wichtigsten Modell enthalten, das man verheirateten christlichen

Männern vorhält: Josef, der Ehemann Marias, wird normalerweise als alter Mann dargestellt, ein geschlechtsloses und erstarrtes Ideal. Es verwundert nicht, dass so viele Männer die starke unterbewusste Botschaft bekommen, der Kontakt mit christlicher Spiritualität verlange eine Art von Entmannung. Für sie scheint es so, als wären die am besten für das christliche Leben geeigneten Männer die Merkwürdigen und Asexuellen, die komischen Kauze oder die sehr alten, bei denen „die Luft raus" ist.[4]

Wie Geld und Männlichkeit zusammenpassen

Haben Sie sich schon mal gefragt, warum Männer auch denken, Kirchen würden zu viel um Geld bitten? Männer brauchen Geld, um ihre Maskulinität zu beweisen – ein protziges Haus, ein Boot, ein Golfschläger aus Titan – die Insignien der Männlichkeit sind teuer. Die Gesellschaft blickt auf Männer herab, die kein Geld haben. Es wird erwartet, dass Männer die Versorger sind, und zehn Prozent davon abzutreten macht es wesentlich schwerer, den Erwartungen der Gesellschaft zu entsprechen. Männer können auch das Gefühl haben, die Kirche nehme mit beiden Händen: Auf der einen Seite sollen sie großzügig geben, auf der anderen sollen sie sich aber nicht um das Geld sorgen oder Überstunden machen.

Männer hassen es, Geld für etwas auszugeben, das ihnen nicht im Geringsten dient. Mein Freund Reed beispielsweise wurde gezwungen, Unterhalt für Kinder zu zahlen, die er kaum zu Gesicht bekam. Er liebte seine Kinder, aber er ärgerte sich über die finanzielle Belastung. Reeds Widerstand wurde schließlich weniger, als seine Exfrau ihm erlaubte, mehr am Leben der Kinder teilzuhaben. Auf gleiche Weise schwindet der Widerstand bei Männern, wenn sie die Mission ihrer Kirche verstehen und voll engagiert sind – und sie geben mehr.[5]

Frauen können männlich sein, aber Männer nicht weiblich

Viele Frauen verstehen das Bedürfnis des Mannes nicht, seine Männlichkeit zu beweisen, weil sie kein vergleichbares Bedürfnis haben, ihre Weiblichkeit zu beweisen. Tatsächlich erlebt eine Frau, die etwas von der Gesellschaft als unweiblich Angesehenes tut, keine Beschämung, sondern ein herrliches Gefühl der Rebellion. Die Frauen von heute wechseln locker in Männerrollen und tun das mit Vergnügen. Frauen, die in traditionell männliche Rollen schlüpfen, werden als Vorbilder hingestellt. *Doch für Männer ist es absolut verboten, in eine weibliche Rolle zu schlüpfen.*

Das fängt schon früh im Leben an. Ein junges Mädchen, das Jungen in ihrem Verhalten und Kleidungsstil kopiert, wird liebevoll als *burschikos* bezeichnet. Das ist eine gefeierte Stufe in der weiblichen Entwicklung. Im Gegensatz dazu gibt es keine *mädikose* Stufe für Jungen. Ein mädchenhafter Junge wird stattdessen als Weichling bezeichnet – wenn er Glück hat. Jede Spur von Weiblichkeit in einem jungen Mann ist verdächtig. Wie würde unsere Gesellschaft auf einen zehn Jahre alten Jungen reagieren, der mit Puppen spielt, Kleider trägt, Kaffeekränzchen plant und Lippenstift auflegt?

Diese einseitige Barriere setzt sich durch die Jugendzeit und das Erwachsenenleben fort. Mädchen sind im Hochschulsport aktiv, jedoch Jungs nur sehr selten im Ballett. Frauen bahnen sich den Weg in Schulen für Jungen, aber wenige Männer versuchen das Umgekehrte (oder sie berufen wenigstens keine Pressekonferenz ein und verkünden es öffentlich). Viele Frauen nehmen *Männerberufe* an, aber wenige Männer *Frauenberufe*. So sind beispielsweise 29 Prozent der Rechtsanwälte in Amerika Frauen, doch weniger als zwei Prozent der Erzieher in Kindergärten und der Grundschullehrer Männer.[6] (Ich muss mich für die politische Unkorrektheit dieser Diskussion entschuldigen, aber so liegen die Dinge eben.)

Männern ist es höchst peinlich, in der Öffentlichkeit feminin zu erscheinen. Wenn meine Frau zu mir sagt: „Kannst Du mal einen Moment meine Handtasche halten", dann erstarre ich. Ich möchte nicht in der Öffentlichkeit mit einem Täschchen in der Hand gesehen werden. Aber wenn ich zu meiner Frau sage: „Halte mal für einen Moment den Hammer", empfindet sie keinerlei Scham. Es ist eher so, dass Frauen extrem wissbegierig hinsichtlich der Dinge von Männern sind und unbedingt alles lernen wollen, was es zu lernen gibt. Frauen zeichnen heute für die Hälfte der Käufe in Amerikas großen Baumärkten verantwortlich.[7] Unser Baumarkt vor Ort bietet montagabends Handwerkerkurse für Frauen an. Ich kann mir lebhaft die Unterhaltung zwischen Clara und ihrer Freundin beim Mittagessen am nächsten Tag vorstellen:

CLARA: Hey Mädels, ratet mal, was ich gestern Abend gemacht habe? Ich war im Baumarkt und habe gelernt, wie man mit einer Bandsäge arbeitet.

CLARAS FREUNDINNEN: Ooooh, wie cool!

Stellen Sie sich jetzt mal diese Unterhaltung zwischen Chuck und seinen Kumpels vor:

CHUCK: Hey Jungs, ratet mal, was ich gestern Abend gemacht habe? Ich war in Annes Bastelladen und habe gelernt, wie man dekorative Kissenbezüge macht!

CHUCKS FREUNDE: *(Sprachlosigkeit)*

Die Medien verstärken die Geschlechterrollen. Wenn sich im Film eine Frau als Mann ausgibt, ist sie edel. *Shakespeare in Love, Mulan* und *Yentl* fallen mir dazu ein. Aber wenn ein Mann eine weibliche Rolle übernimmt, ist er ein Witz. *Mrs. Doubtfire, Tootsie* und *Mr. Mom* sind Witzfiguren. In *Meine Braut, ihr Vater und ich* wird die Männlichkeit eines gut aussehenden, kernigen Krankenpflegers einfach nur deshalb in Frage gestellt, weil er kein Doktor ist.

Wird Ihnen klar, warum es so schwer für Männer ist, zur Gemeinde zu gehen? Wenn ein Mann (oder seine Freunde) die Gemeinde als Frauensache betrachtet, dann ist das etwas, das er einfach nicht tun kann.

Es entmannt ihn. Frauen zahlen keinen vergleichbaren Preis. Sie werden nicht „entfraut", wenn sie zur Kirche gehen. *Der Mythos der männerdominierten Kirche macht sie nur noch attraktiver für Frauen – noch eine Geschlechterbarriere, die Frauen mutig durchbrechen.*

Das bringt uns zu zwei wichtigen Fragen: War es die Absicht Christi, dass Männer ihre Männlichkeit aufgeben sollen, wenn sie ihm nachfolgen? Ist das Aufgeben der eigenen Männlichkeit ein Teil der Kosten, welche die Nachfolge Jesu mit sich bringt? Nein, und noch mal: Nein! Christus kam nicht, um Männer weiblicher zu machen; er kam, um ihre Männlichkeit wiederherzustellen. Es gibt in der Schrift keine Hinweise darauf, das Entmannung eine Voraussetzung für das christliche Leben ist. Männer müssen viele Dinge aufgeben, wenn sie Jesus folgen. Männlichkeit steht aber nicht auf der Liste.

Doch den Männern ist das nicht klar. Millionen von Männern überall auf der Welt begreifen die Kirche als feminin und das, was sie am Sonntagmorgen erleben, bestätigt ihre schlimmsten Befürchtungen. Wie konnte das passieren? Wir tauchen jetzt ein in das Herz des Buchs. Wir enthüllen Dutzende kleiner Dinge, die dafür sorgen, dass Männer es hassen, zur Kirche zu gehen.

Nadelstiche ins Herz des Mannes

Bis zu diesem Punkt habe ich meine Erklärungen über den Widerstand der Männer gegen die Kirche sehr allgemein gehalten. Jetzt kommen wir zu den Details. Vielleicht haben Sie diesen Abschnitt aufgeschlagen und gehofft, den entscheidenden Hinweis zu finden; eine geheime Kraft, die Männer vom Reichtum eines Lebens mit Christus abhält. Oder Sie denken, ich zeige ein paar schnelle, einfache Methoden auf, mit denen Sie garantiert jeden Mann in die Kirche kriegen.

Sorry. Ich wünschte, ich könnte sagen: „Das ist es. Hier ist die Barriere, die Männer von der Gemeinde fernhält." Aber es gibt keine einzelne Barriere. Es gibt nicht den schlagenden Beweis. In Wirklichkeit sind es viele verschiedene Gründe, weshalb Männer die Kirche hassen, denn es gibt viele verschiedene Arten von Männern.

Kennen Sie die Geschichte vom Strohhalm, der dem Kamel den Rücken bricht? Dem Tropfen, der das Fass zum Überlaufen bringt? In den nächsten drei Kapiteln arbeiten wir uns durch den Strohhaufen, der den maskulinen Geist aus unseren Kirchen presst – jeder Strohhalm ein Nadelstich ins Herz des Mannes. Für sich gesehen ist jeder dieser Strohhalme eine Lappalie, doch zusammen bilden sie eine schwere Last, die das Herz eines Mannes unter sich zermalmt.

Bevor wir uns in diesen Strohhaufen hineinwühlen, gebe ich Ihnen noch meine Top-10-Liste der Ausreden, warum Männer nicht zur Gemeinde gehen wollen:

10. Ich habe keine Zeit.

9. Kirche ist einfach nichts für mich.

8. Es ist langweilig.

7. Das ist irrelevant für mein Leben.

6. Ich mag den Pastor nicht.

5. Ich möchte nicht drüber sprechen.

4. Es dauert zu lang.

3. Die betteln zu sehr um Geld.

2. Das ist was für Weicheier.

(Bitte den Trommelwirbel)

Der Grund Nummer eins, den Männer als Begründung dafür anführen, nicht zur Gemeinde zu gehen, der immergrüne Dauerbrenner:

1. Da sind so viele Heuchler.

Geben diese Ausreden die wirklichen Gründe wieder, weshalb Männer nicht zur Kirche gehen? Nicht wirklich. Frauen kämpfen auch mit diesen Problemen, aber für sie hat Gemeinde dennoch Priorität. Wenn man hinter die Ausreden blicken und die wirklichen Barrieren entdecken will, muss man fragen *warum: Warum denken Männer, es ist zu lang? Warum finden es Männer langweilig und irrelevant? Warum denken die Männer, es gibt da so viele Heuchler?* Und hier die Eine-Million-Euro-Frage: *Warum ist diese Haltung normal bei Männern, bei Frauen aber eher selten?*

14

Männer haben Angst ... große Angst

Männer und Frauen fürchten unterschiedliche Dinge. Sam Keen drückt es so aus: „Die Ängste von Männern konzentrieren sich auf den Verlust der ... Unabhängigkeit und die der Frauen auf den Verlust signifikanter Beziehungen. Wir [Männer] fürchten am meisten, vereinnahmt zu werden – alles, was droht, uns unserer Macht und Kontrolle zu berauben. Frauen fürchten am meisten verlassen zu werden, die Isolation, den Verlust der Liebe."[1]

Wenn Keen recht hat, dann scheint die moderne Kirchenkultur eher Männer zu beängstigen und Frauen zu beruhigen. Gemeinden legen heute sehr großen Wert darauf, dass Macht und Kontrolle abgegeben werden – etwas, das wir Männer tun müssen, wovor wir jedoch Angst haben. Gleichzeitig bedeutet in einer Kirche zu sein Freunde und Beziehungen – also etwas, wonach Frauen eine tiefe Sehnsucht haben. Auf diese Weise schützt die Kirche eine Frau vor ihren tiefsten Ängsten, während Männer sich genau diesen ausgesetzt sehen.

Nun, auf diese tiefe Angst laden Christen unwissentlich andere Dinge, die Männer unruhig machen. Eine Reihe üblicher christlicher Praktiken kann einen Mann zu einer Maus reduzieren, emotional gesprochen. Statt sich diesen multiplen Traumen zu stellen, lassen Männer die Kirche lieber links liegen. In diesem Kapitel zeige ich verschiedene Dinge auf, die Männer fürchten und zeige, was man als einzelner Christ tun kann, um den Männern zu helfen, die sonntags auftauchen.

Männer fürchten Inkompetenz

Männer hassen es, von Frauen überflügelt zu werden, aber es passiert in der Gemeinde die ganze Zeit. Weil Männer nicht so lernbegierig wie Frauen sind, fehlt ihnen oft das Bibelwissen und das christliche Vokabular, mit dem man in einer evangelikalen Gemeinde punktet. Sarah Sumner schreibt: „Die meisten Männer, die schlechte Golfer sind, würden eher losziehen und schlecht Golf spielen als zur Kirche zu gehen. So inkompetent fühlen sie sich im Haus Gottes. Es würde einem Wunder entsprechen, wenn ein biblisch inkompetenter Mann über eine Zusammenkunft mit einer Gruppe biblisch kompetenter Frauen begeistert wäre."[2]

Warum werden Männer keine kompetenten Christen? Wie ich bereits früher gesagt habe, der Pfad zu Christus führt heute durch ein Klassenzimmer. Studieren. Lesen. Lernen. Unterricht besuchen. Wissen anhäufen. Die eigene Theologie perfektionieren. Das ist ein Pfad, den zu gehen nur wenige Männer bereit sind, wenn sie nicht zufällig der gelehrige Typ sind.

Männer fürchten sich, öffentlich zu singen

Wenn man Christ sein will, sollte man gerne singen. Christen kommen selten zusammen, ohne ein Lied anzustimmen. Doch viele Männer fühlen sich beim Singen inkompetent, wenn sie nicht gerade eine Stimme wie Pavarotti haben. Ermunternde Sprüche wie: „Ach komm, Ralf, lass uns einfach den Herrn lobpreisen!" helfen nicht.

Der einzige Ort, an dem Männer zusammen singen, ist an einem männlichen Ort. Männer singen die Nationalhymne bei der Olympiade. Fußballfans sind berühmt für männlichen Gesang (eine Menge Bier lockert außerdem die Zunge). Männer in militärischen Formationen singen tief im Gleichschritt. Die Veranstaltungen der Promise Keepers haben kräftigen Lobpreis, und zwar aus drei Gründen: (1) die meisten Männer sind bereits Christen, (2) sie wissen, wie man die Lieder singt und (3) sie sind in einem Stadion ohne Frauen.

Selbst unter Kirchgängern ist das Singen bei Frauen populärer als bei Männern. Wir haben in unserer Gemeinde mit fünfzehnhundert Mitgliedern eine Umfrage gestartet: Während drei Viertel der Frauen den Lobpreis als Toppriorität nannten, waren es bei den Jungs nur etwa die Hälfte.[3]

Robert Lewis ist ein bemerkenswerter Trend in seiner Megakirche in Arkansas aufgefallen: Lobpreisschwänzer. Diese Leute (überwiegend Männer) kommen gleichbleibend eine halbe Stunde zu spät zum Gottesdienst. Lewis nimmt an, diese Burschen sind absichtlich unpünktlich, damit sie das Singen verpassen. Es gibt auch eine Reihe von Männern, die sich direkt nach der Predigt hinausschleichen, aus vielleicht demselben Grund.

Was mich persönlich angeht: Ich liebe es zu singen. Aber ich habe mit genügend kirchenfernen Jungs gesprochen, um zu wissen, dass öffentliches Singen für sie eine Barriere darstellen kann. Ein paar kurze Lieder machen ihnen wahrscheinlich nichts aus, aber die meisten der Gemeinden mit modernem Lobpreis haben zwanzig, dreißig oder sogar fünfundvierzig Minuten ununterbrochenen Gesang. Die Verse werden wieder und wieder gesungen. Und wieder.

Ich bin überzeugt, dass es eine Million kirchenferner Männer gibt, die dieses Wochenende einen Gottesdienst besuchen würden, *wenn sie einfach nicht singen müssten.* Pastor Lewis hat das Singen aus seinen Zusammenkünften der Männerbruderschaften gestrichen und die Teilnahme hat einen Sprung nach oben verzeichnet. Irgendein Gemeindegründer wird daraus schlau werden und eine reiche Ernte an Männern einfahren.

Männer fürchten, ausgegrenzt und in Verlegenheit gebracht zu werden

Die konventionelle Weisheit sagt, Besucher Ihrer Gemeinde erwarten eine freundliche Begrüßung und wollen erkannt werden. Rick Warren weist darauf hin, dass Besucher tatsächlich all die Aufmerksamkeit hassen: „Ironischerweise führt die Art und Weise, wie viele Gemeinden Besucher willkommen heißen, tatsächlich dazu, dass sie sich unwohler fühlen, als hätte man sie einfach in Ruhe gelassen ... ein Grund, weshalb große Kirchen so viele Besucher anziehen, liegt in der Möglichkeit, sich einfach in der Menge zu verstecken."[4]

Ich glaube, Männern ist es besonders peinlich, wenn sie in der Gemeinde vorgestellt werden, weil sie von Natur aus weniger beziehungsorientiert sind oder sich sorgen, wer sie sehen könnte. Es ist besonders schlimm für einen kirchenfernen Ehemann, der von seiner heiligen Ehefrau vorgestellt wird. Das kann sich für ihn anfühlen, als würde sie ihn als Trophäe präsentieren.

Männer haben Angst
vor dem christlichen Lebensstil

Viele Nichtchristen fürchten, sie müssten, wenn sie zur Gemeinde gehen, einen langweiligen, prüden Lebensstil annehmen, wie ihn Ned Flanders darstellt, eine Gestalt aus der Zeichentrickserie *Die Simpsons*. Laut einem Autoren in *Christianity Today* sieht das so aus:

> Religion prägt nahezu jeden Aspekt von Neds Leben, von der Türklingel die „Eine feste Burg ist unser Gott" trällert bis zu seiner Hupe, die einen Halleluja-Chorus blökt ... Er gehört zu einer Bibelstudiengruppe und hat die Notizen an seinem Kühlschrank mit einem Fisch-Magneten festgemacht ... Ned erlaubt seinen Kindern nicht, bei Brettspielen zu würfeln, denn Würfel sind böse. Er erlaubt seinen Kindern nicht, *Red Hots*-Süßigkeiten zu kaufen, denn auf der Packung ist eine laszive Karikatur des Teufels. Die Lieblingsspiele der Kinder sind *Guter Samariter* und *Kleide den Aussätzigen*.[5]

Eine weit verbreitete Angst unter Männern ist es, dass das Christentum sie in einen komischen Kauz oder einen Deppen verwandelt. Wayne Jacobsen bemerkt: „Jeder kennt irgendjemanden, der von Gott begeistert war und beschloss, *aus Glauben zu leben*, was bedeutet, er hörte auf zu arbeiten und lebte von denen, die arbeiteten. Andere warteten sogar auf ein Wort von Gott, ehe sie sich die Zähne putzten."[6]

Andere Männer sehen das Christentum als das Ende von Spaß und Herausforderung. Pastor Lee Strobel hatte diese Haltung in seinen Jahren als Atheist:

> Ich dachte bei mir: „Mann, so will ich nie enden." Anders ausgedrückt, wenn das Christentum verlangt, dass jemand ein gesellschaftlicher Außenseiter wird, der kein soziales Leben außer Gottesdiensten und Gebetstreffen hat, dann bitte ohne mich. [Ich betrachtete] Christen als langweilig, weltfremd und Menschen, die ein Null-Acht-Fünfzehn-Leben führten, in dem jede Begeisterung, Herausforderung und aller Spaß fehlte.[7]

Kein Mann will ein Ned Flanders werden. Glücklicherweise fällt diese Barriere oft, wenn ein Mann Christen trifft, die sich in der Welt engagieren und das Leben genießen.

Männer fürchten, sie müssen ihren Verstand an der Tür abgeben

Gebildete Leute, besonders Männer, tun sich sehr schwer, Glaubensdinge anzunehmen. Sie wurden gelehrt, nur das zu glauben, was sie messen, identifizieren und mit wissenschaftlichen Methoden beweisen können. Eine Gallup-Studie hat gezeigt, dass junge, gebildete Männer die Gruppe von Amerikanern darstellt, die am wenigsten wahrscheinlich spirituell hingegeben sind.[8]

Viele Männer lehnen die anti-intellektuelle Atmosphäre in manchen Kirchen ab, in der keine Fragen erlaubt sind. Ed wuchs als Baptist auf, aber „in der letzten Gemeinde, in die ich ging, habe ich die unvergebbare Sünde begangen, meine Meinung auszudrücken, und die hatte mit Zweifeln an der Bibel zu tun, oder besser, meiner Interpretation derselben. Ich wurde getadelt, weil ich keinen blinden Glauben hatte. Nun, das ist inzwischen zweiundzwanzig Jahre her und ich musste mir seitdem keine Sorgen mehr über eine solche Konfrontation machen." Oder Kirchen haben die moderne Wissenschaft als den Schwarzen Mann hochstilisiert und verbringen so viel Zeit mit dem Herziehen über wissenschaftliche Theorien, wie sie der Predigt des Evangeliums widmen. Wenn gebildete Männer es dann *tatsächlich* einmal mit der Kirche probieren, stehen sie oft vor einer schwierigen Wahl. Sie können eine der großen Gemeinden besuchen, die intellektuelles Forschen erlaubt, aber wenig in Sachen des Geistes zu bieten hat. Oder sie können eine lebendige evangelikale, beziehungsweise charismatische Gemeinde besuchen, doch dann müssen sie die häufigen Klagen über die finsteren modernen Wissenschaften über sich ergehen lassen.

Man muss nicht die biblische Orthodoxie über Bord werfen, um Männer anzuziehen. Tatsächlich wachsen theologisch konservative Kirchen am schnellsten. *Gebildete Männer wollen eine Gemeinde, in der Gott real ist, aber keine, die Wissenschaft als einen Feind behandelt.* Sie möchten eine Kirche, in der sie Fragen stellen und die gängige Meinung hinterfragen dürfen. Die Großkirchen sollten an dieser Stelle gut aufpassen: Das ist der Bereich, in dem man wirklich auf

Männer zugehen kann. Die Gratwanderung besteht darin, unterschiedliche Interpretationen zuzulassen, ohne in offene Irrlehre zu schlittern. Verkünden Sie die Wahrheit mit Mut, aber verhindern Sie, dass Leute sich böse oder dumm fühlen müssen, wenn sie anderer Meinung sind. Konservative Kirchen: Lasst die Männer unbequeme Fragen stellen und widersteht dem Drang, einen Nebenkriegsschauplatz zu eröffnen, auf dem es um Wissenschaft kontra Gott geht.

Männer fürchten, dass ihre Kinder eine Gehirnwäsche bekommen

Während die meisten Männer die moralische Unterweisung begrüßen, die die Kirche Kindern zukommen lässt, stehen ihr einige ganz offensichtlich feindselig gegenüber. Der britische Pastor Michael Fanstone bemerkt, dass „viele ungläubige Ehemänner sich ernsthaft Sorgen machen, dass jemand ihre Kinder indoktriniert – entweder die Mutter daheim oder andere in der Kirche."[9] Andere Väter fürchten, die Kirche könnte ihre Jungs in Schwächlinge oder Weicheier verwandeln.

Der Schlüssel hier ist Offenheit in der Kommunikation mit den Eltern. Lehrerinnen, lasst die Männer wissen, was ihr den Kindern beibringt. Ladet sie ein, sich einfach mal reinzusetzen. Zeigt ihnen, dass ihr nichts zu verbergen habt, und ihre Ängste werden abklingen.

Alleinstehende Männer fühlen sich zur Ehe gedrängt

Der Apostel Paulus hat sich deutlich für das Single-Dasein als einen noblen Status für einen Christen ausgesprochen. Doch diese Gesprächsnotiz ist bei der modernen Gemeinde nicht angekommen. Viele Kirchgänger betrachten die Ehelosigkeit als eine Krankheit, und Junge, Junge – haben wir ein Gegenmittel dafür! Carol Penner schreibt: „Manchmal können Alleinstehende den Eindruck haben, sie würden nur als Objekte für die Heirat betrachtet. Diese Erfahrung kann sich anfühlen, als wäre man krank und muss deswegen behandelt werden, bis es einem wieder gut geht, man also verheiratet ist. ‚Wie geht's? Irgendwelche speziellen Freunde, die wir kennen sollten? Nein? Oh, wie schade.'"[10]

Alleinstehende Männer zwischen 18 und 35 sind die demografische Gruppe, die am wahrscheinlichsten nicht die Kirche besucht. Wenn also ein solcher Mann dort auftaucht, dann fühlt er sich vielleicht fehl am Platz. Oder er hat den Eindruck, das Wild im Fadenkreuz zu sein: Ein Ziel für die vielen Single-Frauen der Gemeinde mit Heiratsabsicht. Meine alleinstehenden männlichen Freunde erzählen mir, es gebe einen dauernden subtilen Druck auf sie, beständig zu werden und zu heiraten. Das kann einer der Gründe sein, weshalb Single-Männer große Kirchen bevorzugen; es ist weniger wahrscheinlich, dort den Spießrutenlauf wegen ihres Status erdulden zu müssen.

Wir können alleinstehenden Männern helfen, indem wir sie so annehmen, wie sie sind. Bitte widerstehen Sie dem Drang, Heiratsvermittler spielen zu müssen.

Männer befürchten möglicherweise, sie müssten Superehemänner werden

Von christlichen Männern wird erwartet, dass sie ausgezeichnete Ehemänner sind. Kevin Lehmann beobachtet: „Nicht nur sollen Männer den Bibelkreis am Morgen besuchen, sondern man erwartet von ihnen auch, pünktlich zum Abendessen zuhause zu sein, Zeit allein mit jedem Kind zu verbringen, romantische Abende mit ihrer Frau einmal pro Woche zu haben und genug Geld zu verdienen, sodass ihre Ehefrauen zuhause bei den jungen Kindern bleiben können. Das ist eine schwere Last und einige christliche Männer fangen an, sich ihr zu widersetzen."[11]

Statt sich mit diesen zermürbenden Erwartungen auseinanderzusetzen, entscheidet sich ein Mann vielleicht einfach dafür, die Gemeinde zu verlassen.

Ehemänner können eifersüchtig auf Christus oder die Kirche werden

Edwin Louis Cole hat einmal einen Anruf von einem wütenden Ehemann erhalten. „Pastor", sagte er, „Ich gehe nicht zu Ihrer Kirche, aber ich muss Ihnen etwas sagen. Meine Frau hat mich wegen eines anderen Manns verlassen. Sein Name ist Jesus."

Wenn sich eine Frau *in Jesus verliebt*, kann es sein, dass ihr Ehemann in Panik gerät. Linda Davis schreibt: „Er weiß nur, dass sie sich in einen anderen verliebt hat, und er ist eifersüchtig. Statt weiterhin die erste Priorität in ihrem Leben zu sein ... ist er plötzlich zur Nummer Zwei nach Gott degradiert worden ... Es wäre einfacher für ihn zu verstehen, wenn sie ihn für einen anderen Mann verlassen hätte. Aber sie ist in jemanden verliebt, mit dem er sich nicht messen kann. Er fühlt sich hilflos."[12] Jeri Odell beschreibt, was sich in einem Haushalt ereignete: „Nachdem Jill zu Christus gefunden hatte, beschrieb Robert das so: Er sei durch jemanden ersetzt worden, den er nicht sehen, hören oder verstehen konnte. Er sprach von Eifersuchtsattacken und davon, sich unwichtig und unakzeptabel zu fühlen."[13]

Der heutige amerikanische Mann hat typischerweise nur einen Freund: seine Frau. Wenn Jesus auf der Bildfläche erscheint, dann hat sie plötzlich einen anderen als besten Freund. Männer fühlen sich abgelehnt und kämpfen deshalb mit der einzigen Methode, die sie kennen: Sie weigern sich, irgendetwas mit der Gemeinde zu tun zu haben. *Na, Jesus, wie schmeckt dir das?* Es ist die normale männliche Reaktion auf einen Rivalen.

Pastoren, christliche Lehrer und selbst christliche Bücher speisen diese Rivalität, indem sie Frauen zu der Vorstellung einladen, mit Jesus verheiratet zu sein. Ein bekannter christlicher Autor sagt seinen weiblichen Lesern: „Manchmal wird Jesus für dich eher ein Ehemann sein als der Mann aus Fleisch, den du geheiratet hast. Und obwohl dein Ehemann vielleicht wunderbar viele deiner Bedürfnisse erfüllt, kann und wird nur der Bräutigam alle deine Bedürfnisse stillen."[14] Wiederum eine andere bittet ihre Leserinnen „eine Affäre mit dem einzig wahren Liebhaber anzufangen, der wirklich dein innerstes Verlangen erfüllt: Jesus Christus."[15] Eine weitere Autorin erzählt Frauen: „Dieser Jemand hat deine Welt betreten und dir offenbart, dass er dein wahrer Ehemann ist. Dann hat er dich mit einem Brautkleid bekleidet, weißer als das weißeste Leinen. Du hast dich wieder jungfräulich gefühlt. Und lebendig! Er hat dich mit Gnade geküsst und geschworen, sich niemals abzuwenden oder dich im Stich zu lassen. Und dein Verlangen war, loszugehen und bei ihm zu sein."[16]

Puh! Wie soll ein Mann mit Jesus mithalten? Er ist immer geduldig, freundlich, liebend und annehmend. Er küsst dich nicht nur mit Gnade, sondern muss auch nie seinen Atem auffrischen. Jesus verliert nie die Geduld, vergisst keinen Hochzeitstag und geht nie nach der Arbeit mit den Jungs weg.

Liebe weibliche Leser, wenn Sie sich Ihre Beziehung zu Jesus als eine stürmische Liebesgeschichte vorstellen, muss ich Sie warnen: Sie gehen auf dünnem Eis, und das aus zwei Gründen:

1. Sie sind nicht die Braut Christi. Laut der Bibel gibt es nur eine Braut Christi: die Kirche (alle Gläubigen aus allen Zeitaltern und überall auf der Welt gemeinschaftlich). *Einzelne Gläubige sind nicht Bräute Christi.*

2. Ihr Ehemann kann mit Ihrer Fantasie niemals mithalten. Er kann Sie nicht befriedigen, wenn Sie einem Bild von Christus als Ihrem Liebhaber und Ehemann nachhängen.

Während einige Frauen in Jesus verliebt sind und am liebsten ihre gesamte Zeit zu seinen Füßen verbringen wollen (das Maria-Syndrom), möchten andere Frauen einfach beschäftigt sein für Gott (das Martha-Syndrom). Marthas sind verliebt in die Gemeinde. So standen die Dinge auch vor einigen Jahren in meiner Ehe. Da meine Frau die Geschichte besser erzählen kann als ich, lasse ich sie mal an die Tasten. Gina, leg los.

GINA: David hatte gerade eine Firma gegründet, was lange Stunden in der Arbeit und eine Menge seiner Aufmerksamkeit verlangte. Währenddessen stürzte ich mich über beide Ohren in Gemeindeaktivitäten. Es gab einen Zeitpunkt, an dem ich in sieben Diensten tätig war. Ich war so beschäftigt in der Kirche, dass ich kein Privatleben mehr hatte. Ich korrigiere: Die Kirche *war* mein Privatleben. Wann immer David Zeit mit mir verbringen wollte, hatte ich etwas in der Gemeinde zu tun. Natürlicherweise war er eifersüchtig.

Das ging jahrelang so. Er war Sklave seines Berufs und ich Sklavin der Dienste. Schließlich krachte es zwischen uns. Wir gingen beide in die Seelsorge und fanden heraus, das jeder von uns eine Affäre hatte: David mit der Arbeit, ich mit der Kirche. Unsere Geschichte hat ein Happy End. David lernte, mich wertzuschätzen und ich lernte, ihn zu respektieren. Jetzt erhalte ich meine Bestätigung von meinem Ehemann, nicht der Chorleiterin.

Frauen, ich spreche aus eigener Erfahrung: Wenn ihr euch
von ganzem Herzen in die Gemeinde gebt, weil ihr dort die
Bestätigung bekommt, die euch euer Ehemann nicht gibt,
dann kann ich mitfühlen. Ich weiß, was ihr durchmacht.
Doch weder die Kirche noch Jesus war als Ersatz für einen
Ehemann gedacht. Ihr liefert euren Ehemännern die ideale
Ausrede, mit der sie die Kirche hassen können: *Sie erhält die
Zeit und Zuneigung, die rechtmäßig ihm zustehen.* Zurück
zu Dir, David.

Männer fürchten Homosexualität in der Kirche

Männer akzeptieren Homosexualität weniger als Frauen. Frauen unterstützen eher die legale Hochzeit und Bürgerrechte für homosexuelle Paare.[17] Männer fühlen sich von Homosexualität auf eine Weise
bedroht, die Frauen nicht kennen. (Meine liberalen Leser denken jetzt
vielleicht: *Männer sollten sich einfach mal mit ihrer Homophobie
auseinandersetzen!* Ich darf Sie daran erinnern, dass es in diesem
Buch nicht darum geht, wie Männer *sein sollten.*)
    Wir haben bereits gesehen, inwiefern Männer, die zur Kirche ge-
hen, weniger maskulin als der Durchschnitt sind. Wenn ein Mann in
eine Gemeinde geht und sich selbst von passiven oder sensiblen
Männern umgeben sieht, dann kommt ihm das verdächtig vor. Dann
werden da Hände gehalten. Leute werden oft gebeten, während der
Anbetung dem Nachbarn die Hand zu geben. Dieser Versuch, christliche Einheit zu leben, kann für Männer befremdlich sein, besonders
diejenigen, die neben einem anderen Mann sitzen. (Ich gehe seit fast
dreißig Jahren zur Kirche und bin noch immer nicht wild darauf, die
Hand eines anderen Mannes zu halten, besonders wenn ich ihn kaum
kenne.) Und bestimmte Gemeinden sind eine umarmungsreiche Gegend. Es ist eine Sache, wenn sich enge Freunde umarmen. In manchen Gemeinden ist es aber üblich, auch relative fremde Personen in
die Arme zu schließen. Wenn es viele dieser Mann-zu-Mann-Umar-
mungen gibt, kann das Ängste vor Homosexualität heraufbeschwö-
ren.
    Die Medien machen die Dinge noch schlimmer. Wenn man heu-
te einen Bericht über die Kirche hört, dann normalerweise über
Schwule: „Lässt die Kirche schwule Pastoren zu?" „Denomination
benennt ersten schwulen Bischof." Damit stehen sich die Worte *Kir-*

che und *schwul* im Denken der Männer sehr nahe. Männer waren der Kirche gegenüber schon lange misstrauisch und diese Schlagzeilen bestätigen ihre Befürchtungen nur.

Die Gesellschaft hat Pastoren nie als die männlichsten aller Männer betrachtet. Jetzt sagt man, dass die katholische Priesterschaft, die sichtbarste pastorale Gruppe der Nation, zu mehr als 50 Prozent homosexuell ist.[18] Die kommende Generation katholischer Priester könnte sogar bis zu 70 Prozent schwul sein.[19] Das war viele Jahre ein stilles, kleines Geheimnis, doch mit der Kontroverse über den Missbrauch durch Priester sind die Sexualpraktiken des Klerus Nachrichten für die Titelseite geworden. Evangelische Pastoren werden in denselben Topf geworfen, denn Nichtchristen unterscheiden häufig nicht zwischen katholischen und evangelischen Geistlichen.

Egal, ob Sie nun für oder gegen die Rechte der Schwulen sind, es ist leicht zu erkennen, welchen zersetzenden Effekt diese Aufmerksamkeit gegenüber dem Thema Homosexualität auf die Teilnahme von Männern am Kirchenleben hat. Es wundert also nicht, dass die Denomination, die ganz vorn in der Schwulenrechtsbewegung dabei ist, nämlich die Episkopalkirche, auch diejenige mit dem größten Geschlechterungleichgewicht ist. Katholische Kirchen haben ebenfalls Schwierigkeiten, Männer anzuziehen. Mit den jüngsten Sexskandalen könnte das noch schlimmer werden. Ein Bericht der amerikanischen Bischofskonferenz räumt ein, das vier von fünf Missbrauchsopfern Jungen im Teenageralter waren und „die Krise durch homosexuelle Handlungen geprägt war".[20] Wir haben den Vätern die ideale Ausrede in die Hand gegeben, das Christentum über Bord zu werfen: Sie schützen ihre Söhne vor möglichem sexuellem Missbrauch.

Andere Ängste aus dem Bereich Sexualität

Seit dem Viktorianischen Zeitalter wird die Kirche mit extremer Prüderie in Sachen Sexualität in Verbindung gebracht. Das Bild der Christen ist wie folgt: Sie sprechen nicht über Sex, sie mögen keinen Sex und wahrscheinlich bekommen sie auch nicht viel davon. Die nichtkirchlichen Männer von heute betrachten das biblische Verbot von vorehelichem Sex als altmodisch und die Zölibatsregeln für Priester als einfach nur bizarr.

Man kann das nicht auf dezente Weise sagen, deshalb sage ich es einfach geradeheraus. Manche Männer zögern zur Kirche zu gehen, weil es der Welt verkündet: „Ich bekomme nicht viel Sex." Ein Single-Mann, der zur Kirche geht, sagt der Welt damit: „Ich lebe enthaltsam." In manchen Kreisen glaubt man, ein alleinstehender Mann, der enthaltsam lebt, sei sexuell impotent oder schwul.

Das ist eine große unbewusste Hürde für viele Männer. Selbst Männer, die nicht herumschlafen, wollen nicht mit einem Schild auf der Stirn herumlaufen, auf dem steht: „Ich bin sexuell gezähmt." Die Assoziation mit einer Kirche impliziert, dass man es als Mann nicht bringt. Außerdem dürfen sich christliche Männer nicht an den Angebereien in der Umkleidekabine beteiligen, eine der Hauptformen der männlichen Kommunikation.

Mein Punkt bei diesem Argument ist nicht, die Kirche sollte ihre moralische Position aufgeben, um mehr Männer anzuziehen. Ich weise lediglich auf einen weiteren Aspekt des unbewussten Kampfes hin, der in Männern tobt: *Die Kirche bedroht ihre Fähigkeit, ihr Konto bei der Maskulinitätsbank zu füllen.*

Männer haben Angst vor dem Himmel

Lassen Sie uns dieses Kapitel mit etwas sanfteren Tönen beenden. Die populären Vorstellungen vom Himmel erfüllen die Herzen der Männer mit Furcht. Welcher Mann möchte schon gern die Ewigkeit in einer weißen Robe verbringen, auf Wolken schweben und an einer Harfe zupfen? Männer fürchten den Himmel, denn er klingt langweilig. Keine Herausforderung. Keine Unsicherheit. Kein Spaß. Im Himmel gibt es nichts zu tun.

Entschuldigung, doch, eine Sache gibt es zu tun: Singen. Als Jungspund sang John Ortberg im Jugendchor unter der Leitung von Mrs. Olson. Er sagt: „Wenn sie wegen der Jungs frustriert war, klatschte sie in die Hände und sagte ‚Ihr Kinder fangt besser an zu singen, denn wenn wir im Himmel sind, dann ist es genau das, was wir tun werden.' Für einen elfjährigen Jungen wie mich war der Gedanke, zehn Milliarden Jahre unter der enthusiastischen Leitung von Mrs. Olsen zu verbringen, einfach nicht meine Vorstellung von ewiger Seligkeit."[21]

Eine Ewigkeit lang im Chor singen. Vergleichen Sie das mal mit dem mormonischen Himmel, wo treue Männer die Ewigkeit damit verbringen, himmlische Babys zu zeugen. Oder mit dem muslimischen Himmel, wo die Märtyrer sich an der ewigen Zuwendung von zweiundsiebzig Jungfrauen erfreuen. Jungs, was hört sich für euch besser an: ewiges Singen oder ewiger Sex? Kein Wunder, dass Mormonen und Islam so schnell wachsen und so populär bei Männern sind.

Männer, was den Himmel angeht, gibt es im Gleichnis von den Talenten Hoffnung. Denkt an die Worte des Meisters: „Gut gemacht, mein guter und treuer Diener. Du bist mit diesem kleinen Betrag zuverlässig umgegangen, deshalb will ich dir größere Verantwortung übertragen. Lass uns miteinander feiern!" (Mt. 25:21). Dieser Vers deutet darauf hin, dass es durchaus noch etwas anderes im Himmel zu tun gibt als zu singen. Als Mann kann ich dir sagen: „Das ist wirklich eine gute Nachricht!".

15

Die Kirche ist weltfremd

Eine Menge Männer finden, dass die Gemeinde hoffnungslos den Kontakt zur Wirklichkeit verloren hat – sie ist irrelevant für ihr Alltagsleben, in der Vergangenheit gefangen, heuchlerisch und eigennützig. In diesem Kapitel nehmen wir diese Vorwürfe detailliert unter die Lupe und sehen uns an, wie wir gegen diesen Eindruck kämpfen können.

Die Gemeinde ist hoffnungslos veraltet; Männer wundern sich über ihre altmodische Weise

Würde man einen Mann aus den 1870er Jahren in das moderne Amerika versetzen, befände er sich in einer ganz anderen Welt. Die Art und Weise, wie Leute in Beziehung stehen, kommunizieren, Reisen und Geschäfte machen, hat sich komplett verändert. Aber wenn er die statistische Durchschnittsgemeinde von vierundachtzig Leuten besuchen würde, dann wäre er gleich zuhause. Er würde bekannte Lieder singen,[1] in bekannten Bänken sitzen, eine vertraute Predigt von einem Pastor hören, der eine vertraute Robe trägt. Die Wahrheit ist: Eine Menge Gemeinden (und Christen) sind in der Zeit zurückgeblieben. Wie kommt das?

In Kapitel 9 haben wir gesehen, dass 85 Prozent der Kirchgänger eine Persönlichkeit haben, die Veränderungen widerstrebt und die passiv ist. George Barna hat herausgefunden, dass die meisten Leute ihre religiöse Identität im Alter von dreizehn Jahren formen.[2] Für viele Leute ist wahrer Lobpreis wahrscheinlich das, was sie als Kinder erlebt haben. Darum ist es leicht zu sehen, wieso sich die Kirche mit Innovation so unendlich schwer tut.

Wir lieben vielleicht die Religion unserer Kindheit, aber gemeindeferne Männer tun das nicht. Sie suchen nicht nach der guten alten Zeit. Wir vergessen, dass die meisten kirchenfernen Amerikaner einmal zur Kirche gegangen sind; tatsächlich würden viele Männer ihre Kindheitserlebnisse in der Gemeinde lieber vergessen! Durch das Aufrechterhalten altmodischer Traditionen verscheuchen wir unabsichtlich so manchen Mann.

Sind Traditionen immer eine Barriere für Männer? Nicht, wenn sie diese verstehen können. Mein Vorschlag: Prüfen Sie Ihre Traditionen und betonen Sie die, welche am bedeutungsvollsten für Männer sind. Wenn eine Tradition jede Bedeutung verloren hat, dann schaffen Sie sie ab oder aktualisieren Sie sie für ein modernes Publikum.

Männer merken, dass die Kirche effektiver funktionieren könnte, wenn sie offen für moderne Technologie wäre

Männer lieben Technologie. Männer lassen sich leichter als Frauen für technische Spielzeuge begeistern oder verbringen Stunden mit ihren Maschinen. Männer wollen immer den schnellsten Computer, den größten Motor, das kleinste Handy und die kräftigste Schusswaffe. Doch viele Gemeinden misstrauen der Technologie und übernehmen sie mit der Geschwindigkeit eines Gletschers. Einige Kirchen haben noch immer weder E-Mail noch Fax und mindestens 18 Prozent haben nicht einmal einen Anrufbeantworter.[3] Dank der Kinderserie Veggie Tales haben viele Gemeinden ihre Filmprojektoren durch Fernsehgeräte und Videorekorder ersetzt. Aber der Vormarsch moderner Technologie endet häufig an den Kirchenpforten.

Einige Kirchenmitglieder betrachten Technologie im Gottesdienstraum als Blasphemie. Sie glauben, der Chorraum sei heiliger Boden, und dort moderne Technologie einzuschleppen würde ihn entweihen. „Das würde das heilige Gefühl des Gottesdienstes verderben", kommentierte eine langjährige Kirchenbesucherin. „Jesus hat keinen Computer gebraucht", bemerkte ein anderer älterer, mir bekannter Mann. „Ich möchte am Sonntag kein PowerPoint sehen", erklärte eine Frau. „Das erinnert mich zu sehr an die Arbeit."

Warum ist es wichtig, in der Gemeinde neue Technologien auf-
zugreifen? George Barna berichtet, dass für Menschen unter fünfzig
„Information, die mithilfe von Technologie weitergegeben wird, oft
eine höhere Glaubwürdigkeit besitzt als Information, die direkt aus
dem Mund eines Sprechers kommt."[4] Jüngere Männer sind eher bereit, das auf einem Bildschirm Gesehene zu glauben, als das, was sie
von einem echten Menschen hören.

Gemeinden, die Männer erreichen wollen, nutzen das Internet.
Männer wollen Informationen, bevor sie sich auf etwas einlassen,
und eine benutzerfreundliche Website ermöglicht Besuchern, eine
Gemeinde aus sicherer Entfernung erst mal abzuchecken. Viele dieser Websites bieten Predigt-Downloads (Text, Audio und Video-
Streams), Kontaktmöglichkeiten für Mitglieder, Kontaktdaten, Akti-
vitätskalender und umfassende Informationen über die verschiedenen Dienste. Selbst kleine Gemeinden können Wegbeschreibungen,
Aktivitätenkalender und Audioaufnahmen der Predigt ins Internet
stellen.

Ein paar Kirchen sind Kopf voraus ins Technologiebecken ge-
sprungen. Eine Gemeinde in Dallas hat ein drahtloses Netzwerk im
Gottesdienstraum eingerichtet, sodass die Besucher der Gliederung
der Predigt auf ihren Mobilgeräten folgen können. Die lutheranische
St. Lukas Kirche in Haslett, Michigan, gibt Eltern einen Pager, wie er
in Restaurants üblich ist, wenn sie ihre Kleinen zum Kinderdienst
bringen. Immer mehr Pastoren setzen moderne Medien ein, um ihre
Botschaften zu illustrieren. Eine Kirche in Seattle zeigt jede Woche
ein eigens produziertes Video, um das der Pastor seine Predigt auf-
baut. Andere Pastoren verwenden Ausschnitte aus populären Filmen,
um ihre Botschaften zu illustrieren.

Ihre Kirche muss nicht unbedingt einen Computer in jeder Bank
installieren, aber Sie sollten auch nicht vor der Technologie flüchten.
Denn die ist weder gut noch schlecht; sie ist einfach nur ein Werkzeug, das Männern (und Frauen) helfen kann, das Evangelium zu
verstehen. Technologie in die Kirche zu bringen, entweiht diese nicht.
Eine Gemeinde, die neueste Technik für Lehre und Ermutigung ein-
setzt, sendet ein starkes Signal an Männer und junge Erwachsene:
Wir sprechen eure Sprache.

Männer respektieren Spitzenleistung und Qualität: Sie haben wenig Geduld gegenüber Mittelmäßigkeit

Wenn Männer an Kirche denken, dann sind *Spitzenleistung* und *Qualität* oft die letzten Worte, die ihnen in den Sinn kommen. Als Pastor Rick Warren eine Umfrage unter Hunderten kirchenferner Anwohner in Südkalifornien machte, war die häufigste Beschwerde, die ihm zu Ohren kam: „Kirche ist langweilig, besonders die Predigten. Die Botschaften haben nichts mit meinem Leben zu tun."[5] Nicht exakt die Noten, die man einer für Höchstleistungen bekannten Organisation gibt.

Ein Mangel an Qualität im Gottesdienst lässt Männer erschaudern und führt dazu, dass sie sich durch die Gemeinde quälen. John Lewis hat das tatsächlich den *Schauder-Faktor* genannt:

> Er bezieht sich auf das, was passiert, wenn ein Christ schließlich genügend Mut aufbringt, seine ungläubigen Freunde zum Gottesdienst einzuladen und der Christ sich dann innerlich schaudernd durch die Veranstaltung quält. Denn es wird am Ton vorbei gesungen, das Klavier ist nicht gestimmt, die Akustik furchtbar, Mikrofone gehen nicht und die Predigt ist zusammenhangslos.[6]

Männer werden von amateurhafter Musik, abgenutzten Räumen und einem ungepflegten Anwesen abgestoßen. Lee Strobel formuliert es so:

> Ich war in Gemeinden, wo die Farbe von den Wänden abging, die Verstärkeranlage von Störungen geplagt war, die Beleuchtung so mager war, dass man das Gesicht des Sprechers kaum erkennen konnte, wo Musiker die Texte lasen statt sie auswendig zu können und die Predigt klang, als wäre sie improvisiert.[7]

Sonntagmorgen ist nicht die Zeit für die Gemeindemitglieder, das musikalische Potenzial ihrer Kinder vorzuzeigen. Walt sagt: „Ich habe so viele quietschende Geigensolos und erbärmliche Klavierstücke durchgesessen. Die Mütter in der Versammlung finden das alles so süß, aber wir Männer nicht." Schlimmer noch sind Erwachsene, die etwas Aufführen, aber kein Talent haben. Eine Kirche, der die wirklich unmusikalische Tanja wichtig ist, führt sie sanft aus dem Chor in einen Bereich, in dem sie begabter ist.

Doch wenige Gemeinden haben den Mut, das zu tun. Sie lassen Tanja einfach singen, denn ihr die Wahrheit zu sagen, könnte ja ihre Gefühle verletzen. Männer, die die Gemeinde besuchen, wissen nicht, was für eine liebe Seele Tanja ist. Sie hören einfach nur, dass die Musik schlecht ist und kommen nicht wieder. Weil wir uns entscheiden, nett zu Tanja zu sein, schließen wir, ohne es zu wissen, die Tür für Männer.

Haben Sie schon einmal diesen Satz gehört: „Es ist gut genug für die Kirche?" Wenn es uns mit dem Erreichen von Männern ernst ist, muss dieser Satz für immer verschwinden. Kirchen, die Frucht produzieren, numerisch wachsen und Männer erreichen sind solche, die in allem was sie tun auf Spitzenleistungen aus sind. Pastor Bob Russels Southeast Christian Church hat Zehntausende für Christus erreicht. Er fragt: „Warum waren unsere Leute so mutig und haben ihre Freunde eingeladen, warum waren sie so effektiv darin, sie auch wirklich zum Kommen zu bewegen? Weil sie über das begeistert sind, was sie erleben und sicher sind, dass jede Woche das Gelände, die Kinderräume, die Begrüßung, der Gesang und die Predigt erstklassig sind."[8] Eliminieren Sie den Schauder-Faktor und Männer fühlen sich wohler, ihre Freunde einzuladen.

Eine letzte Bemerkung dazu: Es ist möglich für eine Gemeinde, beim Streben nach Spitzenleistung zu weit zu gehen. Ich habe zum Beispiel Hochkirchen besucht, die einen professionellen Organisten und einen bezahlten Chor haben. Die Qualität der Aufführung war makellos, aber es waren wenig Leute da und, ehrlich gesagt, fehlte der Geist Gottes. Auch hier ist es ein Balanceakt: Es braucht Hingabe an Qualität *und* die Kraft des Heiligen Geistes, um die Art von Klasse hervorzubringen, die Menschen anzieht.

Gottesdienste und/oder Predigten sind zu lang

Männer haben eine kürzere Aufmerksamkeitsspanne als Frauen. Jeder, der einen Mann mit einer Fernbedienung in der Hand beobachtet hat, weiß das. Studien zeigen, dass Männer sich stärker auf etwas konzentrieren als Frauen, das aber in kürzeren Zeitabschnitten tun. Wir haben bereits gesehen, wie es Testosteron für Männer schwieriger macht, längere Zeit stillzusitzen. Aufgrund des Fernsehens sind die Menschen heute daran gewöhnt, Informationen in Einheiten von sechs bis acht Minuten zu empfangen (das ist die Länge zwischen den Werbeblöcken). Bei einer Befragung von Kirchgängern über die Predigt fanden Thom und Joani Schultz Folgendes heraus:

- Nur zwölf Prozent sagen, sie erinnern sich normalerweise an die Botschaft.

- Achtunddreißig Prozent sagen, ihre Gedanken schweifen während der Predigt.

- Fünfunddreißig Prozent sagen, die Predigten seien zu lang.

- Elf Prozent der Frauen und fünf Prozent der Männer geben an, Predigten seien die wichtigste Quelle ihres Wissens über Gott.[9]

Bestimmte ethnische Gemeinden sind berühmt für ihre langen Predigten. Drei Stunden Anbetung und dann eine Predigt über fünfundvierzig Minuten ist normal in afroamerikanischen Kirchen. Jawanza Kunjufu befragte schwarze Männer, und jeder einzelne von ihnen sagte, die Gottesdienste seien zu lang. Afroamerikanische Männer wissen: Wenn der Prediger um „nur noch eine Minute" bittet, dann dauert das tatsächlich noch fünfzehn oder zwanzig Minuten.[10] Männer sind auch irritiert, wenn Gottesdienste zu lange dauern oder nicht pünktlich beginnen.

Die gute Nachricht: Innovative Pastoren denken neu darüber nach, wie sie ihre Leute lehren. Sie wissen, dass der Monolog im Vortragsstil die am wenigsten effektive Weise ist, jemandem etwas beizubringen. Diese Pastoren bauen die Predigt und ihre Gemeinden wachsen dabei. Wir beschäftigen uns damit in Kapitel 19, „Lehre und der maskuline Geist."

Ortsgemeinden geben Absolute auf

Das Konzept absoluter moralischer Werte ist in amerikanischen Kirchen auf dem Rückzug. Das gilt besonders für die Großkirchen. Handlungen, die *richtig* oder *falsch* waren, sind nun *angemessen* oder *unangemessen*, je nach Situation. Die Hälfte der Presbyterianer stimmt dieser Aussage zu: „Alle Religionen sind gleich gute Möglichkeiten, einer Person bei der Suche nach der ultimativen Wahrheit zu helfen."[11] Sünde existiert nicht mehr; sie wurde durch *schlechte Entscheidungen* ersetzt. Natürlich sind Hölle und Teufel in vielen Kirchen völlig von der Bildfläche verschwunden, selbst wenn Umfragen zeigen, dass die Zahl der Amerikaner zunimmt, die an Satan glauben.[12]

> Indem die jüngeren Generationen die Beschäftigung mit dem Absoluten und den letzten Dingen – Himmel und Hölle, Ewigkeit und Unendlichkeit – unterbetont hat, hat die moderne Christenheit eine scharfe Kehrtwende zu einer femininen Religion vollzogen, die typischerweise am Immanenten und Inkarnierten interessiert ist und Gott in den kleinen Dingen findet, im Alltag, im Gewöhnlichen ... Durch die Betonung der immanenten und „horizontalen" Dimension des Glaubens unter Ausschluss der transzendenten und „vertikalen" Realität ignoriert die liberale Religion unabsichtlich den unersättlichen Appetit des Mannes nach dem Großen, ganz Anderen und dem Ewigen.[13]

Die Kirche hat ein Angsthasen-Image

Viele Jahre haben evangelikale Pastoren ihre Mitglieder nicht nur gelehrt, Sünde zu vermeiden, sondern auch Dingen aus dem Weg zu gehen, die zur Sünde führen können. Gute Christen tranken nicht, spielten nicht Karten, tanzten nicht, gingen nicht ins Kino, gebrauchten keinen Tabak, hörten keine populäre Musik *und pflegten keine Kontakte mit denjenigen, die so etwas taten.* Diese übervorsichtige, extrem risikofeindliche Haltung schadete dem Ruf der Kirche bei Männern. Obwohl die meisten Kirchen diese Lehren in den letzten Jahren zurückgefahren haben, lebt der Ruf weiter.

Während der 1970er und 1980er Jahre waren in manchen Kirchenkreisen Rituale üblich, bei denen Schallplatten verbrannt wurden. So manches Album von Led Zeppelin, Pink Floyd und Black Sabbath fiel diesen Veranstaltungen zum Opfer. Ich erinnere mich an eine Pfingstgemeinde in der Nähe unseres Hauses, die zum Zigarettenzertreten einlud, bei dem Raucher eingeladen waren, ihre Marlboros, Camels und Lucky Strikes unter den Füßen zu zermalmen. Kirchenferne Männer finden diese Zeremonien dumm oder sehen sie als

Verschwendung an. Männer denken: *Wer hat Angst vor einer CD oder einer Zigarettenpackung?*

Die meisten Männer betrachten Platten, Bücher und Filme als etwas Harmloses. Sie kriegen keine Angst bei Geschichten über Zauberer, die auf einem Besen herumfliegen. Im Laufe der Zeit bekommen Männer die Botschaft: *Ein Christ zu sein, heißt Angst zu haben.* Fang an, in die Kirche zu gehen, und auch du wirst Angst haben vor Büchern, Filmen, Musik, Bier, Zigaretten und mehr. Männer zögern, sich auf eine Institution einzulassen, die dauernd Angst hat.

Verstehen Sie das nicht falsch: Es ist gut und angemessen, Ihre Familie vor negativen Einflüssen zu schützen. Und wir müssen für das stehen, was richtig ist. Doch seien Sie sehr vorsichtig, was öffentliche Kreuzzüge gegen das Böse angeht. Der Apostel Paulus erinnert uns daran, worauf wir uns konzentrieren sollen: „Konzentriert euch auf das, was wahr und anständig und gerecht ist. Denkt über das nach, was rein und liebenswert und bewunderungswürdig ist, über Dinge, die Auszeichnung und Lob verdienen." (Phil. 4:8). Sich auf das Gute statt auf das Böse zu konzentrieren ist die beste Möglichkeit, ein Angsthasen-Image zu bekämpfen.

16

Männlichkeit bitte an der Tür abgeben

Nicht jeder Mann hat einen speziellen Grund, aus dem er es hasst, zur Kirche zu gehen. Manche fühlen sich nur allgemein unwohl dabei. Ronnie sagt: „Kirche ist einfach nichts für mich." Sebastian ist etwas spezifischer: „Der Anbetungsstil wirkt auf mich nicht anziehend. Es ist einfach das Gefühl bei der ganzen Sache. Emotional kann ich mit dem Stil nichts anfangen." Conrad ist ganz direkt: „Jeden Sonntag habe ich das Gefühl, ich muss meine Männlichkeit an der Tür abgeben." Warum haben Männer das Empfinden, Männlichkeit und Christentum seien nicht kompatibel? Hier ein paar Details:

Christen betonen die weiblichen Eigenschaften Christi und ignorieren seine männlichen

Wie wir in Kapitel 4 gesehen haben, denken Leute an die feminine Seite Christi, wenn sie an ihn denken. Wie kommt das? Denken Sie an die Bilder von Jesus, die Sie als Kind gesehen haben. Haben sie nicht einen sanften, demütigen Retter dargestellt, einen sehr gepflegten und ordentlichen Mann, der eine leuchtend weiße Robe trägt? Auf den Bildern klopft er sanft an die Tür, spielt mit Kindern oder blickt liebevoll in die Augen eines Lämmleins, das in seinen Armen liegt. Diese Bilder sind sehr tröstlich, aber sie vermitteln wenig maskuline Stärke und Entschlossenheit. Bruce Barton hat diese heiligen Bilder angegriffen: „Sie zeigen uns einen zerbrechlichen Mann ohne Muskeln und mit einem weichen Gesicht – einem Frauengesicht mit Bart – und einem gütigen, aber verwirrten Ausdruck."[1] Der Jesuitenpriester David Arnold beklagt die häufige Portraitierung von Christus als *bärtige Dame*. „Christus ist", wie es John Eldredge ausdrückt, „der nette Onkel mit Bart geworden. Wenn mir jemand sagt, ich solle wie er werden, dann ist das, als würde man von mir verlangen, schlaff und passiv zu werden. Sei nett. Sei fein. Sei wie Mutter Theresa."[2]

Christen haben den nichtmaskulinen Jesus so sehr akzeptiert, dass die bloße Vorstellung, er könnte sexuell versucht werden, einen Sturm der Entrüstung auslöste, als der Film *Die letzte Versuchung Christi* in die Kinos kam. Ich will diesen verdrehten Film nicht verteidigen, aber die Bibel spricht davon, dass Jesus „in allem in gleicher Weise wie wir versucht worden ist, doch ohne Sünde" (Heb. 4,15, *Rev. Elb.*). Nichtsdestotrotz können sich viele Christen überhaupt nicht vorstellen, Jesus sei durch Sex versucht worden. „Er ist einfach nicht der Typ Mann", hat mal eine Frau gesagt.

Nein, er ist der sanfte Jesus, demütig und weich. Dieses Bild ist weit verbreitet, in der Gemeinde wie auch außerhalb. Wenn Leute in den Medien zum Charakter Jesu zitiert werden, dann betonen sie immer seine Sensibilität, seine Inklusivität und sein sanftes Mitleid. Politiker beziehen sich auf diesen Jesus, wenn sie höhere Regierungsausgaben rechtfertigen. Unsere Lieder spiegeln diese Ansicht ebenfalls wider: „Jesus, wie wunderbar bist Du. Du bist so sanft, so rein und freundlich."

Offensichtlich ist Jesus so nett, dass er es vorzieht, zu verlieren. Kevin Leman erzählt die Geschichte einer Mutter, die ihre beiden Jungs dabei erwischte, wie sie sich darüber stritten, wer den ersten Pfannkuchen bekommen sollte. Mutti dachte, nun wäre eine goldene Gelegenheit für eine kleine moralische Lektion und sagte also: „Wenn Jesus hier sitzen würde, dann würde er sagen: ‚Mein Bruder soll den ersten Pfannkuchen haben. Ich kann warten.'" Der ältere Sohn wandte sich zu seinem Bruder und sagte: „Ryan, du bist Jesus."[3]

Liberale Kirchen haben Jesus als den wohltätigen Lehrer neu erschaffen, der immer sanft, zart und einladend ist. Dieser Christus würde niemals irgend jemandem auf die Füße treten, niemanden richten und natürlich auch niemals jemanden zur Hölle schicken. Wenn dieser Christus ein Radiosender wäre, dann hieße sein Motto: „Immer zart, zu jeder Zeit."

Dieses Bild Jesu ist aus zwei Gründen problematisch: (1) Es ist nicht korrekt und (2) kein Mann will einem verweiblichten Mann folgen. Männer suchen nach einem echten Mann, dem sie folgen können – dynamisch, geradeheraus, mutig, kantig. Sie wollen einen Leiter, der entschlossen, hart und fair ist. Sie respektieren einen Mann,

der die Dinge beim Namen nennt und nichts beschönigt, selbst wenn
sie das wütend machen sollte. Männer respektieren am meisten einen Leiter, der sich nicht darum kümmert, was andere über ihn denken.

Ironisch, nicht wahr? Der Jesus der Bibel war genau so eine Art
von Mann. Er war Furcht erregend: Die Bibel spricht davon, dass seine Jünger „große Furcht" vor ihm empfanden (Mk 4,41) und „es niemand mehr wagte, ihn noch etwas zu fragen." (Mk. 12,34). Er war
aggressiv: Jesus hatte kein Problem damit, bei Leuten anzuecken
(Mt. 15,12) und er nahm seine Jünger regelmäßig wegen ihrer Starr-
köpfigkeit aufs Korn (Mt. 15,16). Er hatte schlechte Manieren: Er ging
zu einem festlichen Abendessen und beleidigte sofort seinen Gast-
geber (Lk. 11,37-53). Die Wahrheit ist, der Jesus der Bibel gleicht eher
einem General als dem netten Onkel.

Jesus Christus ist der mutigste, maskulinste Mann, der jemals
auf der Erde lebte. Aber wir haben ihn in einen Waschlappen verwandelt. Von seiner Männlichkeit und Härte ist selten die Rede und Männer fallen deswegen ab. Präsentieren Sie den Christus der Bibel und
Männer werden unwiderstehlich von ihm angezogen werden.

Christen setzen feminine Themen,
Bilder und Sprache ein

Fünfundneunzig Prozent der amerikanischen Pastoren sind Männer.
Sieht man sich ihre Predigten an, würde man allerdings nicht drauf
kommen. Schwachheit, Demut, Beziehungen, Kommunikation, Unterstützung und Gefühle werden ständig als Idealwerte des Christen
hervorgehoben. Und wieder bekommen Männer die Botschaft, dass
Christusähnlichkeit gleichbedeutend mit Mamma-Ähnlichkeit ist.
Wann haben Sie das letzte Mal eine Predigt über Kompetenz, Effizi-
enz oder Leistung gehört? Jedes dieser Worte beschreibt Jesus und
doch werden ihm diese Attribute nur selten zugeschrieben.

Das liegt aber nicht nur an den Pastoren: Feminine Begriffe strömen in Hülle und Fülle von den Lippen der Kirchgänger. Der Bezug
auf Mitteilen, Kommunikation, Beziehungen, Unterstützung, Nähren,
Gefühle und Gemeinschaft durchdringt die Unterhaltungen von
Christen – sowohl von Männern als auch Frauen. Gorden MacDonald
findet es seltsam, dass christliche Männer Worte wie *kostbar, zart*
und *sanft* verwenden. MacDonald räumt ein, dies seien zwar nette

Worte, sie kommen aber in einer typisch maskulinen Unterhaltung nicht vor.[4] Woody Davis hat herausgefunden, dass christliche Männer Themen betonen und Botschaften weitergeben, die nichtkirchliche Menschen – Männer wie Frauen – als *weiblich* betrachten. Anders gesagt: Christliche Männer reden und denken wie Frauen, jedenfalls in den Augen der Kirchenfernen.[5]

Die Großkirchen haben eine *inklusive Sprache* entwickelt, die maskuline Pronomen aus Liedern, Liturgie und sogar der Bibel nicht mehr enthält, damit sich Frauen mehr in der Kirche zuhause fühlen. Das scheint sogar zu funktionieren: 60 bis 75 Prozent der Erwachsenen in unseren Großkirchen sind weiblich. Der Vater, Sohn und Heilige Geist autorisieren unsere Taufen nicht mehr; das liegt jetzt in den Händen des androgynen Schöpfers, Erlösers und Heiligers. Bibelübersetzungen merzen maskuline Referenzen aus. So sind wir zum Beispiel nicht länger *Söhne Gottes*, sondern *Kinder Gottes*. Interessanterweise werden weibliche Anspielungen wie beispielsweise die *Braut Christi* weiterhin allgemein akzeptiert.

Konservative verwenden ebenfalls eine Terminologie, die Männer abstößt. In der baptistischen Welt beispielsweise gibt es zwei Arten von Menschen: die *Geretteten* und die *Verlorenen*. Männer hassen es, verloren zu gehen, sich verfahren zu haben. Darum fragen sie nicht nach dem Weg. Wenn man einem Mann sagt, er habe den Weg verpasst, dann geht er innerlich instinktiv auf Distanz. George Barna bemerkt, dass es der Mehrheit der kirchenfernen Menschen widerstrebt, als *verloren* bezeichnet zu werden.[6]

Und das einzige, was noch schlimmer ist: *gerettet* zu sein. Der Begriff trieft nur so vor Passivität. Ich habe oft genug gehört, wie Männer das Christentum veräppelt haben, indem sie riefen: „Hallelujah, ich bin gerettet!" Als Hollywood einen Film herausbrachte, in dem das Christentum verspottet wurde, nannten sie ihn *Saved! – gerettet*.

Obwohl Jesus den Begriff *gerettet* ein paar Mal in den Evangelien verwendet, hat er nur zweimal jemanden als *gerettet* bezeichnet (Lk. 7,50; 19,9). Doch er rief viele dazu auf, *ihm nachzufolgen*. Hören Sie den Unterschied? *Folgen* gibt dem Mann etwas zu tun. Es impliziert Aktivität, nicht Passivität. Aber *gerettet werden* ist etwas, das einer Dame in Not passiert. Es ist die weibliche Rolle. Warum also nicht die Begriffe verwenden, die Jesus bevorzugt hat? Wenn wir Männer dazu aufrufen, Jesus zu folgen, dann verpacken wir Christi Angebot in aktive Sprache, die jeden anzieht – besonders Männer.

Ein weiterer Begriff aus der femininen Welt ist *mitteilen*. Christen werden dauernd aufgefordert, sich mitzuteilen, wie etwa: „Stefan, würdest du bitte mit uns teilen, was dir der Herr aufs Herz gelegt hat?" Normale Männer reden nicht so. Das klingt zu sehr nach Kindergarten. Stellen Sie sich mal ein Bandenmitglied mit einem seiner Kumpels vor: „Bronco, würdest du bitte mit uns teilen, wie du den Mercedes geknackt hast?"

Jesus sprach dauernd vom *Königreich Gottes*. Männer sind Königreich-Bauer. Sie denken hierarchisch. Doch viele Gemeinden haben den maskulinen Begriff *Reich Gottes* durch die femininere *Familie Gottes* ersetzt. Jesus hat ihn niemals gebraucht. Er taucht auch nirgends in der Bibel auf.[7] Aber wir bevorzugen die *Familie Gottes*, denn das findet mehr Widerhall im femininen Herzen.

Der Begriff *Beziehung* stürmt ebenfalls die Hitparade moderner Kirchen. Evangelikale Gemeinden laden die Leute häufig dazu ein, eine *persönliche Beziehung mit Jesus Christus* zu beginnen. Findet sich dieser Ausdruck in der Bibel? Nö. An keiner Stelle lädt uns die Bibel dazu ein, eine Beziehung zu Gott oder Jesus zu haben. Und doch ist das zur beliebtesten Beschreibung für das christliche Leben geworden! Warum? Weil es das Evangelium in die Begrifflichkeit des tiefsten Verlangens einer Frau fasst – eine persönliche Beziehung zu einem Mann, der sie bedingungslos liebt.

Heutzutage ist es nicht genug, eine persönliche Beziehung zu Jesus zu haben; viele der heutigen Top-Sprecher ermutigen Männer, eine *leidenschaftliche* Beziehung zu ihm zu entwickeln. Diese Lehrer haben eine sehr unbequeme Metapher für die Jüngerschaft gewählt! Als Mann finde ich die Idee, eine leidenschaftliche Beziehung mit einem anderen Mann zu haben, einfach nur abstoßend. Und dann haben wir die stets populäre *Intimität mit Gott*. Wenn Männer das Wort *Intimität* hören, denken sie zuallererst an *Sex*. Diese Jungs mit ihrer schmutzigen Fantasie! Aber ob Sie es glauben oder nicht: Wann immer die Worte *leidenschaftlich* und *intim* in der Bibel vorkommen, geht es um Sex oder Lust.

Wenn ein Mann einen anderen Mann liebt, dann verwendet er Begriffe wie *bewundern, aufsehen zu ihm* und *respektieren*. Männer sprechen nicht von leidenschaftlichen, intimen oder selbst persönlichen Beziehungen mit Leitern oder männlichen Freunden. Können Sie sich ein paar Motorradfahrer bei folgendem Gespräch vorstellen:

BIKER 1: Hey, Carl, heute machen wir mal eine ordentliche Tour in die Berge, damit wir eine leidenschaftliche Beziehung entwickeln können.

BIKER 2: Klar, Bronco. Ich möchte gern etwas Intimität mit dir genießen.

Es kommt noch schlimmer. Mehr als einmal wurde von einer bekannten Figur aus der Männerarbeit aufgefordert, *eine Liebesaffäre mit Jesus zu haben*. Ich habe kürzlich ein neues Buch für christliche Männer gesehen: *Das Gesicht Gottes küssen*. Eine Anzeige für das Buch lädt Männer dazu ein, „nah genug zu kommen, sodass Sie sich ausstrecken und Sein Gesicht küssen können!"[8] Unterbrechung! Foul! Das soll ein *Männer*buch sein? Igitt! Wenn schon der homosexuelle Scheinwerfer auf die Kirche gerichtet ist, warum nähren wir die Befürchtungen von Männern durch eine romantische Sprache zur Beschreibung des christlichen Wegs? Konservative Kirchen lehnen vielleicht Homosexualität ab, doch ihre Bilder senden eine völlig andere Botschaft. Je mehr wir Christsein als leidenschaftliche, intime, gesichtsküssende Beziehung beschreiben, desto nervöser werden Männer.

Pastoren und Lehrer, ich bitte euch, vorsichtiger mit diesen Begriffen umzugehen. Männer sind sehr empfindlich, was ihre Männlichkeit angeht. Das Verwenden von Schlafzimmervokabular zur Beschreibung des Christentums ist nicht nur unbiblisch, sondern sät bei Männern auch unterbewusst Zweifel. Hier meine Faustregel: Wenn Sie die Dinge Gottes beschreiben, dann verwenden Sie Begriffe, die sich auch auf einer Baustelle gut anhören würden. Versuchen Sie es mit Worten wie *Freundschaft* und *Partnerschaft*. Fordern Sie Männer heraus, Gott zu *folgen* oder mit Christus zu *gehen*. Erleben Sie, was das für einen Unterschied macht!

Noch etwas zum Thema Beziehungen: Männer müssen wirklich eine Beziehung mit Gott haben. Religion ohne Beziehung ist Knechtschaft! Aber Männer sind nicht beziehungsorientiert. *Beziehung* ist kein Begriff, den Männer in Gesprächen verwenden, es sei denn, sie beschreiben ein Paar, also Mann und Frau. Außerdem ordnen Männer ihre Beziehungen nach dem, was sie gemeinsam unternehmen; sie haben Angelkumpels, Geschäftspartner, Bundeswehr-Freunde und so weiter. Es ist hilfreich, über Gott in denselben aktiven Begriffen zu sprechen. Statt Männer zu ermutigen, *eine persönliche Bezie-*

hung zu Jesus zu haben, ermutigen Sie sie, *Christus nachzufolgen*.
Laden Sie Männer ein, *als Partner mit Jesus die Welt zu verändern*.
Fordern Sie sie heraus, *das Reich Gottes zu bauen*. Dann sprechen
Sie auf einmal eine Sprache, die Männer verstehen.

Die Musik in der Ortsgemeinde entspricht dem Geschmack und der Befindlichkeit von Frauen und Kindern

Kinderlieder über Jesus präsentieren immer seine sanfte Seite. Ich
habe dieses Lied gelernt, als ich noch keine drei Jahre alt war:

> In einem Stall, kein Kinderbettchen zum Liegen,
> Legte der kleine Herr Jesus sein süßes Haupt darnieder.
> Die Sterne am Himmel sahen herab, dort wo er lag,
> Der kleine Herr Jesus, wie er schlief auf dem Heu.

Solche Lieder sind für Kinder angemessen, doch viele Leute tragen
das Bild des süßen, passiven, schlafenden Jesuleins ihr gesamtes Leben herum. Manche Jungs erholen sich nie von diesem Bild. Um diesen Eindruck auszugleichen, ließ die Kirche früher auch aggressive,
mehr kriegerische Bilder von Jesus zu. 1865 schrieb die englische
Komponistin Sabine Baring-Gould dieses Lied als *Kindermarsch:*

> Voran, christliche Soldaten, wir marschieren wie in den Krieg,
> Mit dem Kreuz Jesu, das uns vorangeht.
> Christus, der königliche Meister, führt uns gegen den Feind;
> Vorwärts in die Schlacht seht sein Banner ziehen!

Doch zur Wende ins zwanzigste Jahrhundert hatten die Lieder bereits einen entscheidenden Schwenk in das Feminine genommen.
1913 schrieb C. Austin Miles „Im Garten". Beachten Sie den Unterschied im Ton:

> Er spricht, und der Klang seiner Stimme
> Ist so süß, die Vögel schweigen stille;
> Und die Melodie, die er mir gab,
> Klingt in meinem Herzen.

Und er geht mit mir, und er spricht mit mir,
Und er sagt mir, dass ich sei sein,
Und die Freude, die wir teilen, als wir hier verweilen,
Noch nie hat jemand dies gekannt.

„Voran, christliche Soldaten" ist in den meisten Gemeinden passé, doch „Im Garten" bleibt weiterhin weit verbreitet. Christus hat sein Schwert niedergelegt und ein Gänseblümchen gepflückt. Er ist kein Krieger mehr, er ist ein Liebhaber. Das Bild von Christus, wie er zu den Waffen greift (wie das in Offenbarung 19 der Fall ist), ist für viele Kirchen heute schlichtweg inakzeptabel.

Lobpreismusik hat diesen Trend beschleunigt. Es sind nicht nur die Texte vieler dieser Lieder ziemlich romantisch, sondern sie haben alle auch dieses atemlose Gefühl eines Liebeslieds aus den Top 40.[9]

„Halte mich fest, lass deine Liebe mich umgeben. Hole mich nah zu dir, ziehe mich an deine Seite."
„Ich bin verzweifelt ohne dich, ich bin ohne dich verloren."
„Meine Worte sollen wenige sein. Jesus, ich bin so in dich verliebt."
„Du bist ganz und gar lieblich ... ganz und gar wundervoll zu mir."
„Oh Herr, du bist schön. Dein Gesicht ist alles was ich suche."
„Du bist schön, mein süßes, süßes Lied."

Denken Sie einmal an die mentale Gymnastik, die im Unterbewussten eines Mannes stattfinden muss, der Texte wie diese singt. Er versucht seine Liebe zu Jesus auszudrücken, ein Mann der heute lebt. Dabei verwendet er Worte, die einem anderen Mann zu sagen kein Mann wagen würde, und das noch zu einer Musik, die wie die Liebeslieder klingt, die seine Frau im Auto hört. (Übrigens, Männer nennen einander nie *schön, lieblich* oder *wundervoll.*)

Ich glaube, das ist auch der Grund, weshalb Frauen Lobpreismusik lieber mögen als Männer. Textlich und stilistisch lässt Lobpreismusik das Herz der Frau erklingen. Männer können sie genießen und tun das auch; aber es ist ein erlernter Genuss.

Wir können nicht zu „Voran, christliche Soldaten" zurückkehren. Doch niemand hat *maskuline* Lobpreislieder komponiert, die es ersetzen könnten. Komponisten, bitte schreibt ein paar Lieder, die von Kampf, Stärke und Sieg sprechen. Stellt Euch Christus als unseren

Kommandeur, Trainer oder Kundschafter vor, nicht unseren schwulen Freund. Wenn ihr Inspiration braucht, schaut in die Psalmen. Es
ist Zeit, Christus den Liebhaber wieder mit Christus dem Krieger aus-
zubalancieren. Die Männer sind von Euch abhängig.

Männerdienste sind nicht sehr männlich

Toni ging zum Männerhauskreis seiner Kirche – einmal. Es fing damit
an, dass die Männer im Kreis saßen und zehn Minuten lang Lobpreislieder sangen. Tony wurde gebeten, sich selbst vorzustellen und aus
seinem Leben mitzuteilen. Als Nächstes wurde er mit einem Fremden
zusammengesteckt und gebeten, über eine seiner größten Ängste zu
sprechen. Dann wurde jeder gebeten, ein Gebetsanliegen oder eine
Dankesnachricht mitzuteilen. Die Männer lasen aus der Bibel vor und
wechselten sich im Kreis ab. Zum Schluss standen alle in der Runde
und hielten Hände, was Stunden zu dauern schien, während einer
nach dem anderen seine Seele vor Gott offenlegte. Ein Mann weinte
leise. Der Typ neben Toni betete zehn Minuten am Stück, und seine
Hände waren schweißfeucht. Als das Treffen vorbei war, blieb Tony
nicht zum Kekse essen dort. Er kam auch nie wieder.

Männerdienste scheitern so oft an diesem einfachen Grund: *Sie
sind in Wirklichkeit ein Frauendienst für Männer.* Wenn christliche
Männer zusammenkommen, erwartet man von ihnen, dass sie wie
Frauen miteinander Beziehung bauen und sich der Dinge erfreuen,
die auch Frauen Freude machen. Der Männerdienst ist um die Bedürfnisse und Erwartungen von Frauen konstruiert – oder genauer
gesagt, der weichen Männer, die bei Veranstaltungen der Männerdienste aufkreuzen. Darum gibt es auf der Männerfreizeit Liedersin-
gen, Umarmungen, Händchenhalten und Weinen. Männer sitzen im
Kreis und hören zu, lesen oder teilen sich mit. Wir halten die Gespräche sauber, höflich und nicht konfrontativ.

Nun ist grundsätzlich nichts falsch daran, wenn Männer diese
Dinge tun, doch für viele Männer *fühlt es sich weiblich an.* Also bleiben sie daheim. Ich habe dasselbe auch hinter vorgehaltener Hand
über die Veranstaltungen der Promise Keepers gehört: Bestimmte
Männer werden vom Singen, Klatschen, Umarmen und Weinen, das
da passiert, abgelöscht. Glücklicherweise erhalten Männerdienste
eine Infusion des maskulinen Geistes. Mehr dazu in Teil 6 dieses
Buchs.

Die gefühlsmäßige Seite des Lobpreises

Jesus weinte. Christen tun das auch. Oft. Es ist nichts falsch an Gefühlen, aber es ist für einen amerikanischen (und deutschen, *Anmerkung des Übersetzers*) Mann schwer, in der Öffentlichkeit emotional
zu werden. David James schreibt: „Männern wurde charakteristi-
scherweise beigebracht, die meisten ihrer Gefühlsausäußerungen zu
unterdrücken. Ausgenommen sind lediglich die ‚klassischen' männlichen Emotionen wie Lust und Zorn."[10] Bestimmte Kirchen erwarten
von ihren Mitgliedern, dass sie emotional die Kontrolle verlieren –
also die Art von Empfindung ausdrücken, von der erwartet wird, dass
ein Mann sie nicht zeigt. Es ist kein Zufall, dass afroamerikanische
Gemeinden, die für sehr gefühlsbetonte Gottesdienste bekannt sind,
bei Frauen beliebter als bei Männern sind.

Die Antwort ist nicht ein steriler, gefühlsfreier Lobpreis. Mr.
Spock ist nicht unser Vorbild. Glücklicherweise hat uns Jesus die aus-
gewogene Mitte vorgelebt. Er sagte, dass echte Anbeter Gott *im
Geist und in der Wahrheit* (Joh. 4,24) anbeten würden. Wenn es in
einem Gottesdienst viel um Geist, aber wenig um Wahrheit geht,
dann bleiben die Männer weg. Das Gleiche gilt für Kirchen, die Wahrheit anbieten, aber keinen Geist. John Piper schreibt: „Anbetung
muss Herz und Kopf haben. Anbetung muss die Emotionen und das
Denken umfassen ... Starke Gefühle für Gott, die in der Wahrheit
verwurzelt sind, bilden das Rückgrat der biblischen Anbetung."[11]

Männer sind genauso emotional wie Frauen; sie drücken sich nur
anders aus. Wenn also eine Kirche feminine Gefühlsäußerungen wie
Weinen, Umarmen und das Halten der Hände begrüßt, dann ist es an
der Zeit, maskuline Ausdrucksformen wie Applaus, Rufen, begeister-
te Fäuste und High-Fives willkommen zu heißen. Ich meine das ernst.
Es sollte Männern erlaubt sein, ihre Liebe zu Gott in wirklich maskuliner Form auszudrücken, solange das in einer geordneten Form geschieht.

Bitte versuchen Sie nicht, die Hingabe eines Mannes an Christus
an seinen Tränen (oder ihrem Fehlen) abzuschätzen. Ich habe
Schwindler gesehen, die in der Kirche ganze Flüsse heulen, aber un-
ter der Woche ein sündiges Leben führen. Und andersherum leben
Menschen ein authentisches, aufrichtig hingegebenes Leben vor
Gott, ohne jemals eine Träne zu vergießen. Manchmal arbeitet der
Heilige Geist ohne Tempotaschentücher.

Gebet und Zeugnis sind hart für Männer

Manche Kirchen erlauben ihren Leuten, während des Gottesdienstes aufzustehen und sich in einer sogenannten *Gebets- und Zeugniszeit* mitzuteilen. Wenn Sie in einer typischen Gemeinde sind, dann sind die Mehrheit der Leute, die sprechen, Frauen. Als ich das letzte Mal einen Gottesdienst mit Gebet und Zeugnis besuchte, äußerten neun Frauen und ein Mann ihre Anliegen. Ich glaube, das spiegelt das weibliche Bedürfnis wider, über die eigenen Probleme zu sprechen; und das männliche Widerstreben, das zu tun.

Gebet und Zeugnis kann Männer irritieren. Man hat vielleicht ein paar Elstern in der Gemeinde, die jede Woche mit irgendeinem trivialen Anliegen aufstehen, für das gebetet werden soll: „Bitte betet für den entzündeten Fußballen meiner Tante Agathe." Es gibt vielleicht auch ein paar Möchtegernprediger, die zwei oder drei Minuten brauchen, um *mitzuteilen, was Gott ihnen aufs Herz gelegt hat.* Das sind keine Gebetsanliegen, sondern Kurzpredigten von Leuten, die gerne im Rampenlicht stehen. Dieses sich in den Vordergrund Drängen wurmt Männer. Eine viel bessere Möglichkeit ist es, am Ende des Gottesdienstes persönliches Gebet anzubieten, da Menschen viel freimütiger sind, wenn sie in einem geschützten Rahmen mit einem Laien oder Pastor beten können.

Die Atmosphäre eines Schönheitswettbewerbs

Manche Kirchen haben eine ungeschriebene Kleiderordnung. Jeder muss *gut angezogen für die Gemeinde* sein oder seine Sonntagsklamotten tragen. Das ist eine weitere Nuance in Richtung Femininität, denn Frauen machen sich normalerweise mehr Gedanken als Männer über ihr Erscheinungsbild und lieben es, sich aufzuhübschen.

Glücklicherweise gehört die kirchliche Kleiderordnung mehr und mehr der Vergangenheit an. Informelle Kleidung ist eines der Markenzeichen der modernen Megagemeinde. Eine afroamerikanische Kirche in St. Louis lockerte ihre Kleiderordnung und nur kurz darauf verdreifachte sich die Zahl männlicher Besucher![12] Männer ziehen sich gerne bequem an, also lassen Sie sie.

Noch eine Bemerkung zur Kleidung: Männer tun sich mit informell gekleideten Pastoren und Priestern leichter. Es gibt eine Menge Pastoren, die sich gern etwas lockerer anziehen würden, aber ihre

Mitglieder bestehen darauf, dass sie traditionelle Amtstracht tragen. Wenn Sie mehr Männer in Ihrer Gemeinde sehen wollen, ermutigen Sie Ihren Pastor, sich weniger formal zu kleiden.

Feminine Frömmigkeit ist die Norm im Christentum

Häufig wird männliche Frömmigkeit als Sünde gedeutet, weil sie nicht nach Frömmigkeit aussieht. Unser modernes Empfinden darüber, was fromm ist, hat sich im 19. Jahrhundert entwickelt, der Ära, in der die Frauen vollständig die Kirchenbänke dominierten. Von viktorianischen Frauen erwartete man, dass sie sich in einer bestimmten Weise verhielten.

Als Christen beiderlei Geschlechts verwenden wir immer noch eine Menge Energie darauf, entsprechend zu handeln. Wenn ein Mann also versucht, auf eine Weise gottgefällig zu sein, die ihm entspricht, dann betrachten andere seine Handlungen vielleicht als sündig. Douglas Wilson liefert uns ein tolles Beispiel:

> Nehmen wir einmal an, einem jungen Mädchen fällt in der Schule auf, dass eine Freundin irgendwie niedergeschlagen wirkt. Sie fragt, ob etwas nicht stimmt und hinterlässt ihr eine ermutigende Nachricht an ihrem Spind. Wenn ein Lehrer so etwas sieht, wird er ganz natürlich Gott für diese offensichtlich liebevolle Anteilnahme und die guten Werke danken. Aber derselbe Lehrer wird nicht ohne weiteres von derselben Annahme ausgehen, wenn er an einem Jungen vorbeigeht, der einen Freund auf den Hinterkopf schlägt und ihn einen Deppen nennt – obwohl der Junge das getan hat, weil sein Freund am vergangenen Abend ein Date mit einem nichtchristlichen Mädchen hatte. Sein Eifer für Gerechtigkeit wird nicht als solcher erkannt.[13]

Wenige Christen würden einen Klaps auf den Hinterkopf und einen Kraftausdruck als frommes Verhalten anerkennen. Doch für einen jungen Mann, der einem anderen dient, sind solche Methoden wesentlich effektiver als Briefchen, Karten oder Blumen. Unterm Strich: Wir erkennen ganz oft nicht die Frömmigkeit, die im Mantel eines maskulinen Geistes daherkommt.

Der maskuline Geist zeigte sich gestern ganz unerwartet in meiner Kirche. Der Pastor war schon zur Hälfte durch seine Predigt, als er sich an einen Mann in der Menge wandte, der erst kürzlich seinen Weg mit Gott begonnen hatte. Er fragte: „Ray, hat es dein Leben verändert, ein Nachfolger Jesu zu werden?" In seiner Begeisterung verwendete Ray einen leicht derben Ausdruck. Nach einer kurzen Pause korrigierte sich Ray selbst: „Sorry, ich meinte natürlich, du hast *sehr* recht." (Er hatte *verdammt* recht gesagt.)

Hat Ray gesündigt? Hat seine spontane Äußerung Gott erfreut oder nicht? Wenn der Standard für Heiligkeit viktorianische Fraulichkeit ist, dann hat Ray eine Sünde begangen. Christliche Damen verwenden keine verwerflichen Worte. Doch Gott sieht auf das Herz eines Mannes. Es lag nicht in Rays Absicht, zu fluchen, sondern zu segnen. Er drückte seine Liebe zu Gott in der ausdrucksstarken Männersprache aus. Das war nicht religiös, aber es war echt.

Und die Männer fanden's super!

Kirchen erlauben Männern nicht, sich wie Männer zu verhalten – und werden ärgerlich, wenn sie es tun

Es gibt im Mann etwas Ungezähmtes. John Eldredge sagt, *Männer sind im Grunde ihres Herzens wild.* „Aggression ist der Schlüssel zur maskulinen Seele", erklärt er. „Nimm das von einem Mann weg und was übrig bleibt ist Passivität." Doch wenn Männer Ungezähmtheit in die Kirche mitbringen, regen sich die Leute auf. Die Dinge werden unvorhersehbar. Gefühle werden verletzt.

Bevor er Präsident der Vereinigten Staaten wurde, war Teddy Roosevelt ein Sonntagsschullehrer. Eines Tages kam ein Junge mit einem blauen Auge zum Unterricht. Er gab zu, dass er gekämpft hatte, und das auch noch am Sabbat. Ein anderer Junge hatte seine Schwester gezwickt, also verpasste er dem Halunken einen Haken. Der künftige Präsident sagte, er sei stolz auf ihn und gab ihm einen Dollar. Als sich das in der Kirche herumsprach, wurde Roosevelt rausgeschmissen.

Roosevelt war in der Zwickmühle zwischen zwei geistlichen Prinzipien: *die andere Wange hinhalten* und *die Schwachen verteidigen*. Eines sanft, das andere hart. Er entschloss sich, den Jungen für seine harte Reaktion zu loben, wurde aber deswegen gefeuert, weil in den meisten Kirchen die richtige Wahl immer die Sanfte ist.

Wenn Männer wie Männer leiten, werden sie zensiert. Ich erinnere mich, dass ich einen Unternehmer in unserer Kirche bat, Ältester zu werden. Er rollte mit den Augen und sagte: „Nein danke, ich war schon mal ein Ältester." Sein Blick sagte alles. Ein Leiter in der Kirche zu sein ist eine frustrierende Erfahrung, denn ein Mann kann nicht wie ein Mann leiten. Stattdessen muss er vorsichtig, sentimental und zurückhaltend sein; jede Entscheidung im Konsens treffen; alles zu Tode diskutieren. Entscheidungen brauchen Monate oder Jahre, bis sie gefällt werden und wenn es die Gefühle von Leuten verletzen könnte, dann bewegen wir uns nicht vorwärts.

Männer zögern auch, sich freiwillig für Dienste zu melden, weil sie sich nicht wie Männer verhalten können. Männer sind oft körperlicher mit Kindern und kommunizieren, indem sie sie in den Schwitzkasten nehmen, mit ihnen ringen oder ihre Schützlinge aufziehen. Männer gehen in Diensten Risiken ein, was zu Zurechtweisungen führen kann. Mein Freund Randy ging mit der Jugendgruppe in die Innenstadt, um dort Leuten zu dienen, die auf der Straße leben. Er bekam Schwierigkeiten, weil er einen Mann im Auto mitnahm, der getrunken hatte. Eine Reihe von Müttern war aufgebracht. „Du sollst doch unsere Kinder beschützen!", sagte eine Mutter. „Warum könnt ihr euch nicht einfach in der Gemeinde treffen und aus der Bibel lehren?"

Wenn die Männer zur Gemeinde zurückkehren sollen, müssen wir sie Männer sein lassen. Ungezähmte, aggressive, risikofreudige Männer. Wir können nicht länger von ihnen erwarten, dass sie sich wie ordentliche viktorianische Damen verhalten. Die Kirche von heute braucht ein wenig mehr Teddy Roosevelts.

Nadelstiche ins Herz des Mannes

Nichts in den letzten drei Kapiteln ist ein absoluter Seelenkiller für Männer. Doch in Summe ergeben sie so viele Nadelstiche, dass sie die Gemeinschaft des Mannes mit der Gemeinde zerstören. Es ist keine Sünde, sich auf die weibliche Seite Jesu zu konzentrieren, Lieder zu singen, die sich feminin anfühlen oder sich für den Gottesdienst hübsch zu machen. Alles, worum ich im Namen der Männer bitte, ist, dem maskulinen Geist den gleichen Raum zu geben.

Was brauchen Männer? Die Erlaubnis, so mit Christus zu leben, wie ein Mann mit dem anderen lebt. Die Erlaubnis, ihre maskulinen Gaben einsetzen zu dürfen, um die Welt zu verändern. Die Erlaubnis, den lange schlummernden maskulinen Geist wiedererwecken zu dürfen. Wie wir diesen Geist in unseren Gemeinden wieder aufleben lassen, darum geht es im nächsten Teil.

Den maskulinen Geist in der Kirche wiederherstellen

Als ich ein Kind war, hieß meine Lieblings-Spieleshow *Let's Make a Deal*. Der dramatischste Moment kam, wenn Monty Hall die große Frage stellte: „Wird es Tür Nummer eins, Tür Nummer zwei oder Tür Nummer drei sein?" Das ist die Frage, die sich uns stellt:

Die Kirche
so lassen,
wie sie ist

Den Thermostat
anpassen

Den tiefsten
Bedürfnissen
der Männer
entsprechen

Tür Nummer eins: Die Kirche bleibt so wie sie ist. Wir beten weiterhin, dass Gott die Herzen der Männer ändert, sodass sie zurückkommen. Mal ehrlich, glauben Sie wirklich, dass das passiert? Albert Einstein sagte: „Wahnsinn bedeutet, dasselbe immer wieder zu tun und dabei ein anderes Ergebnis zu erwarten." Wir sind verrückt, wenn wir denken, wir bräuchten nur stark genug zu beten und könnten zwischenzeitlich die Kirche weiterführen wie immer – solange, bis die Männer einen Sinneswandel vollziehen und wieder zurückkommen.

Tür Nummer zwei: Den Thermostat anpassen. Wir können unser existierendes Modell von Kirche so ändern, dass sich Männer wohler fühlen. Die nächsten sechs Kapitel sind vollgestopft mit Ideen, wie sowohl Laien als auch Kleriker diese Anpassungen vornehmen können.

Tür Nummer drei: Den tiefsten Bedürfnissen der Männer entsprechen. Wenn die Männer einmal im Gebäude sind, werden sie nicht bleiben, solange ihren tiefsten Bedürfnissen nicht entsprochen wird. Männer müssen ihre heilige Rolle finden und das christliche Leben als Team zu leben lernen. Die letzten drei Kapitel zeigen Möglichkeiten auf, wie Sie das unterstützen können.

Wenn es Ihnen wirklich ernst damit ist, Männer zurück in die Gemeinde zu bringen, dann hier mein Rat: Öffnen Sie zuerst Tür Nummer zwei und gehen Sie dann schnell weiter zu Tür Nummer drei. Bevor Sie aber irgendeine Tür öffnen, noch ein Wort der Warnung: Sie werden in ein Hornissennest des Widerstands wohlmeinender Christen stoßen. Denn meistens sagen die Gottesdienstbesucher, sie fühlen sich wohl mit der Kirche, so wie sie ist,[1] und jeder (Pastor oder Laie), der versucht den Thermostat anzupassen, wird beschuldigt, das Evangelium zu verleugnen, den Leib zu spalten und Leistung über Menschen zu stellen. Es kann gut sein, dass Sie Ihre besten Freunde in der Gemeinde verärgern. Ich rate Ihnen, zu beten, noch etwas mehr zu beten, dann noch etwas zu beten und dann schließlich durch irgendeine der Türen zu gehen. Jesus versprach seinen Nachfolgern Verfolgung; seien Sie nicht überrascht, wenn Sie das durch die Hände der Leute erleben, mit denen Sie zur Kirche gehen.

Meine Gemeinde durchlief vor etwa fünf Jahren eine mutige Veränderung. Ein neuer Pastor brachte den maskulinen Geist mit sich. Er setzte hohe Maßstäbe und zeichnete eine kompromisslose Vision. Er machte den passiven Hinterbänklern Feuer unter dem Hintern. Hunderte verließen die Gemeinde, doch Gott sandte Hunderte mehr, die ihren Platz einnahmen. Heute ist unsere Gemeinde wahrscheinlich die am schnellsten wachsende Gemeinde Alaskas. Sie ist nach außen orientiert und liebt die politische Gemeinde um sie herum und viele kommen zum Glauben an Christus und erleben das erste Mal Jüngerschaft. Das Beste dabei aber ist, dass es *eine Menge* begeisterter Männer und junger Erwachsener in unserer Kirche gibt. Und jetzt etwas, das Sie wahrscheinlich nicht glauben werden: Meine Kinder, die sechzehn, vierzehn und neun sind, können es kaum erwarten, zur Gemeinde zu gehen. Es ist der Höhepunkt der Woche. Mein sechzehnjähriger Sohn ist gerade als Austauschstudent im Ausland. Ich habe ihn gefragt, was er am meisten vermisst – das Essen seiner Mama, sein Zimmer, seine Freunde? „Nein, Dad", sagt er, „Ich vermisse unsere Gemeinde."

Möchten Sie so eine Kirche? Wenn ja, dann öffnen Sie Tür Nummer zwei und entdecken Sie, was Sie tun können, um den maskulinen Geist in Ihrer Gemeinde zu erwecken.

17

Leitung und der maskuline Geist

Es herrscht eine erstaunliche Übereinstimmung bei Kirchenexperten aus allen theologischen Lagern: Es ist Zeit für Laien, aufzustehen und eine größere Führungsrolle in den Gemeinden zu übernehmen. Die Tage sind vorbei, in denen der Pastor führte und die Leute folgten. Wenn die Männer zu Christus zurückkehren sollen, brauchen sie starke, gottesfürchtige Laien, die ihnen auf ihrem Weg helfen.

Unglücklicherweise erlebt die Kirche eine Leitungskrise auf jeder Ebene. Vielen Gemeinden fehlen Vision, Fokus und Bestimmung. Ohne diese Dinge bleiben die Männer weg. Doch Kirchen mit dynamischer, mutiger Leitung wachsen und ziehen Männer an. Im Bereich der Leitung brauchen unsere Kirchen unbedingt eine Infusion des maskulinen Geistes.

In den meisten Kirchen fehlt aber nicht nur Leitung, sondern es gibt in der Tat eine Voreingenommenheit dagegen. Christen neigen dazu, sie eher als notwendiges Übel zu begreifen, denn als Kernfunktion der Kirche. Karl Clauson sagt: „Leitung ist eine der Gaben, die uns die Schrift verspricht. Wenn man aber sagt: ‚Meine geistliche Gabe ist Leitung', dann sehen einen die Leute komisch an. Barmherzigkeit, Lehre, Geben, das ist alles akzeptabel. Leitung ist nicht etwas, das Christen anstreben sollen."

Wir Christen fühlen uns mit Leitung nicht wohl, weil wir Angst davor haben, eine Person über die anderen zu erhöhen. Doch in der Kirche ist Leitung nicht Erhöhung; es ist Unterordnung! Das Modell in der Schrift ist ein dienender Leiter. Christus hat das Organigramm umgedreht

Wenn Ihre Kirche Männer anziehen soll, müssen Sie das Entwickeln von Leitern zu einer hohen Priorität machen, besonders bei männlichen Leitern. Männer halten nicht Ausschau nach Theologen,

Lehrern oder Moderatoren. Sie suchen nach Männern, die sie zur Größe führen. Zu lange haben wir Männer gebeten, unserer Lehre, unseren Methoden und unserer Theologie zu folgen. Männer folgen diesen Dingen nicht. Ich sage es noch einmal: Geben Sie Männern großartige männliche Leitung und sie kommen zurück.

Großartige Leitung ist ausgewogen: eine Lektion aus der frühen Kirche

Hervorragende Leitung in der Kirche erfordert den Ausgleich zwischen dem maskulinen und dem femininen Geist. In der Apostelgeschichte findet sich ein kritischer Moment, an dem die frühe Kirche hätte scheitern können. In Apostelgeschichte 6 lesen wir:

> Doch als die Zahl der Gläubigen immer größer wurde, kam es auch zu Auseinandersetzungen. Diejenigen aus den griechischsprachigen Gebieten beschwerten sich bei den Hebräern, weil sie glaubten, dass ihre Witwen bei der täglichen Versorgung benachteiligt würden. Deshalb beriefen die Zwölf eine Versammlung aller Gläubigen ein. „Wir Apostel sollten unsere Zeit dazu nutzen, das Wort Gottes zu predigen und zu lehren, und uns nicht mit der Organisation der Mahlzeiten oder Ähnlichem beschäftigen", sagten sie. (V. 1-2)

Hätte es übermäßig männlichen Geist gegeben, dann hätten die Apostel vielleicht gesagt: „Wir sollten nicht aufhören, Gottes Nachricht zu verkünden, um an den Tischen zu dienen. Wir müssen uns konzentrieren! Also hören wir damit auf, die Witwen zu speisen. Damit gewinnen wir mehr Zeit für die Aufgabe, die Jesus uns gegeben hat. Schließlich sollen wir die ganze Welt bekehren." Das Ergebnis wären verhungernde Witwen gewesen. Ganz klar eine schlechte Entscheidung.

Hätte es übermäßig weiblichen Geist gegeben, dann hätten die Apostel vielleicht gesagt: „ Wir sollten nicht aufhören, Gottes Nachricht zu verkünden, um an den Tischen zu dienen. Aber die Witwen haben sich daran gewöhnt, dass wir sie versorgen, und wenn wir jetzt aufhören, würden wir ihre Gefühle verletzen. Wir werden darum beides machen: Wir predigen *und* dienen an den Tischen." Die

Apostel wären von ihrer Hauptverantwortung abgelenkt gewesen: von Gott zu hören und die Kirche zu erweitern. Irgendwann hätte sich die Kirche in eine soziale Einrichtung des 1. Jahrhunderts entwickelt. Das Christentum wäre innerhalb von ein, zwei Generationen ausgestorben.

Wie haben die Apostel auf diese Leitungsherausforderung reagiert?

> „Deshalb, Freunde, wählt unter euch sieben Männer mit gutem Ruf aus, die vom Heiligen Geist erfüllt sind und Weisheit besitzen. Ihnen wollen wir die Verantwortung für diese Aufgabe übertragen. Auf diese Weise haben wir Zeit für das Gebet und die Verkündigung von Gottes Wort." Dieser Vorschlag gefiel allen ... (V. 3-5)

Wenn die Kirche wieder eine magnetische Anziehung auf Männer ausüben soll, dann müssen wir dem Beispiel der Apostel folgen. Ich korrigiere: *Wir müssen unseren Pastoren erlauben, dem Beispiel der Apostel zu folgen.* Und hier kommen Sie ins Spiel.

Christen, erlaubt Eurem Pastor, Verantwortung an gottesfürchtige Menschen aus der Gemeinde zu übergeben. Große Leiterschaft braucht Zeit, doch die meisten Pastoren haben nicht so viel Zeit wie sie gern für diese wichtigen Aufgaben hätten. Warum? *Weil wir viel von ihnen erwarten.* Wir erwarten, dass sie uns zuhause besuchen, zu uns kommen, wenn wir krank sind, an jedem Treffen teilnehmen und jedes Mal da sind, wenn die Kirchentüre offen ist. Sie haben vierundzwanzig Stunden am Tag Rufbereitschaft. Sie sollen außerdem Zeit mit ihrer Familie verbringen, sich sportlich fit halten, sich ins Wort vertiefen, großartige Predigen vorbereiten und – oh, unbedingt – beten.

Wir haben unseren Pastoren so viele Aufgaben auf die Schultern geladen, dass sie keine Zeit haben, uns zu leiten. Die meisten Pastoren wären liebend gern bessere Leiter, aber ihnen fehlt einfach die Zeit. Wenn Geistliche versuchen, Aufgaben zu delegieren, dann leisten die Leute häufig Widerstand. Das gilt besonders für kleine Gemeinden. Wie die Witwen in Apostelgeschichte 6 haben wir uns daran gewöhnt, dass uns der Pastor persönlich dient. Wir sehen ihn als Gottes Repräsentanten auf Erden. Seine Gebete sind wirkungsvoller und seine Einsichten schärfer. Seine Anwesenheit gibt einem Treffen Prestige. Gott vergebe uns. Wir müssen das überwinden.

Wenn wir Pastoren wie unsere Privatgeistlichen betrachten, wenn wir von ihnen erwarten, alles stehen und liegen zu lassen und uns ihre Aufmerksamkeit zu schenken, dann halten wir sie von ihrer wichtigsten, gottgegebenen Verantwortung ab: die Kirche zu leiten. Wenn Pastoren nicht mutig leiten, gehen die Männer. Männer folgen Männern, die sie irgendwohin führen. Doch wenn Ihr Pastor zu beschäftigt ist, um Zeit mit Gott zu verbringen, dann wird er nicht wissen, wie oder wohin die Gemeinde zu führen ist. Hier einige spezifische Möglichkeiten, wie Sie Ihren Pastor unterstützen können:

- Verlangen Sie weniger von Ihrem Pastor.

- Platzen Sie nicht einfach bei ihm rein. Vereinbaren Sie einen Termin. Respektieren Sie seine Zeit.

- Füllen Sie nicht seinen Kalender. Machen Sie es sich stattdessen zum Ziel, ihn von so viel Verantwortungsbereichen wie möglich zu entlasten, sodass er die Freiheit hat, den Leib mutig zu führen.

- Hören Sie auf, von ihm als dem Diener zu denken. Sie sind der Diener; er ist ihr Coach.

- Erlauben Sie ihm, Verantwortung an gottesfürchtige Menschen aus Ihrer Gemeinde abzugeben.

- Bilden Sie Laien Ihrer Gemeinde aus, sodass diese mit Kranken beten und Leute zuhause besuchen können. Erwarten Sie nicht, dass der Pastor diesen zeitaufwändigen Dienst allein tut.

- Seien Sie nicht enttäuscht, wenn Sie einen Dienst von einem Laien anstelle des Pastors empfangen.

- Erwarten Sie vom Pastor keine Hausbesuche. Erklären Sie sich bereit, für ihn den Besuch zu übernehmen.

- Erwarten Sie nicht, dass er bei jedem Treffen anwesend ist. Gestehen Sie ihm einen freien Abend zu.

- Lassen Sie ihn wissen, dass er ein tapferer, mutiger Leiter sein soll. Ermutigen Sie ihn zu träumen.

Was bekommen Sie im Gegenzug dafür? Einen Pastor, der Zeit hat, um zu beten und Gott zu suchen. Einen Pastor, der Zeit hat, groß zu träumen und Christi Vision für die Gemeinde zu verfolgen. Einen Pastor, der Zeit hat, auch seine Familie zu lieben. Seien Sie sich dessen bewusst: Es gibt nichts Anziehenderes für einen Mann, als einen Pastor, der von Gott geführt ist. Sehen Sie sich an, was passierte, nachdem die Apostel ihre Aufgabe als Tischdiener delegiert hatten. In Apostelgeschichte 6,7 lesen wir: „Die Botschaft Gottes breitete sich immer weiter aus, und die Zahl der Jünger in Jerusalem stieg sprunghaft an. Auch zahlreiche Priester nahmen das Evangelium an und glaubten an Jesus." *(Neue Genfer Übersetzung).*

Die Apostel hatten Zeit, sich auf ihre Hauptverantwortung zu konzentrieren, weil die frühe Kirche es ihnen ermöglichte. Sie waren in der Lage, die Welt mit dem Evangelium *herauszufordern,* und viele Männer kamen deswegen zum Glauben. Und die Witwen? Ihnen wurde sogar noch besser gedient.

Übernehmen Sie das Modell von Leitungs- und Lehrpastor

Gott hat Menschen unterschiedliche Gaben gegeben. Manche sind großartige Lehrer. Andere großartige Leiter. Doch unser modernes Modell von Kirche verlangt, dass ein Pastor in beiden Dingen gut ist, und diese Kombination ist eher selten. Nur fünf Prozent der Hauptpastoren geben an, im Bereich der Leitung begabt zu sein. Die meisten Pastoren sehen sich selbst als Lehrer oder Hirten, nicht als Leiter.[1] Die Kirchen erkennen das und fangen an, einen zweiten Pastor anzustellen, der ein talentierter Leiter ist. Dieser Pastor kümmert sich um die geschäftliche Seite der Kirche, was den Lehrpastor entlastet, sodass dieser sich auf den Dienst am Wort konzentrieren kann. Klingt wie Apostelgeschichte 6, die Stelle, die wir gerade gelesen haben.

Die Jünger gingen jeweils zu zweit raus. Moses hatte Aaron. Paulus hatte Barnabas. Wenn Ihre Kirche es mit dem Erreichen von Männern ernst meint, dann ziehen Sie eine pastorale Zweierkombination in Erwägung, soweit das finanziell möglich ist. Sie haben am Ende wahrscheinlich eine stärkere Leitung und bessere Lehre.

Suchen Sie Leiter aus der Unternehmenswelt, nicht unbedingt von der Bibelschule oder der theologischen Fakultät

In theologischen Bildungseinrichtungen wird gelehrt zu lehren. Unternehmen lehren Menschen, zu leiten. Der Methodisten-Pastor Adam Hamilton hat einige seiner besten vollzeitlichen und ehrenamtlichen Leiter aus der Geschäftswelt rekrutiert: „Das sind Leute, die eine entschiedene Hingabe an Christus und eine authentische Berufung zeigen, die jedoch die Unternehmenswelt wahrscheinlich nie verlassen werden, um sich theologisch ausbilden zu lassen. Sie haben vielleicht keine Berufung zum Predigtdienst, sondern viel eher zum Verwalten oder Leiten von Diensten."[2] Pastor James Meeks von der Salem Baptist Church in Chicago fand die Verwalterin seiner Gemeinde, Veronica Abney, bei IBM.[3] Laien respektieren solche Leiter stärker, denn sie besitzen Erfahrung in der „richtigen Welt".

Entwickeln Sie großartige Leiter aus den Reihen der Laien

Kirchen brauchen dynamische Leiter auf jeder Ebene. Der Pastor kann und soll nicht alles machen. Eine Kirche, die Männer erreichen möchte, muss ein planvolles System zum Identifizieren und Trainieren von Leitern in der Gemeinde haben. Vor zwei Jahren hat meine Gemeinde einen Leitungspastor aus der Unternehmenswelt angestellt. Seine einzige Aufgabe besteht darin, Leiter auszubilden, die als Lebenscoach all denjenigen dienen, die Jüngerschaft wollen. Unsere Kirche hat jetzt mehr als dreihundert Lebenscoachs, die Hunderte neubekehrter Menschen begleiten. Die Geschichten über veränderte Leben sind atemberaubend! Hunderte von Frauen und Männern werden zu einem tiefer gehenden Leben mit Gott herausgefordert. Nichts davon wäre passiert, wenn die Kirche nicht die Leiterschaftsentwicklung zu einer Priorität gemacht hätte.

Klingt das nach einem unmöglichen Szenarium in Ihrer Gemeinde? Man braucht nicht den unternehmerischen Superstar, um mit der Entwicklung von Leitern anzufangen. Versuchen Sie diese Ideen:

- Identifizieren Sie Leiter in Ihrer Gemeinde durch Persönlichkeits- und Gabentests. Bilden Sie sie gut aus und lassen Sie sie mutig führen.

- Verbannen Sie das Wort *Moderator* aus Ihrem Vokabular. Männer folgen Leitern, nicht Moderatoren. Jesus führte, und deswegen müssen wir das auch tun.

- Unterstützen Sie die Leiter Ihrer Dienste auf jeder Ebene. Viele Christen sind in einer Kirche aufgewachsen, in der der Pastor der einzige Leiter war. Deshalb ordnen sie sich der pastoralen Leitung unter, rebellieren aber gegen Laien in Leitung. Tun Sie das nicht.

- Unterstützen Sie die Leiterentwicklung und -ausbildung Ihrer Kirche. Das ist biblisch und einer der Schlüssel, um Männer zurück in Ihre Gemeinde zu holen.

- Vor allem aber schießen Sie Ihre Leiter nicht an. Hetzen Sie ihnen nicht die Demutspolizei auf den Hals. Glauben Sie das Beste über ihre Motive.

Männer brauchen männliche Leitung

Besetzen Sie Leitungsaufgaben, wann immer möglich, mit Männern. Das ist gut für Ihre Kirche. Die natürliche männliche Neigung zu Risiken und Herausforderung kann die Atmosphäre in Ihrer Gemeinde verändern und sie so attraktiver für Männer machen.

Vielleicht widersprechen Sie dieser Strategie, weil sie wie eine Diskriminierung von Frauen aussieht. Wenn wir die biblische Prämisse männlicher Leitung mal beiseite lassen, denken Sie an die praktische Seite. Wenn die Männer andere Männer in Leitung sehen, denken sie: *Das ist etwas, an dem ich mich auch beteiligen könnte. Meine Gaben werden hier gebraucht.* Wenn sie Frauen in Leitung sehen, denken sie eher das Gegenteil.

Tatsache ist, das Frauen Männern folgen, aber wenige Männer einer Frau folgen werden, es sei denn, sie müssen. Es gibt beispielsweise viele Männer, die Damen-Basketballmannschaften trainieren, aber es ist extrem selten, dass eine Frau ein Männerteam trainiert. Männer folgen weiblichen Chefs, Lehrern und Kommandeuren nur deshalb, weil sie gefeuert werden, durchfallen oder vors Kriegsgericht gestellt werden können. Wenn sie jedoch die Wahl haben, folgen Männer selten weiblicher Leitung. Eine mir bekannte Kirche experimentierte mit einer komplett weiblichen Jugendleitung; innerhalb von sechs Monaten verschwanden 75 Prozent der Jungs. Pastor Dan Jarrell formuliert es so: „Wenn Frauen *führen, gehen* die Männer." (Ich weiß, Männer sind sexistische Schweine. Sie sollten nicht so sein. Doch denken Sie daran, wir sprechen darüber, wie Männer sind, nicht wie sie sein sollten.)

Vielleicht ist das einer der Gründe, weshalb die Schrift von männlicher Leitung in der Kirche ausgeht. Vielleicht liegen diese Gebote nicht im Sexismus des 1. Jahrhunderts begründet, sondern in der Erkenntnis, dass beide Geschlechter gut auf kompetente männliche Leitung reagieren. Wenn Sie möchten, dass Männer in Ihre Gemeinde kommen, dann verleihen Sie geisterfüllten Männern gut sichtbare Leitungspositionen. Das klingt chauvinistisch, solange man nicht daran denkt, dass Männer in der Kirche extrem in der Minderheit sind. Stellen Sie es sich einfach als eine Fördermaßnahme für die größte christliche Minderheit vor.

Männer und ehrenamtliche Leiterinnen

Weibliche Leitung ist eine Tatsache im Alltag örtlicher Gemeinden. George Barna hat herausgefunden, dass Frauen mit 56 Prozent größerer Wahrscheinlichkeit als Männer eine Leitungsposition in der Ortsgemeinde innehaben.[4] Frauen stehen eher Komitees vor oder organisieren einen der zahlreichen Dienste der Kirche, besonders wenn es um Kinder geht, wo sie praktisch das Leitungsmonopol haben.

Seite den 1950er und 1960er Jahren haben eine Reihe von Denominationen ihre formellen Leitungsämter (Ältester, Diakon usw.) für Frauen geöffnet. Das entfachte eine Debatte zur Frage weiblicher Leitung in der Kirche. Das eine Lager besteht aus Verfechtern des *Egalitarismus*, die davon ausgehen, dass Männer wie Frauen das Recht auf jedes Amt in der Kirche besitzen. Das andere sind die *Komplementarier*, die glauben, dass Männer und Frauen zwar gleichberechtigt sind, Gott ihnen aber unterschiedliche Rollen zugewiesen hat.

Ich bin kein Theologe, also maße ich mir nicht an, in dieser Angelegenheit für Gott zu sprechen. Statistiken deuten jedoch darauf hin, dass Denominationen, die ihre Tore am weitesten für weibliche Leitung geöffnet haben, generell Mitglieder verlieren. (Statistiken der Presbyterianischen Kirche zeigen den Höhepunkt bei den Mitgliederzahlen in den 1960er Jahren, und seit dieser Zeit eine stetige Abnahme. Andere große Kirchen folgen einem ähnlichen Muster. Die Abnahme begann ungefähr in der Zeit, als diese Kirchen Frauen in Leitungsämter ließen.) Während 60 Prozent der Kirchen mit einem männlichen Hauptpastor an einem Geschlechtergefälle leiden, trifft dies auf 80 Prozent der Gemeinden mit einer weiblichen Hauptpastorin zu.[5]

Andererseits sind einige der begnadetsten christlichen Leiter, die ich jemals kennengelernt habe, Frauen. Christliche Frauen leisten fantastische Arbeit beim Leiten vieler Gemeinden. Frauen leiteten in der Bibel. Wer behauptet, Frauen seien niemals von Gott zur Gemeindeleitung berufen oder ihnen würden die Leitungsfähigkeiten fehlen, bewegt sich auf ganz schön dünnem Eis. Wir brauchen in der Kirche heute Leiter beiderlei Geschlechts.

Frauen, die ein Leitungsamt bekleiden, möchte ich folgenden Rat geben:

• Berücksichtigen Sie Bedürfnisse und Erwartungen der Männer bei Ihren Entscheidungen.

• Zögern Sie, Männern die Leitung abzunehmen. Wenn ein bestimmter Dienstbereich einmal den Ruf hat, frauendominiert zu sein, wird es schwer, Männer dafür zu gewinnen.

• Konzentrieren Sie nicht die ganze Gemeinde auf die Bedürfnisse von Frauen und Kindern. Machen Sie das Entwickeln von Männern zu einer hohen Priorität.

• Führen Sie mutig. Sie können nicht effektiv leiten, ohne Leute zu verärgern. Auf Jesus waren die Leute die ganze Zeit wütend.

• Seien Sie bereit, härter zu sein. So wie Männer weicher und fürsorglicher sein müssen, so müssen Sie vielleicht dickköpfiger und zielorientierter sein. Gott ruft uns alle – nicht nur die Männer – zur Veränderung.

Männer brauchen Vision

Die Bibel sagt: „Wenn keine Offenbarung (Vision) da ist, verwildert ein Volk" (Spr. 29,18). Es sind die Männer, die heute geistlich zugrunde gehen. Jeder Mann sehnt sich danach, ein bedeutungsvolles Leben zu führen. Männer möchten Teil von etwas sein, das größer als sie selbst ist. Sam Keen schreibt: „Ein Mann findet nur dann Erfüllung (geistlich und sexuell), wenn er sich von der Eigensinnigkeit abwendet und sich an etwas jenseits seiner selbst hingibt."[6] Doch Männer zögern, sich Gott hinzugeben, weil sie nicht wissen, was er in der Welt tut und keine Vorstellung davon haben, wie sie daran teilhaben könnten. Jesus hatte eine Vision. Er nannte sie *das Königreich Gottes*. Sie war riesig. Sie umfasste nicht weniger als das Neuerschaffen der Welt, eine Person nach der anderen. Und wir sind seine Partner bei dieser Aufgabe: „Diese Vision war der Fokus seines gesamten Lebens. Alles in seinem Leben hing mit dieser Vision zusammen. Diese Vision war es, die ihn auf seine Mission konzentriert bleiben ließ. Sie war der Grund, weshalb er lebte und starb."[7]

Wenn Männer keine Vision von dem haben, was Gott in einer Gemeinde tut, dann werden sie sich nicht investieren. Sie werden sie als Club betrachten, nicht als Aufgabe. Das Christentum wird entweder eine Übung zur Steigerung der Moral oder sinnlose Beschäftigung. Doch mit einer Vision erhalten selbst untergeordnete Tätigkeiten Bedeutung. Lee Strobel schreibt begeistert über die Leute, die in seiner Kirche Audiokassetten kopieren: „Sie stehen stundenlang an Maschinen, um Tausende von Kassetten rauszuhauen, und doch betrachten sie ihre Aufgabe nicht als unwichtig oder unbedeutend. Sie wissen, dass Gott diese Botschaften auf mächtige Weise gebrauchen kann, und beteiligen sich so an dem Abenteuer, bei dem Gott Menschen berührt. Das motiviert sie! Sie haben eine Mission, die wirklich bedeutend ist."[8]

Hier ist das Problem: Wir bringen Männer in der Kirche dazu, Kassetten zu kopieren, und sie denken, sie kopieren Kassetten. Das tun sie nicht! Sie bauen Rettungsboote, die Seelen vor dem Ertrinken retten! Sie schmieden Schwerter, die die Finsternis durchdringen, in der Menschen gefangen sind. Jeder Ordner und Parkplatzeinweiser, jeder Lehrer und Teamleiter muss sich selbst als Teil einer Kette sehen, die bis zu Christus selbst reicht – ein Fußsoldat in der Armee, die die Welt verändert. Das ist die Macht der Vision, und ohne sie gehen Männer zugrunde!

Woher kommt Vision? Von Gott! Gott beruft jeden Gläubigen, jede Kirche dazu, etwas Großartiges zu erreichen, doch nur wenige hören zu. Es gibt in Amerika 340.000 Kirchen,[9] von denen jede ungefähr dasselbe macht wie jede andere. Wie wäre es, wenn Ihre Gemeinde eine Sache täte und die richtig gut machen würde? Etwas Einzigartiges, Spezifisches, Detailliertes und Gottgegebenes? Paulus sagt uns, dass der Leib Christi aus vielen Gliedern besteht, jeder mit einer einzigartigen Funktion. Diese einzigartige Funktion ist Ihre *Bestimmung.*

Männer brauchen eine Bestimmung

Wenn zwei Frauen miteinander essen gehen, haben sie keinen Programmplan – anders als zwei Männer, die dasselbe tun. Verabredet sich Stefan mit Karl zum Essen, dann fragt der sich: „Was will Stefan?" Bevor er die Einladung annimmt, fragt Karl wahrscheinlich Stefan: „Um was geht's?" oder: „Was willst du?" Männer tun nichts, solange sie nicht die Bestimmung kennen.

Das Problem ist, die meisten Männer wissen nicht, was die Bestimmung der Kirche ist. Wirklich! Männer wissen nicht, worum es bei der Kirche geht! Deshalb lieben Männer die Buchserie *Kirche mit Vision* von Rick Warren. Männer werden von ihrer Bestimmung motiviert. Wenn Sie klar eine eindeutige Bestimmung für Ihre Kirche formulieren können (und sie oft wiederholen), ermutigt das die Männer.

Was können Sie tun?

- Versuchen Sie, das Leitbild der Kirche kurz und spezifisch zu halten. Solche Leitbilder sind oft so langweilig und allgemein, dass keiner deswegen begeistert werden wird. Al Winseman gibt den Rat: „Das Leitbild muss kurz genug sein, sodass es einfach von jedem Mitglied der Gemeinde auswendig gelernt werden kann."[10]

- Wenn Sie Leitbild oder Bestimmung definiert haben, wiederholen Sie es häufig der Gemeinde gegenüber, mindestens einmal pro Monat. Thom Rainer zitiert Eric, einen jungen Christen aus Michigan: „Es kickt mich wirklich, zur Kirche zu gehen ... Wir sind unterwegs in einer Mission für Gott, und wir wissen, wo wir hinwollen."[11]

- Betonen Sie immer die Bestimmung, wenn Sie Ereignisse ankündigen. Hier eine Ankündigung im Kirchenanzeiger, die den Punkt verfehlt: „Die jährliche Männerfreizeit findet vom 7.-8. Juni am Starnberger See statt. Unser Sprecher ist Max Krause. Die Kosten betragen 95 Euro. Anmeldung bei Hubert Müller, Tel. 547263." Was ist mit dieser Ankündigung nicht in Ordnung? Nirgendwo ist der Zweck dieser Freizeit erkennbar! Wenn Sie einen Mann darum bitten, zwei Tage seines Lebens aufzugeben, dann müssen Sie genau sagen, *was für ihn drin ist.*

- Wenn Sie Kleingruppen für Männer starten, sollten diese eine Bestimmung haben, auf die sie ausgerichtet sind. Ohne eine Bestimmung löst sich die Gruppe schnell wieder auf. Der Zweck kann von einem Leiter kommen. Oder, besser noch, sie fordern Männer heraus, zu beten und Gottes Ziel für die Gruppe zu entdecken.

- Schaffen Sie Treffen ohne Zweck ab. Ron sagt: „Gemeinden verschwenden soviel Zeit mit sinnlosen Treffen. Wir verbringen endlos Zeit damit, über das zu sprechen, was wir tun sollten, statt es einfach zu machen."[12] Wenn ein Treffen keinen klaren Zweck hat, dann lassen Sie's ausfallen. Ihre Männer werden es Ihnen danken.

Geben Sie Männern Maßstäbe: Verlangen Sie etwas von ihnen

Viele Leute denken, die Kirche verlangt zu viel von ihren Mitgliedern. In Wirklichkeit verlangt sie zu wenig. Thom Rainer untersuchte zweitausend Kirchen und hat herausgefunden, dass die Gemeinden, die kirchenferne Menschen anziehen, solche mit *hohen Erwartungen* waren. Er sagt: „Menschen haben kein Verlangen danach, etwas Beliebigem anzugehören, etwas, das wenig von ihnen erwartet. Und, ehrlich gesagt, viele Gemeinden haben die Mitgliedschaft auf ein Level heruntergeschraubt, das sie bedeutungslos macht." Er zitiert einen Mann namens Sam, der dank einer Kirche mit hohen Erwartungen zu Christus fand: „Ich habe das damals vielleicht nicht erkannt, aber ich war auf der Suche nach einer Gemeinde, die etwas von mir erwartet."[13]

Forschungen von Dr. Chris Bader von der Baylor Universität unterstützen diese Vorstellung: „Gruppen, die zahlenmäßig wachsen, sind solche, die mehr von ihren Mitgliedern verlangen."[14] Rick Warren baute die Saddleback Church auf dieser Philosophie auf: „Bitte zuversichtlich um großes Engagement. Jesus hat immer klar und zuversichtlich um Engagement gebeten. Er war überhaupt nicht zögerlich, wenn es darum ging, Männer und Frauen zu bitten, alles sein zu lassen und ihm nachzufolgen." Waren fügt hinzu: „Die Leute widerstreben nicht der Bitte um ein großes Engagement, wenn ein großer Zweck dahintersteht."[15]

Wir haben Angst, Männer um großes Engagement zu bitten, deshalb denken sie, wir seien hinter ihrem Geldbeutel her, nicht hinter ihrem Herzen. Wir stecken sie in die Gemeindemaschine und vergessen ihnen zu zeigen, welcher ewigen Bestimmung ihr Beitrag dient. Gordon Dalbey diskutiert die Risiken und den Lohn, die das Herausfordern von Männern mit sich bringen:

Häufig zögern wir, Männer zu größerem Engagement herauszufordern, weil wir davon ausgehen, sie seien träge. Und dann wundern wir uns, weshalb Männer so wenig Respekt vor der Kirche haben – während wir selbst ihnen gegenüber so wenig Respekt haben. Aber was wäre, wenn wir Männern gleich von Anfang an sagen würden, dass der Beitritt in die Gemeinde Jesu Christi ... heißt, in Gottes Armee einzutreten und dafür sein Leben zu riskieren? Dieser Ansatz würde auf dem Kriegergeist basieren, den jeder Mann in sich hat, und damit die hoffnungsvollste Aussicht auf das Wiederherstellen eines authentischen, christlichen Mannseins im Leib Christi bieten. Sicher, das wäre riskant: Was passiert, wenn die trägen Männer nicht kommen? Und was passiert, wenn die echten Männer kommen?"[16]

Versprechen Sie Männern Hürden, nicht Bequemlichkeit

Bruce Baron schreibt: „Die höhere Art von Leitung bringt in Männern die größtmöglichen Energien durch das Versprechen von Hürden hervor, nicht durch das Ausmalen von Belohnungen – dies war die Art, wie Jesus geleitet hat. Dadurch schmiedete er das weiche Metall der Natur seiner Jünger zu scharfem, hartem Stahl."[17]

Jesus sandte seine Jünger „als Schafe unter Wölfe". Er sagte ihnen Gefängnis, Prügel, Betrug, Verfolgung und Tod voraus (Mt. 10). Er sagte ständig ihre Untreue voraus. Hebräer 11 liest sich wie ein Stück von Edgar Alan Poe, in dem Christen gesteinigt, aufgespießt und in zwei Hälften zersägt werden. Es gibt einen Typus von Mann mit hoher Oktanzahl, der nicht folgt, solange er keine Gefahr darin sieht. Jesus wusste das. Und nicht anders war es bei dem Antarktisforscher Ernest Shackleton, der 1913 diese Anzeige schaltete:

> Männer gesucht für gefährliche Reise. Kleines Gehalt. Bitter kalt. Lange Monate in vollständiger Dunkelheit. Dauernde Gefahr. Sichere Rückkehr zweifelhaft. Ehre und Ruhm im Erfolgsfall.

Mehr als fünfzigtausend Männer bewarben sich für die sechsundzwanzig Plätze. *Genau die Sorte Männer, die der Kirche heute fehlen!* Wenn wir aggressive, mutige, Größe suchende Männer wollen, müssen wir tun, was Jesus getan hat und Leiden, Versuchungen und Schmerz versprechen. Doch das heutige Christentum wird vermarktet wie Aspirin: Es ist das *Gegenmittel* bei Leiden, Versuchung und Schmerz. Wir haben Jesu Ansatz auf den Kopf gestellt!

Hier eine Strategie, die Sie wahrscheinlich nicht im Evangelisationstraining gelernt haben: Manchmal ist es weise, den ersten Anlauf eines Mannes, Christus anzunehmen, ins Leere gehen zu lassen. Bestimmte Männer müssen erst Gottes harte Seite spüren, ehe sie an seiner Seite gehen. Mein Freund Paul ist so ein Mann. Er ist einer der besten Wildnispiloten Alaskas, Besitzer einer Hütte in der Wildnis. Er ist ein Abenteurer, der die Erstbesteigung einiger der schwierigsten Gipfel Alaskas geschafft hat. Paul wuchs in einer Kirche und bei frommen Eltern auf. Doch jahrzehntelang lief er vor Gott davon und sein Leben ging den Bach hinunter. Eines Sonntags kam er auf einen Pastor zu, den er schon Jahre kannte und fragte ihn, wie er ein Christ werden könne. Der weise Pastor schaute ihm in die Augen und sagte: „Verschwende nicht meine Zeit. Wenn Du bereit bist, *alles* Gott zu übergeben, dann komm noch mal." Er drehte sich um und ließ Paul am Altar stehen, baff. Ist das in Ihren Augen verrückt? Sehen Sie sich an, wie Jesus mit einer ähnlichen Begegnung umging: „Unterwegs sagte einer der Jünger zu Jesus: ‚Ich will mit dir gehen, wohin du auch gehst.'" (Lukas 9,57).

Erwiderte Jesus: „Preis dem Herrn, noch ein Christ! Willkommen in der Familie."? Nein! Er reagierte mit einer ernsten Warnung. Jesus sagte: „Füchse haben ihren Bau und Vögel haben Nester, doch der Menschensohn hat keinen Ort, an dem er sich ausruhen kann." (V. 58).

In den nächsten vier Versen wies er zwei Möchtegernnachfolger zurecht. Der eine wollte sich von seiner Familie verabschieden, der andere seinen Vater beerdigen. Das nennt man wohl unsensibel! Doch Christus wusste, was wir vergessen haben: Ein Mann, der für das Reich Gottes herausgefordert wurde, wird immer ein Nachfolger bleiben. Das passierte mit meinem Freund Paul. Ein paar Wochen, nachdem der Pastor ihn so herausgefordert hatte, flog Paul sein Buschflugzeug nach Anchorage und gab Gott *alles*. Er wurde von einem untreuen Rüpel in den vernarrtesten Ehemann der Welt verwandelt. Und er baut seine Hütte in der Wildnis in einen Ort um, auf dem sich junge männliche Nachfolger in ihrem Glauben bewähren können.

Bitten und betteln Sie nicht

Jesus hat nie jemanden gedrängt, ihm nachzufolgen. Er hat nie auf jemanden gewartet, hat niemals *noch einen Vers* gesungen, während die Leute darüber nachdachten, ob sie ihm folgen wollen. Er bellte: „Folge mir!" und ging weiter. Diejenigen, die sofort alles stehen und liegen ließen, wurden seine Jünger; diejenigen, die zögerten, ließ er zurück.

Und doch bitten wir Woche für Woche Männer, besonders in evangelikalen Gemeinden, sich retten zu lassen. Das Problem dabei: Dieser Aufruf ist so vertraut, dass Männer darin keinen Wert sehen. Bitte verstehen Sie mich nicht falsch, es ist sehr wichtig, dass wir Männer zur Nachfolge Christi rufen. Männer brauchen Erlösung. Doch was wäre, wenn statt zu betteln unser Ansatz wie folgt wäre: „Hast du das Zeug, Christus zu folgen? Viele sagen, sie hätten es drauf, aber weniger als Einer von Vieren bleibt loyal. Bist Du einer der Wenigen, oder wirst Du einknicken, sobald Widerstände kommen?". Wie wäre es, wenn wir Männer nicht mehr bitten würden, gerettet zu werden, sondern sie herausforderten, Jesus nachzufolgen?

So ein Ansatz ist riskant und sollte nur mit Gebet eingesetzt werden. Ich würde ihn nicht bei einem gemischten Publikum einsetzen. Doch ein scharfkantiges Evangelium ist vielleicht die einzige Möglichkeit, in die Herzen mancher Männer vorzudringen.

Männer müssen Frucht produzieren

Wenn Sie einen Mann demoralisieren möchten, geben Sie ihm eine sinnlose Aufgabe. Die Nazis demonstrierten das, indem sie bestimmte Gefangene zwangen, ein Loch zu graben und es dann wieder zu füllen. Jeden Tag: graben, füllen, graben, füllen. Die Ärzte im Lager fanden heraus, dass diese Männer schneller starben als diejenigen, denen man eine sinnvolle Aufgabe gegeben hatte. Für Männer ist Sinnlosigkeit Folter, so tödlich wie eine Gaskammer.

Männer müssen produktiv sein. Jesus betete, dass sie reichlich Frucht bringen mögen, dreißig-, sechzig-, ja sogar hundertfach. Und doch kommt pro Jahr auf fünfundachtzig Kirchgänger umgerechnet nur eine Person zum Glauben.[18] Das ist noch nicht mal einfache Frucht. Das entmutigt eine Menge Männer, denn sie sind ergebnisorientiert. *Das größte Verlangen eines Mannes ist es, sich zu reproduzieren.* An einem Sylvestertag stellte ich meinem Pastor eine sehr direkte Frage: „Wie viele Erwachsene kamen in unserer Kirche in diesem Jahr zum Glauben?" Der Pastor, ein sehr diplomatischer Mann, sagte: „Ich bin mir nicht sicher. Da müsste ich erst mal nachsehen." Aber er und ich kannten die Antwort. Sie war null.

Ich addierte das auf. In diesem Jahr hatte unsere Gemeinde 104 planmäßige Gottesdienste und 1.000 Kleingruppentreffen abgehalten und ein Budget von 750.000 Dollar verbraucht, um genau null neue erwachsene Nachfolger Jesu zu produzieren. Wir trafen uns. Wir beteten an. Wir liebten einander. Aber wir produzierten keine Frucht. Unsere Kirche war ein Apparat, der eines Rube Goldberg würdig war: Jede Menge Geräusche, Bewegung und Aufregung, und am Ende kam eine winzige Menge Frucht heraus. Ich fühlte mich in dem Moment wie Sisyphus; die Kirche war mein Felsbrocken.

Selbst Kirchen, die Menschen gewinnen, produzieren keine Frucht. Pastor G. F. Watkins fiel auf, dass seine junge Gemeinde Tausende Bekehrter gewann, aber nur wenige blieben. „Die Leute strömten herein wie eine Flut und wogten gleich wieder durch die Hintertür ins Nichts zurück."[19] Jesus sagte, es sei unsere Aufgabe, Frucht zu produzieren: Frucht die bleibt (Joh. 15,16). Wenn Hunderte gerettet werden, aber kaum welche von ihnen Jünger werden, dann entmutigt das Männer.

Okay, ich gebe zu, dass es noch andere Möglichkeiten als Bekehrte und Gemeindewachstum gibt, um die Produktivität zu messen. Manche würden sagen, die wahre Frucht des Christentums ist ein verändertes Leben, Menschen die Jesus ähnlicher werden. Wie schlagen wir uns also in dieser Beziehung? Lassen Sie uns einige der Ergebnisse hervorholen, die ich bereits in früheren Kapiteln erwähnt habe: Die Hälfte der amerikanischen Gottesdienstbesucher gibt an, nicht in ihrem Glauben zu wachsen. Nur die Hälfte sagt, sie verlässt Gottesdienste häufig mit dem Gefühl, zur Veränderung herausgefordert worden zu sein. George Barna hat festgestellt:

> Wenige der Gemeindemitglieder haben ein biblisches Weltbild; die Hälfte der Leute [denen unsere Kirchen dienen] sind nicht geistlich sicher oder entwickelt; Kinder fliehen in Rekordanzahl aus der Kirche; die meisten Leute, die Gottesdienste besuchen, geben zu, nicht mit Gott verbunden zu sein; die Scheidungsrate von Christen unterscheidet sich · nicht von der bei Nichtchristen ... und das durchschnittliche Gemeindemitglied verbringt mehr Zeit pro Tag vor dem Fernseher als mit allen geistlichen Aktivitäten der gesamten Woche.[20]

Während einige Kirchen reichlich Frucht produzieren, ist die traurige Wahrheit, dass viele das nicht tun. Ich glaube, man kann ohne weiteres sagen, dass die meisten amerikanischen Gemeinden nicht die Wirkung haben, die sie nach Gottes Willen haben sollten. Wir ernten nicht die Frucht veränderter Leben, die Jesus versprochen hat.

Wie verbergen wir diesen skandalösen Mangel an Produktivität? Einige schlaue Gemeinden haben einfach die Definition von *Frucht* verändert. Gemeinden beurteilen den Erfolg nach Maßstäben für ein Familientreffen: *Wie viele Leute kamen, und kamen sie alle gut miteinander aus?* Eine große, fröhliche Menge entspricht Frucht. Je mehr Treffen, Zusammenkünfte und Liebhaben stattfindet, desto reicher ist die Frucht. Das ist eine weitere Weise, wie die moderne Kirche das feminine Herz widerspiegelt – *die Leute versammelten sich, formten den Leib Christi und liebten einander.* Das Ergebnis wird Männer eher nicht elektrisieren.

Doch Gemeinden, die Männer erreichen, haben einen anderen Standard. Barna berichtet: „Wachsende Gemeinden bewerteten den Erfolg eines Programms danach, wie viele Leben durch seinen Einsatz verändert wurden. Das unterscheidet sich vom Vorgehen stagnierender Kirchen, bei denen ein Programm üblicherweise danach beurteilt wird, wie viele Personen daran teilnehmen."[22]

Warum produzieren unsere Kirchen so wenig Frucht? Natürlich gibt es dafür geistliche Gründe – ein Mangel an Gebet, Glaube, Durchhaltevermögen, Vertrauen usw. Doch selbst treue, betende Kirchen schaffen es manchmal nicht, reiche Frucht hervorzubringen, weil sie Angst haben, einen schmerzlichen, aber notwendigen Schritt zu gehen: Ihre Dienstprogramme auszudünnen.

Ausdünnen: Der fehlende Schritt im Produzieren von Frucht

Als ich ein neunjähriger Junge war, pflanzte ich Karotten in unserem Garten. Ich folgte der Anleitung auf der Samentüte und goss sie jeden Tag. Innerhalb von ein paar Wochen schossen kleine grüne Pflänzchen aus dem sandigen Lehm. Im Laufe der Wochen wurde das Obere der Karotten größer, voller und bekam mehr Blätter. Ich war begeistert und sicher, in Kürze auf Rüben herumzukauen, die einem Bugs Bunny Freude gemacht hätten.

Auf der Samentüte stand: *Die Karotten können in etwa 90 Tagen geerntet werden.* Am Tag 90 stand ich früh auf, lief zu meinem Karottenbeet und zog eine heraus. Ich war schockiert, eine verschrumpelte orange Wurzel zu sehen, die weniger als fünf Zentimeter lang war. Ich zog weitere Karotten heraus, dasselbe. Keine meiner Karotten hatte sich ordentlich entwickelt.

Ich las noch einmal die Anleitung und merkte, dass ich einen wichtigen Schritt vergessen hatte: *Pflanzen zu einem endgültigen Abstand von fünf bis zehn Zentimetern pro Karotte ausdünnen.* Da so viele Karotten sich die Nährstoffe teilen mussten, war es für sie unmöglich, zur Reife zu kommen. Meine Karotten sahen an der Oberfläche gut aus, aber es gab keine essbare Frucht.

Traurigerweise sehen viele unserer Kirchen an der Oberfläche gut aus, aber sie produzieren nur magere Frucht. Das liegt daran, dass wir zu viel machen. Über die Jahre pflanzen wir neue Programme, aber dünnen niemals die weniger effektiven aus. Das Verzeichnis unserer Dienste wächst und wächst. Bald schon fangen die Dienste an – ganz wie die Karotten in Bezug auf Nährstoffe – nach Mitarbeitern zu hungern. Unterbesetzte Dienste werden weniger und weniger effektiv. Männer spüren die Sinnlosigkeit darin und ziehen sich zurück, womit die Frauen die ganze Arbeit tun dürfen.

Dennoch fahren wir unfruchtbare Programme nicht zurück oder lassen sie sterben. Stattdessen halten wir Programme lang nach dem Ende ihrer Nützlichkeit am Leben, um die Leute bei Laune zu halten. Aber bei dem Versuch, jedem alles zu sein, produzieren wir keine

Frucht. Dienste schrumpfen zusammen. Die Ehrenamtlichen arbeiten, bringen aber nur kaum merkliche, unscheinbare Frucht. Das ist das Rezept, um Mitarbeiter auszubrennen, besonders bei Männern.

Wie dünnen Sie Ihre Dienste aus? Die Fellowship Bible Church in Arkansas prüft alle ihre Dienste auf Fruchtbarkeit; die unteren zehn Prozent werden jedes Jahr geschlossen. Es gibt keine heiligen Kühe; jeder Dienst, der nicht das Leben von Menschen verändert, kommt auf den Hackstock. Rick Warren von Saddleback ist direkter: „Killen Sie jedes Programm, das keinem Zweck dient."[12] Jesus sagte: „Er schneidet jede Rebe ab, die keine Frucht bringt, und beschneidet auch die Reben, die bereits Früchte tragen, damit sie noch mehr Frucht bringen." (Joh. 15,2). Haben wir den Mut, so mit unseren Kirchenprogrammen umzugehen?

Das Ausdünnen von Pflanzen ist schmerzlich. Meiner Meinung nach ist es der schlimmste Aspekt des Gärtnerns, diese unschuldigen kleinen Sprossen aus dem Boden zu ziehen. Ihre Dienstangebote auszudünnen tut ebenfalls weh und sie dürfen sicher sein, dass wohlmeinende Christen Widerstand leisten. Sie hören Dinge wie: „Wir können nicht aufhören, dieses Programm anzubieten! Schwester Berta wird am Boden zerstört sein. Sie hat ihr Leben in diesen Dienst gegeben." Damit ist normalerweise jede Änderung erledigt, denn in den meisten Kirchen sind die Gefühle der Leute die wichtigste Überlegung bei Aktionen (mehr darüber in Kapitel 20).

Warum müssen wir den schmerzlichen Schritt zum Ausdünnen unserer Dienste machen? Weil Männer Frucht produzieren müssen. Wenn wir Männer in fruchtlose Aktivitäten stecken, brennen Sie aus oder werden passiv oder verlassen die Gemeinde. Der Prophet Jesaja sprach für diese Männer: „Aber alles, was ich tue, scheint mir nutzlos! All meine Anstrengung war umsonst und vergeblich. Doch ist es die Sache meines Herrn, meine Mühe zu verantworten. Er wird mir Gelingen schenken." (Jesaja 49,4). Männer opfern sich nicht mehr, um eine Institution zu unterstützen. Doch eine Kirche, die die Welt verändert, zieht Männer wie ein Leuchtturm an.

Was können Sie tun? Stehen Sie Schwester Berta zur Seite und helfen Sie ihr, die Notwendigkeit für Veränderung zu erkennen. Geben Sie ihr eine Vision für das, was durch diese Veränderungen erreicht werden kann. Bieten Sie Ihren Gemeindeleitern unermüdliche Unterstützung, wenn unfruchtbare Programme ausgedünnt werden. Sie brauchen das! Und noch eine Sache: Prüfen Sie Ihren eigenen Dienst. Wenn Sie für Gott beschäftigt sind, aber nicht wirklich die

Frucht veränderter Leben produzieren, ist es vielleicht an der Zeit, in ein klarer ausgerichtetes Jüngerschaftsprogramm weiterzugehen.

Starke, mutige Leitung ist nötig, um diese Dinge zu tun. Aber Sie können sie tun. Fällen Sie schwere Entscheidungen. Leiten Sie mutig. Machen Sie sich keine Sorgen, Schwester Berta schafft das schon.

18

Pastoren und der maskuline Geist

Hinweis des Autors: Dieses Kapitel ist nicht nur für Pastoren. Laien werden erfahren, wie sie ihren Pastoren helfen können, Männer zu erreichen und den Thermostat zu verändern.

Während ich im College war, stellte ich mir die Frage, ob Gott mich in den Pastorendienst ruft. Als ich allerdings entdeckte, wie anspruchsvoll das Leben eines Pastors wirklich ist, kam ich zu dem Schluss, dass Gott sich wohl verwählt hatte.

Pastoren, ich bewundere Sie. Sie haben einen komplexen, weitgehend undankbaren Job. Ich kann mir keinen Beruf vorstellen, der einen in mehr Richtungen zerrt als das Pastorat. Eine Kirche zu leiten ist, als würde man versuchen, Karten in einem Sturm zu spielen, und die theologischen Bildungseinrichtungen bereiten einen vor, zu predigen, nicht zu leiten. Sie sind vielleicht frustriert vom Mangel an männlicher Beteiligung in Ihrer Gemeinde, oder Sie sind unsicher, wie sich Männer mehr einbeziehen lassen. Hier ein paar praktische Ideen, wie Sie mehr Männer in Ihrer Gemeinde ansprechen können.

Männer brauchen starke pastorale Leitung

Ich möchte eines klarstellen: starke pastorale Leitung ist keine Diktatur. In vielen Gemeinden kontrolliert der Pastor alles; entweder, weil die Laien passiv sind oder weil der Pastor eine kontrollierende Typ-A-Persönlichkeit besitzt. Männer wollen ihren Beitrag leisten, doch wenn der Pastor die Zügel in der Hand hält, verdorren die Männer. John Eldredge fasst es so zusammen: „Man sollte Teams haben, keine One-Man-Show. Wenn man eine One-Man-Show hat, sind die Männer, die man bekommt, Schafe statt Tiger."

William Easum versteht, was einen guten pastoralen Leiter im 21. Jahrhundert ausmacht:

> Leiter von heute konzentrieren sich auf Erlaubnis statt auf Kontrolle oder Verwaltung ... Sie geben keine Anweisungen oder diktieren, wie die Leute in ihrer Organisation arbeiten müssen. Sie zeigen eine Vision auf, die Sieg schafft, die Menschen freisetzt, spontane Entscheidungen zu treffen und dann zur Seite zu treten. In dieser Rolle schaffen sie ein offenes und freies Umfeld, in dem normale Menschen zu außerordentlichem Dienst ermutigt und ausgerüstet werden. Ihre Leidenschaft ist das Entwickeln anderer Leiter, die wiederum Leiter entwickeln.[1]

Ihre Kirche zieht Tiger an, wenn sie dort Tiger sein dürfen. Ist das nicht, was Jesus getan hat? Er trainierte zweiundsiebzig Tiger und sandte sie dann mit all seiner Autorität aus (Lukas 10). Als Pastoren sollten Sie das gleiche tun: Trainieren Sie Ihre Männer und männliche Tiger fangen an, am Sonntag aufzutauchen. Sie sagen vielleicht: „Das ist ein unmöglicher Traum; Sie wissen nicht, wie passiv Männer sind." Oder Sie sagen vielleicht: „Ich habe versucht, mutiger zu leiten, doch die Leute greifen mich an."

Ach, die Leute. Es ist eine Tatsache, dass die Leute in den Kirchenbänken häufig mutige pastorale Leitung ausbremsen. Warum? Untersuchungen zeigen, dass wenige Christen die Wichtigkeit guter Leitung erkennen.[2] Starke Leitung beinhaltet immer Veränderung, was das Ego und die Gefühle verletzt.

Fazit: Wenn wir mehr männliche Tiger in unseren Gemeinden wollen, müssen wir unseren Pastoren helfen, großartig zu leiten. Wie können Sie helfen?

- Geben Sie Ihrem Pastor Zeit zu beten, zu träumen und eine Vision für die Gemeinde zu entwickeln. Entlasten Sie ihn von so viel Aufgaben wie möglich (Apostelgeschichte 6).

- Lassen Sie den Pastor wissen, dass Sie seiner Leitung folgen, selbst wenn er Sie ins Unbekannte führt. Holen Sie Ihre Gruppe (Hauskreis, Frauenkreis usw.) zusammen und schreiben Sie Ihrem Pastor einen Brief, in dem Sie ihm sagen, dass Sie seine Leitung schätzen und ihn ermutigen, große Träume zu haben. Lassen Sie ihn wissen, dass Sie ihn unterstützen werden, egal wie Gott führt. Was wird das für eine Ermutigung für Ihren Pastor sein!

• Seien Sie unterstützend, wenn Ihr Pastor seine Vision für die Gemeinde kommuniziert, selbst wenn das Veränderung beinhaltet, über die sich Leute aufregen. Schüren Sie keine Opposition, sondern helfen Sie stattdessen Ihrem Pastor, die Wogen zu glätten.

Pastoren sollten maskulin, stark und resolut sein

Es ist ein Klischee, dass Pastoren Weicheier sind. Man sieht das immer wieder in Filmen. Der Kinopastor ist ein zurückhaltender und onkelhafter Typ, der sich durch Hochzeiten und Beerdigungen murmelt. Sie sind entschieden weniger maskulin als der Held, der heiratet oder der Mafioso, der beerdigt wird.

Ist da etwas Wahres dran? Laut Persönlichkeitstests „zeigen Männer, die ordiniert sind, ‚femininere' Persönlichkeitszüge als Männer in der Allgemeinbevölkerung."[3] Pastoren neigen auch dazu, einen niedrigeren Testosteronspiegel zu haben als andere Männer.[4] Das heißt nicht, das Pastoren unbedingt unmännlich sind; sie sind einfach verbaler, ausdrucksstärker und sensibler als der Durchschnittsmann.

Doch Männern fehlt der Respekt für Männer, die übermäßig verbal, ausdrucksstark oder sensibel sind. Hier ein Beispiel: Die Brauerei Budweiser sendete eine beliebte Serie von Werbespots mit einem redseligen älteren Herrn mit Cowboyhut. Nennen wir ihn mal Tex. Text labert und labert, während die anderen Jungs in der Werbung die Augen verdrehen. Die Botschaft ist klar: Ein Mann, der zu viel spricht, ist suspekt. Genauso ist es mit jemandem, der übermäßig emotional oder sensibel ist. Das gilt auch für jemanden, der schnell dabei ist, Männer zu umarmen.

Was können Sie tun?

• Reden Sie weniger und hören Sie stattdessen zu. Die besten Pastoren für Männer sind gute Zuhörer. Sie stellen tolle Fragen und lassen Männer die Wahrheit selbst entdecken.

• Seien Sie kritisch gegenüber Gefühlsausbrüchen. Jesus weinte öffentlich, aber er tat das auf der Beerdigung eines Freundes, was ein angemessenes Umfeld für männliche Trauer ist. Ein Pastor, der auf der Kanzel häufig schluckt oder in Tränen ausbricht, ist vielleicht bei Frauen beliebt, aber er treibt einen Keil zwischen sich und bestimmte Männer.

Männer schätzen Sicherheit und Überzeugung

Männer wollen einen Pastor, der feste Überzeugungen hat. Hören Sie sich Jorge an, einen vormals kirchenfernen Mann: „Ich besuchte ein paar Kirchen, ehe ich ein Christ wurde. Mann, manche davon waren wirklich zum Kotzen. Sie waren von ihrem Glauben nicht mehr überzeugt als ich selbst." Seans Widerstand gegen Kirche bröckelte, als er einen Pastor hörte, der mit Sicherheit predigte: „Als ich ihn das erste Mal hörte, dachte ich mir, der Typ glaubt das Zeug wirklich. Ich glaube, Maria war wirklich überrascht, als ich ihr sagte, ich möchte noch mal mitkommen." Männer wollen einen Pastor, der mutig das Evangelium verkündet, ohne Scham oder Verteidigungshaltung, aber nicht in einem harten oder verdammenden Ton. Thom Rainer fragte die vormals Kirchenfernen, was ihnen an einem Pastor gefällt, und er berichtet: „Viele Male hörten wir, dass diese Pastoren starke Überzeugungen hatten, aber einen sanften Geist."[5]

Männer mögen Pastoren mit den Insignien der Männlichkeit

Jeri Odells Ehemann Dean war beeindruckt vom neuen Pastor seiner Frau, weil er beim Predigen Cowboystiefel trug.[6] Ich kenne eine Reihe ehemaliger Footballspieler, die jetzt Pastoren sind und sehr großen Anklang bei Männern finden. Stu Weber, einer der führenden Männerpastoren Amerikas, gehörte früher zur Elitetruppe der Green Berets.

Als Pastor müssen Sie nicht Arnold Schwarzenegger sein, um Männer anzuziehen, doch je mehr Insignien der Männlichkeit da sind, desto besser. Männer beurteilen Ihre Männlichkeit anhand Ihrer Kleidung, Ihres Autos und Ihrer Hobbys. (Ich weiß, das ist nicht fair, aber es ist wahr.) Sie müssen nicht mit Alligatoren ringen, doch je mehr Zeit Sie draußen verbringen, desto besser. Wenn Sie einmal einen anderen Beruf als den des Geistlichen hatten, sprechen Sie häufig darüber, besonders wenn Sie beim Militär waren oder einen Beruf als Arbeiter hatten. Männer respektieren einen Pastor mit Erfahrungen in der „richtigen" Welt. Richard Rohr und Joseph Martos schreiben: „Die Leute haben die Schnauze voll von Predigten, die aus dem Studierzimmer auf die Kanzel kommen."[7]

Männer wollen einen Pastor, der ein normaler Typ ist

Lee Strobel sagt, kirchenferne Männer „bevorzugen bodenständige, direkte Leiter, die nicht auf ‚Doktor' oder ‚Hochwürden' vor ihrem Namen bestehen." Strobel empfiehlt auch, Vergünstigungen, Parkplätze, ja selbst die Amtsrobe aufzugeben: „Diese Insignien riechen nach elitärem Verhalten und in manchen Fällen nach Arroganz."[8] Thom Rainer zitiert den vormals kirchenfernen Larry aus Boston, der die Authentizität seines Pastors lobt: „Pat ist einfach ein normaler Typ. Er versucht nicht, jemand zu sein, der er nicht ist."[9] Ein Pastor, der offen über eigene Schwierigkeiten, Versagen und Herausforderungen spricht, punktet bei den Männern.

Vermeiden Sie Predigtsprache

Bestimmte christliche Traditionen ermutigen Prediger, auf der Kanzel anders zu sprechen. Man nennt das pastorale Redeweise. In der theologischen Ausbildung wird davon abgeraten, doch manche Christen bestehen darauf. Von dem Moment an, in dem der Pastor die Kanzel betritt, wird erwartet, dass er in einem anderen Tonfall und Akzent spricht. Prediger im amerikanischen Süden beispielsweise sind berühmt dafür, den Namen JAY-sus anzurufen oder Sätze mit einem erbaulichen *Amen?!* zu beenden. Andere Pastoren jauchzen und schreien oder sprechen beim Predigen in einem seltsamen Singsang-Tonfall. Prediger der großen Kirchen verwenden eine distanzierte, offizielle Sprechweise mit laaaang gezogenen Voooookaaaalen, die langsam und überbetont ausgesprochen werden. Ist die Predigt dann vorbei, spricht der Pastor wieder ganz normal.

Das Problem bei der Predigtsprache liegt darin, dass kirchenferne Männer das als Performance empfinden und nicht als herzliche Kommunikation. Ihre Botschaft wird verschleiert, weil der Hörer mit der Art und Weise beschäftigt ist, wie Sie sprechen, und nicht mit dem, was Sie sagen. Gleichen Sie Ihren Predigtstil so weit wie möglich einem Gespräch an. Leidenschaft auf der Kanzel ist toll, doch vermeiden Sie alles, das gekünstelt oder gemacht wirkt. Männer sind auf der Suche nach einem Pastor, der echt ist. Wenn Ihre Predigt den Eindruck einer Show macht, werden Sie eher als heuchlerisch empfunden.

Die Wirkung von Pastorinnen

Die Seminare in Amerika bilden eine Armee von Pastorinnen aus. Frauen werden in noch nie da gewesener Zahl ordiniert.[10] Die Anzahl der Frauen, die sich selbst als Klerikerinnen bezeichnen, hat sich zwischen 1983 und 2000 verdreifacht.[11]

Die meisten christlichen Colleges und Seminare haben Schwierigkeiten, Männer anzuwerben. Einige Beobachter sind der Meinung, in einer oder zwei Generationen werde das Pastorat den kritischen Punkt erreichen, ab dem die meisten Männer diesen Beruf verlassen und Frauen ihren Platz einnehmen. Die Revolution hat in der Kirche von England bereits begonnen: 2005 bewarben sich erstmals mehr Frauen als Männer für die Ordination. Was führte zu diesem historischen Umschwung? Die Zahl der Männer, die sich für das Priesteramt interessierten, brach zwischen 2003 und 2005 um die Hälfte ein.[12] Das mehrheitlich weibliche Pastorat kommt, und zwar nicht, weil die Frauen sich hineindrängen, sondern weil die Männer aussteigen.

Eine Pastorin steht einer Reihe von Herausforderungen gegenüber, wenn sie Männern dient:

- *Weichheit.* Allgemein gesehen sind Frauen weicher und mitfühlender als Männer. Eine Pastorin kann unbeabsichtigt den Thermostat in Richtung Behaglichkeit stellen, einfach nur, weil sie so ist wie sie ist. Pastoren beiderlei Geschlechts sind der Ansicht, Pastorinnen „sind behutsamer als Männer was das Leben einzelner Mitglieder der Gemeinde angeht, pastoral sensibler und fürsorglicher."[13]

- *Leitung.* Männer lieben Frauen, doch sie folgen Männern. G. F. Watkins hat es so formuliert: „Männer wollen eine Mutter, aber sie brauchen einen Vater." Männer wollen gehegt und gepflegt werden, doch sie brauchen ab und zu einen Tritt in den Hintern. Pastorinnen fühlen sich möglicherweise schlecht ausgerüstet, diesen Tritt zu verabreichen.

• *Ein Vorbild für Jungen.* Mit einem männlichen Pastor gibt es wenigstens einen Mann in der Kirche, der alles aufgegeben hat, um Christus nachzufolgen. Jetzt ist es für einen Jungen möglich, in einer Kirche aufzuwachsen und niemals einen Mann zu erleben, der wirklich seinen Glauben lebt. Das könnte es noch schwieriger machen, den christlichen Glauben an unsere Söhne weiterzugeben und zu einem enormen Geschlechterungleichgewicht in der Zukunft führen.

• *Liberale Ansichten.* Der weibliche Klerus ist mit überwältigender Mehrheit liberal, während Männer zu eher konservativen Ansichten neigen. 65 Prozent bezeichnen sich selbst als starke Feministinnen, während nur 24 Prozent der männlichen Pastoren in derselben Denomination eine solche Haltung vertreten. Die vier wichtigsten Prioritäten von Pastorinnen sind „Ökonomie und soziale Gerechtigkeit, Toleranz und Rechte, Höflichkeit und die Rechte Homosexueller."[14] Die *National Congregations Study* (Studie der nationalen Gemeinden) hat gezeigt, dass liberale Kirchen mit 14 Prozent höherer Wahrscheinlichkeit ein Geschlechtergefälle aufweisen als Konservative.[15]

Vielleicht denken Sie, Pastorinnen können Männer einfach nicht erreichen. Nun, männliche Pastoren schaffen das auch nicht gerade besonders gut. 59 Prozent der amerikanischen Hauptpastoren sind männlich, doch nur 39 Prozent der Erwachsenen in einem Sonntagsgottesdienst sind Männer. Vielleicht ist der Schlüssel nicht das Geschlecht des Pastors. Vielleicht ist es der *Geist* des Pastors.

Das Wort *Pastor* bedeutet „Hirte". Und das heißt sanft, nicht wahr? Nein, überhaupt nicht! Der berühmteste Hirte der Bibel, David, ist auch der am meisten gefeierte Krieger. Das ist es, was Männer brauchen: Einen Pastor mit dem Herzen und Geist eines Kriegers.

Hier eine echte Frage für Pastoren jeden Geschlechts: Haben Sie das Zeug für Männer? Können Sie den maskulinen Geist in der Kirche fördern? Pastoren, hütet Ihr die Herde oder führt Ihr die Truppe an? Sehen Sie sich selbst als sanfter Hirte oder als Krieger, der darauf aus ist, die Welt zu verändern?

Henrietta Mears war eine Frau, die das Zeug hatte. Sie führte Hunderte zum Glauben an Jesus, einschließlich Bill Bright, dem Gründer von Campus Crusade for Christ. Während ihrer Amtszeit als Direktorin für Christliche Bildung an der First Presbyterian Church in Hollywood entschieden sich mehr als vierhundert Personen für den vollzeitlichen Dienst, die meisten davon Männer. Von diesen wurde sie respektiert, denn sie sprach ihre Sprache. „Gott beruft uns nicht, damit wir am Rand sitzen und zusehen. Er beruft uns für das Spielfeld, wir sollen das Spiel spielen", sagte sie. Treu der Bibel gegenüber sandte sie dem Verlag Lehrmaterial zurück, welches die Wunder in der Schrift verneinte. Sie lebte nach zwei Worten: *Träume groß*.

Warum war Henrietta Mears so effektiv im Erreichen von Männern? Warum nannte Billy Graham sie die einflussreichste Frau, die er jemals getroffen hat, nach seiner Mutter und seiner Frau? Mears besaß den Geist eines Kriegers! Sie liebte die Menschen genug, um sie bis aufs Blut herauszufordern. Sie war eine Frau mit einer gesunden Dosis maskulinem Geist.

Ob wir bereit sind oder nicht, weibliche Pastoren kommen. Pastorinnen, Lehrerinnen und ehrenamtliche Leiterinnen, ich bitte Sie: studieren Sie Männer. Lernen Sie ihre Bedürfnisse und Erwartungen kennen. Bieten Sie ihnen Herausforderung, nicht nur Behaglichkeit. Wenn Sie aus der Kirche einen behaglichen, fürsorglichen Ort machen, an dem die oberste Priorität lautet, jeder muss sich geliebt und angenommen fühlen, dann werden noch mehr Männer gehen. Fangen Sie jetzt an zu beten und bitten Sie Gott, Ihnen zu helfen, den Männern bei Ihnen das Nötige zu geben.

19

Lehre und der maskuline Geist

Der Pastor hielt eine gute Predigt. Sie war interessant, theologisch solide und gut mit Bibelstellen belegt. Mit zweiunddreißig Minuten schaffte es die Gemeinde, rechtzeitig vor den Baptisten in den Restaurants zu sein.

Das Leitungstreffen am Abend eröffnete der Pastor mit Gebet und fragte dann die Ältesten, welcher seiner drei Hauptpunkte ihrer Meinung nach der beste war. Keiner von ihnen konnte sich an irgendetwas erinnern, das er gesagt hatte. Die Ältesten schämten sich. Der Pastor war entmutigt.

Es gibt jede Menge *Lehre* in der Kirche, aber nicht viel *Lernen*. Männern ist das bewusst. Es ist einer der Gründe, weshalb sie das Gefühl haben, Kirche sei eine sinnlose Unternehmung. Wollen wir Männer mit dem Evangelium erreichen, müssen wir effektiver in unserer Kommunikation sein. Wenn Sie Männer lehren, gibt es einige großartige Möglichkeiten, den maskulinen Geist in die Lehre zu bringen:

Wie man Männer lehrt

Lassen Sie Männer durch persönliche Entdeckung lernen

Warum bat Jesus Petrus, aus dem Boot zu steigen und auf dem Wasser zu gehen? Petrus hatte Jesu Lehre über Glaube gehört. Doch an diesem stürmischen Abend *entdeckte Petrus selbst*, was Glaube wirklich ist. Wenn Sie Männer lehren, dann stellen Sie ihnen gute Fragen; geben Sie ihnen nicht einfach die Antworten. Lassen Sie die Männer die Wahrheit selbst entdecken. Bringen Sie Männer zum Denken! Sie wollen es wie kleine Kinder selbst machen.

Lassen Sie Männer durch praktische Erfahrung lernen
Dieser Ratschlag gilt auch für Frauen. Man lernt das Kochen, indem man kocht, oder das Gitarrespielen durch das Spielen der Gitarre. Setzen Sie, wo immer möglich, aktive Lerntechniken ein. Geben Sie Männern etwas in die Hand. Verwenden Sie Requisiten, Gerüche, visuelle Hilfen, einfach alles, was es möglich macht, die Lektion zu *erfahren*. Warum geben Unternehmen Millionen aus, damit sie ihre hauptsächlich männlichen Führungskräfte zu Spielen für Teambildung oder zum Laufen über glühende Kohlen schicken können? Es gibt bestimmte Lektionen, die ein Mann nicht aus einem Lehrbuch lernen kann. Männer werden durch persönliche Erlebnisse verändert.

Lassen Sie Männer durch praktische Beispiele lernen
Versuchen Sie mal das: Fragen Sie am Sonntag nach der Gemeinde, worum es in der Predigt ging. Fragen Sie ihn dann, worüber die Predigt im *Kindergottesdienst* war. Typischerweise kann er sich an das Letzte besser erinnern als an das Erste. Warum? Predigten für Kinder sind kurz, weniger verbal und um ein Objekt herum aufgebaut. Lehrer, wenn Ihr Männer erreichen wollt, solltet Ihr hellhörig werden. Die einprägsamsten Botschaften Jesu waren seine Gleichnisse: kurz, auf den Punkt und um eine kleine Geschichte oder ein Objekt herum aufgebaut, das sich gerade dort befand – Lektionen, die bis zum heutigen Tag überlebt haben, *weil Männer sich an sie erinnern konnten.*

Vor Jahren verwendete unser Pastor bei einer Männerveranstaltung Wasser und ein Kupferrohr, um zu illustrieren, wie Männer Leitungen sein sollten, durch die Gottes Segen zu den Menschen um sie herum fließt. Er schickte jeden Mann mit einem zwei Zentimeter langen Kupferrohr als Schlüsselanhänger nach Hause. Ich sehe immer noch Kupferrohre, wenn meine Freunde ihre Schlüssel zücken. Ich frage sie, was das Rohr bedeutet und tue so, als wüsste ich es nicht. Die Männer erklären mir sofort die Illustration. Ich muss wohl nicht sagen, dass diese Lektion eine bleibende Auswirkung auf die Männer unserer Gemeinde hatte.

Lehrer, es gibt keine Ausrede. Kommt, Ihr seid doch kreativ. Denkt mal außerhalb der Box. Praktische Beispiele lassen sich in Büchern und im Internet finden. Meiner Meinung nach sollte man Männer nie ohne wenigstens ein praktisches Beispiel lehren, außer es ist okay, dass die Worte wieder vergessen werden.

Lassen Sie Männer echt sein, nicht religiös

Wenn ein Mann in die Kirche kommt, dann fühlt er sich womöglich wie Tom Sawyer in Tante Pollys Salon. Er muss auf seine Sprache achten, seine Manieren im Griff haben und extra höflich sein. Doch wenn die Kirche ein Ort wäre, an dem Männer *echt* sein dürften und nicht *religiös*, dann gäbe es dort viel mehr von ihnen. Eine der besten Möglichkeiten, ein solches Umfeld zu fördern, ist Folgendes:

Lassen Sie zu, dass Männer Fragen stellen und die offizielle Linie hinterfragen dürfen

Einige Christen sind der Meinung, wir würden Gott beleidigen, wenn wir ehrliche Fragen stellen, die weitverbreitete Glaubenssätze in Frage stellen. Doch Jesus hat das die ganze Zeit gemacht. Er lehrte oft: „Ihr habt gehört, dass geschrieben steht ... ich aber sage euch ..." . Wann immer die Jünger das hörten, spitzten sie die Ohren, denn gleich würde wieder eine heilige Kuh geschlachtet werden! Lassen Sie Männer schwierige Fragen stellen, besonders solche, die die anerkannte Wahrheit hinterfragen.

Wie man den Bedürfnissen der Männer begegnet

Männer brauchen Dialog, Kompromissbereitschaft, eine Möglichkeit zu diskutieren

Woody Davis sagt: „Männer genießen und schätzen Streitgespräche. Wenn Sie das nicht glauben, gehen Sie mal ins nächste Café, wo sich die Männer treffen und die Probleme der Welt lösen. Hören Sie sich ihre Gespräche an und achten Sie auf die Kompromisse, die Herausforderung und die Antworten."[1] Doch in der Kirche bieten wir Lektionen an, weil wir so das Gesagte auf akzeptable christliche Themen beschränken können. Selbst wenn wir diskutieren, dann weichen wir oft einer ehrlichen, gesalzenen Debatte aus, weil die Leute sich aufregen könnten. Stattdessen geben wir Leuten Antworten, weil wir denken, dass es die *Einheit* fördert. Doch Männer finden das langweilig – und auch viele Frauen.

Männer brauchen simple Ein-Punkt-Lektionen (und Predigten)

Die US-Armee bildet seit über zweihundert Jahren eine hauptsächlich männliche Kampftruppe aus. Ihre Methode: *Sag ihnen, was du ihnen sagen wirst – sag es ihnen – und dann sag ihnen, was du ihnen gesagt hast.* Es ist häufig effektiver, sich bei Männern auf einen Punkt zu konzentrieren, statt drei Punkte auf einmal zu versuchen.

Männer haben eine Aufmerksamkeitsspanne von sechs bis acht Minuten, doch die durchschnittliche protestantische Predigt ist über dreißig Minuten lang.[2] Sie hat drei Hauptpunkte und manchmal sogar mehr. Kein Wunder, dass sich Männer nicht an das erinnern können, worüber gesprochen wurde! Pastoren und Lehrer, warum brechen Sie Ihre Themen nicht in kleinere Einheiten, sodass Männer das Gesagte einfacher verdauen können? Als ich einmal Rick Warren persönlich predigen hörte, lehrte er in fünf- bis achtminütigen Segmenten mit einem Lied, Video oder Sketch dazwischen. Ich habe diese Predigt vor fast einem Jahr gehört, aber ich erinnere mich immer noch an das Wesentliche der Botschaft – und habe sie viele Male in meinem Leben angewandt.

Wenn Sie wirklich kirchenferne Männer anziehen wollen, dann malen Sie das auf Ihr Schild: HIER IST DIE 10-MINUTEN-PREDIGT ZUHAUSE. (*Anm. des Übersetzers: Amerikanische Gemeinden haben häufig ein Schild mit einem Motto vor dem Kirchengebäude.*) Teilen Sie Ihre Botschaft auf in eine fünfminütige Bibelarbeit, eine fünfminütige praktische Lektion und in eine zehnminütige Predigt mit anderen Elementen dazwischen. Beleuchten Sie einen Punkt auf drei verschiedene Weisen. Sie kommen immer noch auf Ihre zwanzig Minuten, aber Sie bleiben innerhalb der kürzeren Aufmerksamkeitsspanne von Männern. Beenden Sie Ihre Botschaft mit konkreten Handlungsobjekten oder einem Diskussionsangebot für diejenigen, die noch ein bisschen bleiben wollen. Testen Sie, ob das nicht die Sache für Männer lebendiger macht.

Männer schätzen Direktheit

Viele Lehrer sind der Meinung, jedes Wort aus dem Mund eines Christen muss süß wie Honig sein und wohlüberlegt, sodass keiner in seinen Gefühlen verletzt wird. Doch Männer mögen es direkt und ehrlich. Sie respektieren einen Lehrer, der die Dinge beim Namen nennt und nicht um den heißen Brei herumredet. Sie möchten gleich auf den Punkt kommen und sind von diplomatischer Sprache nicht beeindruckt. Die Leute waren von Jesus so fasziniert, weil er wie einer lehrte, der Autorität hat, nicht wie die Gesetzeslehrer. Lehren Sie wie Jesus: Seien Sie direkt und auf den Punkt!

Männer brauchen herausfordernde Lehre

Männer schätzen eine herausfordernde, direkte Botschaft, die sie praktisch anleitet. Rover Lewis erzählt die Geschichte eines raubeinigen Bauarbeiters, der auf ihn nach dem Treffen einer Männerbruderschaft zukam. Er streckte seine schwielige Hand aus und sagte: „Mann, jedes Mal wenn ich hierher komm', rennst du mir die Haustür ein. Du lebst einfach in meiner Unterwäsche. Alles was du sagst, ist genau über mein Leben." Allgemein gesprochen, je offener und direkter die Lehre ist, desto mehr mögen Männer das – solange es nicht in Verdammung oder Moralismus abgleitet. Der Schlüssel liegt darin, die Wahrheit in Liebe zu sprechen. Jesus liebte Menschen genug, um sie herauszufordern. Lehrer, Ihr solltet es genauso tun.

Männer brauchen das Unerwartete

Die Bibel sagt über Jesus: *Die Leute waren überrascht und erstaunt über seine Lehre.* Wann wurden Sie das letzte Mal in der Gemeinde überrascht? Männer müssen von Gott zum Staunen gebracht werden, doch Liturgien und Rituale haben den Herrn absolut vorhersehbar gemacht. Kein Wunder, dass Männer die Kirche so langweilig finden. Mein Rat: Wenn Sie Männer lehren, tun Sie das Unerwartete. Zerbrechen Sie etwas. Tun Sie so, als ob etwas schiefläuft. Machen Sie einen Kartentrick. Nehmen Sie sie mit nach draußen. Zünden Sie etwas an (natürlich nicht in der Kirche). Spielen Sie einen Ausschnitt aus einem Film. Fordern Sie die gängige Meinung heraus. Überraschen Sie Männer und sehen Sie, wie sie sich einklinken.

Männer brauchen große Geschichten

Larry Crabb beklagt: „Wir sind eine Generation von Männern ohne Geschichten ... wir wissen nicht, wer wir sind, warum wir hier sind oder wohin wir gehen."[3] Jahrhundertelang haben Männer Heldentum und Selbstaufopferung durch große Geschichten gelernt, die sie als Jungen in ihrem Herzen bewahrt hatten. Wenn wir möchten, dass unsere jungen Männer mutige Nachfolger Christi sind, müssen wir ihnen *Geschichten von Leuten erzählen, die Christus mutig nachfolgen.* Früher haben wir unseren Jungen Geschichten von Märtyrern und Missionaren erzählt. Heute nicht mehr. Junge Männer betrachten das Christentum als Religion, nicht als Abenteuer.

Woher bekommen Männer heute ihre Geschichten? Aus dem Kino! Jeder gute Film hat eine große Geschichte im Hintergrund: eine Geschichte selbstloser Liebe, Vergebung, Erlösung oder eines selbstlosen Opfers. Lehren Sie Männer, das Evangelium in den Filmen zu entdecken, die sie sehen. Ein Film wie *Braveheart* kann einen Mann auf Gott weisen, wenn er den Film als ein Abbild des geistlichen Kampfes sieht, der in ihm tobt. Trainieren Sie Ihre Männer, die Christusfigur zu erkennen, die in vielen Filmen auftaucht. (Das ist derjenige, der sich selbst opfert, damit andere leben können.) Filme können helfen, die Welt zu erklären, *wenn Männer wissen, wie sie das interpretieren sollen, was sie sehen.*

Wenn Sie Jungen lehren, vermeiden Sie nicht die abstoßenden Geschichten der Bibel. Das Alte Testament enthält abgeschlagene Köpfe, einen Zeltpflock, der einem Mann in die Schläfe geschlagen wird, und ein Schwert, das so tief im Bauch eines fetten Königs steckt, dass es verschwindet! Ich glaube, Gott hat diese Geschichten nur für vorpubertäre Jungs in die Bibel gepackt. Und doch vermeiden viele Sonntagsschullehrer diese Berichte, weil sie zu gewalttätig sind. Dann wundern sie sich, warum Jungen *Harry Potter* lesen und nicht die Bibel.

Wie man auf Männer zugeht

Betonen Sie mehr Stärken als Schwächen

Es ist schwer für Männer, dauernd ermahnt zu werden, schwach, abhängig und gebrochen zu sein, besonders wenn es sich um Jüngere handelt, die noch denken, sie wären unsterblich. Ich will hier deutlich sein: Männer müssen vor Gott zerbrochen sein. Ohne Christus können wir nichts tun. Wir sind erbärmlich schwach ohne den Heiligen Geist.

Nachdem das gesagt ist: Es ist offenkundig falsch, dass wir uns nach Gottes Willen in Schwachheit und Wertlosigkeit suhlen sollen. Die Worte *stark* und *Stärke* finden sich 561-mal in der New King James Version der Bibel, wohingegen *schwach* und *Schwäche* lediglich 83-mal auftauchen.[4] Wir müssen unsere Schwäche im Verhältnis zu Gottes Stärke anerkennen, aber wir sollen nicht davon besessen sein. Es ist viel effektiver, von Stärke zu sprechen, wenn wir Männer lehren.

Fangen Sie mit dem Alltag an

Robert Lewis' Ansatz unkirchlichen Männern gegenüber ist einfach: „Man lehrt nicht zuerst die Bibel. Man lehrt zuerst Themen aus dem

Alltagsleben und bringt dann die Bibel rein, um Männer zu überraschen. Die meisten Dienste scheitern, weil sie Bibelstudien sind. Ich fange immer mit dem Praktischen an und bringe dann am Schluss die Bibel dazu." Lewis fasst seinen Ansatz so zusammen: Gib Männern, was sie brauchen, getarnt als das, was sie möchten. War das nicht Jesu Methode? Die Frau am Brunnen wollte zu trinken, doch sie brauchte Leben im Überfluss. Jesus bot ihr lebendiges Wasser an. Er verpackte das Evangelium, um so ihr Verlangen widerzuspiegeln.

Betonen Sie Veränderungen im Leben, nicht moralische Verbesserung

Jesus verkündete eine Botschaft der Buße. Buße tun heißt, eine vollständige Kehrtwende zu vollziehen. Der alte Mensch stirbt und ein neuer wird geboren. Unglücklicherweise konzentrieren sich viele Lehrer auf moralische Verbesserung statt auf totale Umkehr. Das war die Methode der Pharisäer: Menschen verändern, eine Sünde nach der anderen. Wenn man genügend Gesetze aufstellt, werden die Menschen gerecht. Männer widerstreben diesem inkrementellen Moralismus. Sie betrachten ihn als Nörgelei. Es ist viel effektiver, Männer zu einer Lebensveränderung zu rufen, als auf spezielle Sünden abzuzielen. Wenn ein Mann einmal Jesus nachfolgt, akzeptiert er moralische Anleitung, denn sein Herz wurde verwandelt.

Präsentieren Sie Lehre, die Menschen weiterbringt

Beinahe ausnahmslos präsentieren die dynamischen Gemeinden von heute Wahrheiten, die man umsetzen kann. Männer lassen sich nicht über eine Lektion aus Epheser begeistern, weil die meisten Männer nicht wissen, was ein Epheser ist und es sie auch nicht interessiert. Doch wenn Männer wissen, wohin die Reise geht und was für sie drin ist, kommen sie eher zur Gemeinde. Ein weiser Pastor, der über Epheser 6 predigte, nannte seine Predigtserie: „Zieh Deine Rüstung an: Wie du die Riesen in deinem Leben erschlägst." Er versprach, Schwert, Schild, Pfeil, Brustpanzer und Helm als Anschauungsmaterial mitzubringen. Die Männer tauchten in großer Zahl auf, weil sie wussten, um was es geht, und das Thema interessant klang.

Bleiben Sie der Schrift treu

Menschliche Meinungen gibt es überall. Es ist einfach zu wissen, was die *Tagesschau*, der *Focus* oder der *Spiegel* denkt. Doch wollen Männer wissen, was Gott sagt. Männer respektieren ein Argument, das von der Bibel gedeckt ist. Zeigen Sie mir eine schnell wachsende Gemeinde und ich zeige Ihnen eine Kirche, die der Schrift treu ist. George Hunter zieht folgenden Schluss: „Es gibt praktisch unter säkularen Menschen keinen Markt für neue Theologien oder vorgebliche ‚Verbesserungen' des ursprünglichen Christentums."[5]

Beantworten Sie die Fragen, die Männer stellen

Die Veteranen des Männerdienstes, Geoff Gorsuch und Dan Schaffer, erforschten und identifizierten die Fragen, die Männer heute stellen. Hier ihre Top-Ten-Liste:

1. Was ist echte Männlichkeit?

2. Was ist Erfolg? Worum geht es im Leben *wirklich*?

3. Wie gehe ich mit Schuldgefühlen um?

4. Was ist männliche Sexualität? Ist Reinheit für den modernen Mann möglich?

5. Wie können wir das Familienleben pflegen?

6. Was ist christliche Leitung? Wie wird sie entwickelt?

7. Was sind die grundlegenden Disziplinen des christlichen Mannes?

8. Welche Dienstfähigkeiten müssen entwickelt werden? Wie?

9. Was ist biblisches Geschäftsverhalten?

10. Was ist Integrität? Wie wird sie entwickelt?

Lehrer, wenn wir Männer erreichen wollen, müssen wir diese Fragen beantworten. Beachten Sie bitte, worüber Männer *keine* Fragen stellen: ewiges Leben, doktrinäre Wahrheiten und politische Themen sind nicht auf der Liste. Beziehungen taucht nicht vor Platz vier und fünf auf. Schauen Sie sich noch einmal die ersten beiden an. Könnte das ändern, wie wir Männer lehren?

Verwenden Sie maskuline Bilder und Sprache

Ich habe mir neulich eine Rekrutierungsbroschüre für die U.S. Army geholt. Dicke Buchstaben auf der Titelseite laden mich ein: **Stellen Sie sich der Herausforderung**. Wenn Sie das Folgende lesen, beachten Sie die maskulinen Bilder und Worte:

> Wenn Sie auf der Suche nach einem Job sind, der Sie vom ersten Tag an fordert, dann sind Sie bei der U.S. Army richtig. Als Soldat in dieser einzigartigen Armee packen Sie das Leben schneller und besser an als die meisten Leute Ihres Alters ... Sie erleben Dinge, die Sie niemals für möglich gehalten hätten und gehen an Orte, über die die meisten Leute nur lesen. Sie lernen Ihre Fähigkeiten kennen und entwickeln diese weiter, und dann gehen Sie täglich bis an die Grenze. Sie werden stärker – körperlich und mental – und erleben ein Gefühl von Stolz, das Sie noch nie gefühlt haben.[7]

Dieser Werbetext kann uns eine Menge über Männer lehren. Beachten Sie, was er verspricht: Herausforderung, besser sein als die anderen, Abenteuer, wachsende Kompetenz, Fähigkeiten, Ausdauer, Stärke und Stolz. Er ist auf Konkurrenz ausgerichtet: Sie werden schneller, besser und stärker als der Rest sein. Mit solchen Bildern zieht die Army jedes Jahr sechzig- bis achtzigtausend Freiwillige an, die meisten davon Männer.

Lehrer in der Gemeinde können vergleichbare Bilder verwenden, um Männer anzusprechen – und Frauen. Dorothy Cassel von der Wesley United Methodist Church in El Reno, Oklahoma, bemerkte, dass die meisten Männer bis zur dritten Stunde ihres Kurses *Gott erleben* ausstiegen. Sie entschloss sich also, so viele maskuline Themen wie möglich in ihre Lehre einzubauen. Sie veränderte den Inhalt nicht. Stattdessen drückte sie es in Begriffen wie *Einfluss, zu einem Team gehören, Bestimmung, Charakter, Mut, Disziplin, Macht* und *Ausdauer* aus. In der ersten Stunde waren 60 Prozent der Teilnehmer Frauen. Bei der dritten Stunde waren es 60 Prozent Männer! Und der Kurs hatte seine Größe verdoppelt (mehr Männer *und* Frauen kamen). Sie verwendet diese Technik immer wieder und kann nicht glauben, was für einen Unterschied das bewirkt. Wenn sie feminine Themen wie *mitteilen, nähren* und *werden* betont, ist die Reaktion lau; wenn sie maskuline Themen wie *Einfluss, Mut* und *Leistung* betont, reagieren sowohl Männer als auch Frauen enthusiastisch.[8]

Reichern Sie Ihre Lektionen mit Geschichten und Metaphern an, zu denen Männer einen Bezug haben. Analogien aus Sport, Krieg, Wirtschaft und dem Überleben treffen männliche Herzen. Das tut auch die Sprache von Tod und Opfer.

Wir leben nicht mehr in einer Monarchie, deshalb ist das Wort *Herr* für Männer bedeutungslos (Guten Tag, Herr Meier?). Es beschwört das Bild eines Mannes in Strumpfhosen herauf, der eine Feder am Hut trägt. Manche Männer tun sich vielleicht leichter, sich Jesus als ihren Trainer, Geschäftsführer, General, Coach oder Boss vorzustellen. David James lädt Männer ein, sich Gott als Wilden Mann, König, Sohn, Krieger, Richter und Bruder vorzustellen.[9] Gott mit einem relevanteren Namen zu nennen, kann dem Gebet eines Mannes neues Leben einhauchen.

Und zum Schluss: Es ist an der Zeit, uns neu mit Christus, dem Mann, vertraut zu machen. Lesen Sie die Bibel. Er ist da! Denken Sie an seine körperliche Kraft – ein Zimmermann, der lange Stunden mit einfachem Werkzeug arbeitete. Er hatte „die Stimme und die Manier eines Führers – die persönliche Anziehungskraft, die Loyalität erzeugt und Respekt gebietet."[10] Christus wirbelt durch die Evangelien wie ein Scheunendrescher, zerschlägt Tische, treibt Leute mit einer Peitsche davon, macht die Pharisäer mit einem Wort platt, zähmt den Sturm mit einer erhobenen Hand und zersprengt eine Formation bewaffneter Soldaten einfach, indem er seinen Namen spricht. Er schmeichelt nie, er befiehlt! Christus ist machtvoll, gefährlich und unvorhersehbar. Lehrer, präsentiert Christus, den Mann. Die Männer werden folgen.

20

Lobpreis und der maskuline Geist

Frauen verhalten sich zu Lobpreis wie Männer zu Sex. Frauen lieben es, überall Lobpreis zu machen, jederzeit und mit jedem. Häufig ist Lobpreis das wichtigste Ventil einer Frau. Frauen sagen mit größerer Wahrscheinlichkeit, dass Lobpreis die oberste Priorität der Kirche sei, und erleben wahrscheinlich Gott während der Anbetung.[1] Ich kenne Frauen, die morgens ihre Heimatgemeinde besuchen, sich aber am Nachmittag oder Abend zu einer Liaison mit einer anderen Gemeinde davonstehlen. Wenn es um Lobpreis geht, können Frauen einfach nicht genug bekommen.

Männer hingegen verhalten sich zu Lobpreis wie Frauen zu Sex. Die meisten Männer müssen *in der Stimmung* sein, um Lobpreis wirklich zu genießen. Ein Mann kann sich nur dann ganz in der Anbetung hingeben, wenn er sich sicher fühlt und unter Leuten ist, die er liebt und denen er vertraut. Ein Mann nimmt eher nicht an der Anbetung in einer Gemeinde teil, in der er niemanden kennt.[2] Männer neigen dazu, eine Gemeinde zu finden, die sie mögen und ihr treu zu bleiben. Wenn sie mit einer Gemeinde brechen, sind sie am Boden zerstört und suchen vielleicht nie mehr wieder eine auf.

Was kann ein Lobpreisleiter da tun? Wie leitet man sowohl Männer als auch Frauen in Gottes Gegenwart? Douglas Wilson schlägt vor: „In einem schriftgemäßen Lobpreisgottesdienst wird es sowohl maskuline wie feminine Elemente geben, doch die maskulinen dominieren in der Leitungsposition. Wenn das feminine Element leitet oder dominiert, führt das im Ergebnis dazu, dass die maskulinen Männer ermutigt werden, wegzubleiben."[3] Wenn wir möchten, dass Männer wirklich anbeten, müssen wir den maskulinen Geist leiten lassen. Versuchen Sie diese praktischen Vorschläge.

Qualität begeistert Männer

Ich habe darüber bereits eine Menge gesagt, aber es ist so wichtig, dass ich es noch einmal sagen muss: *Wenn Sie Männer anziehen möchten, muss der Lobpreis Qualität haben.* Ich spreche nicht über ein steriles, aalglattes Vorgehensmodell. Aber alles, was in Gottes Namen getan wird, sollte gut gemacht werden. Wenn der Lobpreis-gottesdienst wie die Amateurstunde daherkommt, ziehen sich die Männer zurück. Was eine Frau als von Herzen und schlicht empfindet, sieht in den Augen ihres Mannes häufig kitschig und halbgar aus.

Eine gute Möglichkeit, Raum für Verbesserung aufzuspüren, ist eine Umfrage in der Gemeinde.[4] Eine weitere ist eine Befragung der Besucher.[5] Wenn die Umfragen durchgeführt sind, studieren Sie die Ergebnisse, beten Sie und werden Sie aktiv. George Barna schreibt: „In benutzerfreundlichen Gemeinden gibt es beinahe so etwas wie Leidenschaft für das Identifizieren von Schwachstellen und das Entwickeln praktischer und effizienter Lösungen für diese." Barna fährt fort: „Die erfolgreichen Gemeinden, die wir untersucht haben, hatten keine heiligen Kühe. Das heißt, alles an ihnen durfte geprüft und kritisiert werden."[6]

Männer begeistern sich für Spaß

Umfragen deuten darauf hin, dass sich entkirchlichte Menschen bei ihrer Rückkehr zur Kirche eine Gemeinde aussuchen, in der sie Spaß haben: „Das sind keine frivolen Kirchen im Entertainmentstil, sondern solche, in denen sich die Leute so daran freuen, ihren Glauben zu erkunden ... dass sie den *Esprit de Corps* (Kameradschaftsgeist) erleben und die Entdeckerfreude, die ihre Glaubensreise zu einem tollen Erlebnis macht. Gott und seine Wege kennenlernen kann enorm viel Spaß machen."[7]

Doch Männer erhalten den Eindruck, dass Spaß und Jesus inkompatibel sind. Warum? Weil wir ihnen das sagen! Wie oft hören unsere jungen Männer in der Jugendgruppe: „Okay, Jungs, der Spaß ist vorbei. Zeit, etwas über Gott zu lernen."[8]

Kevin Leman erinnert uns daran, dass *Männer albern sind.* Es ist nichts dabei, einwenig *albern* während des Gottesdienstes zu sein. Eine schnell wachsende Gemeinde, die ich kenne, macht mindestens einmal im Monat etwas völlig Verrücktes, wie etwa Wasserbälle in die Bänke werfen oder den Pastor mit einer Harley zur Kanzel fahren zu lassen. Zeigen Sie mir die Bibelstelle, in der steht, dass ein guter Lacher von wahrer Anbetung ablenkt.

Männer lieben es zu lachen. Sie sind die hauptsächlichen Zuschauer von Comedy und gehören zu den größten Fans der Late-Night-Komiker. Eine Reihe christlicher Komiker entzücken das Publikum überall im Land.[9] Warum nicht mal einen für Ihre Kirche buchen? Eine Kirche, die voll Lachen und Spaß ist, wird bald voll von Männern sein – und jungen Leuten.

Männer lieben freundlichen Wettbewerb

Ich habe gehört, dass einige untere Sportligen aufgehört haben, Punkte zu zählen. Was war die Folge? Die Jungen haben einfach selbst die Punkte gezählt. Ohne freundlichen Wettbewerb verlieren Männer das Interesse. Bill Moir warnt: „Wenn man Jungen und jungen Männern den Ansporn des Wettbewerbs vorenthält, läuft man Gefahr, ihre Fähigkeiten brachliegen zu lassen."[10] Zum Vatertag macht unsere Kirche immer etwas für die Männer, das Spaß und Wettbewerb beinhaltet. In einem Jahr war es ein Wettbewerb, bei dem man einen Baumstamm durchsägen musste. In einem anderen Jahr mussten Männer Golfbälle auf ein Ziel an der Wand schießen. Die Gewinner erhalten lustige Preise. Männer lieben einfach solche Sachen! Freundlicher Wettbewerb ist kein Affront gegen Gott.

Rücken Sie die Männer in den Vordergrund

Letzten Sommer habe ich ein kleines Experiment durchgeführt. Ich besuchte die fünf am schnellsten wachsenden Gemeinden unserer Stadt. Jede von ihnen hatte Männer in besonders sichtbaren Positionen. Männer fielen überall im Gottesdienst auf: Lobpreisleitung, Ordner, beim Geben von Zeugnissen und bei der Lehre. Alle fünf Kirchen hatten einen Mann als Pastor. Eine Kirche hatte eine komplett männliche Lobpreisband. Bei einer war sogar ein Mann für das Kinderprogramm verantwortlich! Frauen waren in diesen Gemeinden nicht unsichtbar, doch die Männer hatten profilierte Aufgaben im Gottesdienst.

Waren Männer die Mehrheit in den Kirchenbänken? Nein, Frauen hatten die Mehrheit. Nichtsdestotrotz stellten diese schnellwachsenden Gemeinden die Männer ins Rampenlicht. Warum? Ich sage es noch einmal: *Männer folgen Männern*. Wenn ein Mann enthusiastische Männer in der Leitung sieht, dann glaubt er wahrscheinlich, dass es für ihn auch einen Platz in der Gemeinde gibt. Frauen schätzen lebhafte männliche Leiter ebenfalls.

Stellen Sie sicher, dass der Gottesdienst Tempo hat

Manchmal langweilt die langsame, bedächtige Atmosphäre eines Gottesdienstes Männer. Männerfreundliche Kirchen arbeiten hart daran, die Leerräume zwischen den einzelnen Punkten zu minimieren. Es gibt da die Geschichte eines schottischen Pastors, der einen jungen Mann zur Mitgliederversammlung der Gemeinde mitnahm. „Wer ist der Pirat mit der Perücke?", fragte der Junge. „Das ist der Moderator", erklärte der Pastor. „Moderator? Was dieser Verein braucht ist ein Anheizer!", rief der junge Mann.

Überdenken Sie den Lobpreis

Die Kirche befindet sich seit den 1970er Jahren im Lobpreiskrieg. Einige Gemeindemitglieder bevorzugen traditionelle Lieder, während andere gerne zeitgenössischen Lobpreis möchten. Jedoch sind weder traditionelle Lieder noch Lobpreis das Optimale für Männer. Einige der alten Lieder haben kraftvolle, maskuline Texte, doch mit ihrem altmodischen Stil können Männer nicht viel anfangen. Zeitgenössische Musik ist da schon eher aktuell, doch die Texte sind überwiegend warmherzige Liebeslieder an Jesus. Ich wünschte, ein Komponist könnte den maskulinen Geist eines Reformationslieds in ein modernes Lobpreisgewand kleiden; dann hätten wir etwas, das Männer liebend gerne singen würden!

Wir haben bereits besprochen, wie die heutige Lobpreismusik den Anbetenden einlädt, in eine feminine Rolle einzutreten. Aber es liegt nicht nur an den Texten: Die Musik selbst wird langsamer und verträumter. Das entspricht dem weiblichen Geschmack. Marktforschung zeigt, dass Männer robuste, schnelle Musik mit einem trei-

benden Beat mögen. So zieht beispielsweise Rockmusik mit krei-
schenden Gitarren und erdbebenartiger Percussion ein Publikum an,
das zu 69 Prozent aus Männern besteht. Sanfte Unterhaltungsmusik,
bekannt für ihre soften Liebeslieder, spricht zu 67 Prozent weibliche
Ohren an.[11]

Viele Leute sind der Ansicht, je langsamer das Lied, desto *anbe-
tender* ist es. Doch der Psalmist beschreibt den Lobpreis als einen
lautstarken Ausdruck, voll krachender Becken, schmetternder Trom-
peten und (schluck) Tanz (Ps. 150). Wenn unsere Kirchenmusik ener-
gisch und energetisch ist, helfen wir Männern, in Verbindung mit
Gott zu kommen.

Zwei Dinge im Zusammenhang mit Singen in der Gemeinde sind
Ihnen möglicherweise nicht bewusst. Es gab eine Zeit, in der es in
vielen protestantischen Gemeinden überhaupt nicht erlaubt war. Das
Singen in der Gemeinde ist historisch gesehen ein relativ neues Phä-
nomen im Christentum. Zweitens, wenn wir die Hauptaktivitäten der
frühen Kirche in Apostelgeschichte 2 betrachten, wird das Singen
nicht erwähnt. Die Passage sagt, die Apostel haben Gott gepriesen,
doch ist nicht klar, welche Form dieses Preisen hatte.

Schlage ich jetzt vor, dass wir die Musik in der Kirche abschaffen
sollten? Nein, aber wir sind einer Vergötzung der Musik sehr nahe.
Rick Warren sagt: „Zu viele setzen das Berührtwerden durch Musik
mit einer Berührung des Geistes gleich, aber diese beiden Dinge sind
nicht dasselbe. Echte Anbetung geschieht dann, wenn mein Geist auf
Gott reagiert, nicht auf einen musikalischen Ton. Tatsächlich *verhindern* manche sentimentale, introspektive Lieder Anbetung, denn sie
lenken den Blick von Gott auf unsere Gefühle"[12] Douglas Wilson
nimmt kein Blatt vor den Mund: „Die aktuelle Betonung darauf, sich
anbetungsvoll zu fühlen", sagt er, „produziert in Männern ein feiges
und weibisches Ergebnis."[13]

Für viele Christen ist Singen und Anbetung heute dasselbe. Eine
Frau hat mir einmal von ihrer Gemeinde erzählt. „Wir haben zwanzig
Minuten Anbetung, dann Lehre." Ich erwiderte: „Echt? Sie hören also
auf, anzubeten, wenn Sie den Mund schließen?" Zuerst war sie per-
plex wegen meines Kommentars, aber dann verstand sie, dass ihre
Definition von Anbetung zu eng war.

Anbetung schließt Singen mit ein, aber beinhaltet so viel mehr!
Lobpreisleiter, Ihr habt eine wunderbare Chance. Durchforstet die
Bibel und entdeckt die vielen Möglichkeiten, Gott Anbetung und Ver-
ehrung zuteil werden zu lassen. In dem Buch *Neun Wege, Gott zu*

lieben liefert Gary Thomas Dutzende bewährter Ideen, wie sich die Anbetung über das Singen hinaus erweitern lässt. Lehrt das Eure Leute. Das Wiederentdecken dieser uralten Formen des Lobpreises wird der Kirche helfen, ihre maskuline Stimme neu erklingen zu lassen.

Hier einige Ideen:

- Diskutieren und studieren Sie Anbetung. Rich Kingham von den Promise Keepers ermutigt Männer, die in den Psalmen berichteten Formen der Anbetung zu studieren und zu praktizieren.

- Wählen Sie talentierte Leute für das Anleiten der Musik. Stümperhaftigkeit törnt Männer ab.

- Spielen Sie Lieder im Stimmbereich des Mannes. Wenn die Lieder zu hoch sind, werden Männer nicht mitsingen.

- Bieten Sie mehr Musikvorführungen und weniger gemeinschaftliches Singen an, wenn Sie kirchenferne Männer ansprechen. Rick Warren bemerkt: „Besucher fühlen sich unwohl, wenn sie unbekannte Melodien singen sollen oder Texte, die sie nicht kennen oder verstehen. Es ist außerdem unrealistisch, zu erwarten, dass kirchenferne Menschen Lieder singen, die Gott preisen und ihre Hingabe an ihn ausdrücken, wo sie doch noch nicht an ihn glauben.

- Bieten Sie Anbetungsmöglichkeiten nur für Männer an. Ohne Frauen im Raum sind Männer ungehemmter.

- Hier eine wilde Idee: Kündigen Sie eine gesangsfreie, zweckorientierte Gemeindefreizeit an und sehen Sie, ob sie dadurch mehr kirchenferne Männer erreichen.

- Wenn Sie bei Männerveranstaltungen Musik einsetzen, wählen Sie Lieder mit maskulinen Texten. Vermeiden Sie schmachtende Liebeslieder an Jesus oder Lieder, in denen Zerbrochenheit, Unwürdigkeit und Schwachheit betont wird.

Der größte Anbetungsleiter der Bibel war David – König, Gesetzloser, Liebhaber und Krieger. Als Lobpreisleiter brauchen Sie die Stärke ei-

nes Königs, die Gerissenheit eines Gesetzlosen, den Glauben eines
Liebhabers und den Mut eines Kriegers. Denken Sie daran, Sie führen
die Leute in die Schlacht, nicht ins Schlafzimmer. Geben Sie dem
Lobpreis einen maskulinen Schliff und erleben Sie, wie die Männer
lebendig werden. John Eldredge sagt: „Sanftheit kann nicht die vorherrschende Qualität des Lobpreises oder des Lobpreisleiters sein."

Gehen Sie mit den Männern zur Anbetung nach draußen

Männer fühlen sich lebendiger, wenn sie draußen sind. Sie fühlen
sich dort näher bei Gott. Eldredge gibt den Rat: „Wenn man will, dass
Männer Anbetung lernen, muss man mit ihnen rausgehen. Bringen
Sie sie in einen Kontext, in dem ihr Herz lebendig wird und das passiert ganz natürlich." Ist es nicht interessant, wie oft die Bekehrungs-
geschichten von Männern im Freien spielen?

    Einsätze mit Männern – besonders jungen Männern – sollten
ebenfalls, wann immer möglich, draußen stattfinden. Pfarrer David
Reinhard von der römisch-katholischen Diözese Toledo, Ohio, leitet
jeden Sommer über zweihundert Motorrad fahrende Katholiken auf
eine Überlandfahrt. Pastor Chip Thompson ist ein Surfer, der an den
Stränden vor Los Angeles dient: „Es ist viel bedeutender für sie [als
ein Gottesdienst in einer Kirche es wäre], weil es in ihrem eigenen
Revier ist. Ich habe festgestellt, dass Leute am Strand viel eher bereit
sind, über Glaubensdinge zu sprechen."[16] Wenn Sie Lobpreis planen
und wirklich Männer erreichen wollen, gehen Sie raus.

Ziehen Sie mit dem Lobpreis aus dem Kirchengebäude an andere Veranstaltungsorte um

Weil es viele Männer abtörnt, zur Kirche zu gehen, ist es häufig
schlauer, die Kirche zu ihnen zu bringen. Die aktuelle Hauskirchenbe-
wegung arbeitet mit dem neutestamentlichen Modell. Gemeinden
treffen sich heute in Einkaufszentren, Bürokomplexen und Turnhal-
len. Eine Menge Amerikaner leben ihren Glauben auf ihrer Arbeitsstelle, nehmen an Gebetsgruppen für Mitarbeiter teil und tauschen
Gebetsanliegen in glaubensbasierten E-Mail-Netzwerken aus.[17] Steve Sonderman empfiehlt, evangelistische Männerveranstaltungen in

den Hotelsälen durchzuführen.[18] Das macht es für Männer leichter, ihre Freunde mit Kirchenphobie einzuladen.

Wenn Sie ernsthaft Männer erreichen wollen, verlegen Sie so viel Ihres Dienstes wie möglich nach außerhalb des Kirchengebäudes. Ich weiß, es ist teuer, Räume zu mieten, statt eigene Gebäude zu nutzen, die völlig ausreichend wären. Aber wenn Ihr Ziel ist, kirchenferne Männer zu erreichen, geben Sie das Geld aus; es lohnt sich.

Dekorieren Sie mit dem Geschmack von Männern im Hinterkopf

Ob Sie es glauben oder nicht, die Inneneinrichtung ist wichtig. Viele Gottesdiensträume sind in zartem Rosa, Eierschalenweiß oder Lavendel gestrichen und haben schön gepolsterte Stühle und neutrale Teppiche. Auf dem Altar stehen frische Blumen und die Wände zieren Stickereien oder Filzbanner. Ehrlich, wie können wir erwarten, dass Männer mit einem maskulinen Gott in Kontakt kommen, in einem Raum, der sich so feminin anfühlt?

Ich habe die Geschichte einer Gemeinde gehört, deren Gebetsraum nur selten von Männern benutzt wurde. Er war in zartem Flieder gestrichen, mit Seidenblumen, Spitzenvorhängen, Kerzen und Kleenex-Schachteln überall. Der Pastor fragte seine Männer, warum sie den Raum so selten nutzen würden. „Weil er so feminin ist!", antworteten sie. Der Pastor forderte daraufhin die Männer auf, den Raum neu zu dekorieren. Sie räumten alles leer und hängten Schwerter, Schilde, keltische Banner und Tomahawks auf! Jetzt gehen die Männer da rein. Es ist keine große Überraschung, dass auch die jungen Frauen das mögen. Wenn Sie die Gemeinde schmücken, dann sollten Sie also den Geschmack von Männern im Hinterkopf haben. Es hat eine Auswirkung!

Wie man für einen Mann betet (und mit ihm)

Dan Schaffer sagt: „Frauen setzen Sicherheit mit Nähe gleich. Männer setzen persönlichen Raum mit Sicherheit gleich." Wenn wir uns um einen Mann versammeln und ihm die Hände zum Gebet auflegen, ist es möglich, dadurch sein Bedürfnis nach Raum zu verletzen. Ich nenne diese spontanen Versammlungen *Gebetspilze*. Sie wissen,

über was ich spreche. Bruder Reinhart erwähnt, dass er Rücken-
schmerzen hat, und bevor er weiß wie ihm geschieht, hat sich eine
Gruppe um ihn versammelt, Hände ausgestreckt, Köpfe geneigt, Augen geschlossen. Nicht nur hat Reinhart nun mehr oder weniger
Fremde ein paar Zentimeter vor seiner Nase und unvertraute Hände
überall auf seinem Körper, sondern er muss jetzt zehn Minuten oder
länger stillstehen, während alle anderen etwas zu sagen haben. Testosteron macht das Stillstehen für Reinhart schwierig, und trotz der
Gebete bringt ihn sein Rücken schier um.

Die meisten Frauen lieben Gebetspilze, denn die Nähe ist tröstlich. Für viele Männer aber ist das ein klein wenig zu nahe. Ich denke,
das ist ein weiterer Grund, weshalb viele Männer ihre Gebetsanliegen
für sich behalten. Sie möchten nicht wie Bruder Reinhart enden.

Gibt es eine Alternative zu den Gebetspilzen? Ja! Einige Männer-
gruppen haben eine brillante Option geschaffen, die ich die *Gebetsarmee* nenne. Bruder Reinhart sitzt oder steht, während die anderen
ihn in einem lockeren Halbkreis umgeben. So wie der Geist sie führt,
gehen die Leute auf Bruder Reinhart zu und legen die Hand auf, *einer
nach dem anderen*. Andere, die nur ein kurzes Gebet sprechen, bleiben einfach dort, wo sie sind. Die Gebetsarmee bietet gegenüber
dem Gebetspilz viele Vorteile:

- Sie achtet Bruder Reinharts Bedürfnis nach Raum.

- Sie verhindert *Gebetszusammenstöße*, also Situationen, in denen
zwei Leute gleichzeitig zu beten beginnen.

- Sie ermöglicht Bruder Reinhart zu sehen, wer für ihn betet, und er
kann mit einem Lächeln oder Zwinkern reagieren. Das stärkt die
Brüderlichkeit.

- Derjenige, der betet, kann Reinhart und/oder Gott ansprechen,
ganz so, wie der Geist ihn führt.

- Hände werden aufgelegt, was in Übereinstimmung mit der Schrift
steht.

- Es fühlt sich männlicher an als der Gebetspilz.

Männer schätzen außerdem kurze Gebete, die auf den Punkt sind. Das tat auch Jesus. Er sagte: „Plappert nicht vor euch hin, wenn ihr betet, wie es die Menschen tun, die Gott nicht kennen. Sie glauben, dass ihre Gebete erhört werden, wenn sie die Worte nur oft genug wiederholen." (Mt. 6,7) Das Modellgebet, das uns Christus in Matthäus 6 gibt, lässt sich bequem in dreißig Sekunden beten. Nichts in den Evangelien legt nahe, lange Gebete wären besser als kurze.

Christen, vermeidet Gebetssprache

Ist Ihnen schon einmal aufgefallen, wie Christen sich miteinander unterhalten, dann aber ganz seltsam mit Gott sprechen? In manchen Glaubensgruppen wird beispielsweise erwartet, dass man in Luther-deutsch betet: „Oh Herre Jesum, neige dein Haupt zu den Worten unseres Mundes." Andere wiederholen den Namen Gottes wieder und wieder, als sei er ein Mantra. „Herr, wir danken dir einfach, Herr, für diesen Tag, Herr, und Herr, wir bitten dich einfach, Herr, uns zu segnen, Herr." Würden Sie eine Freundin anrufen und sagen: „Sabine, wie geht es dir Sabine? Sabine, hast du Lust, Sabine, essen zu gehen? Okay, Sabine, dann sehen wir uns heute Mittag, Sabine." Sabine würde denken, Sie sind völlig durchgeknallt.

Wie Predigtsprache kommt auch Gebetssprache als Performance rüber. Statt einer authentischen Kommunikation mit Gott wird sie vielleicht als geistliche Showeinlage aufgefasst, die den Betenden als besonders heilig darstellen soll. Darüber hinaus schließt sie Männer aus dem Gebet aus. Die werden nicht laut beten, wenn Sie wie der alte Goethe klingen oder *Vater Gott* dauernd wiederholen müssen. Die Ironie hier ist, dass Jesus immer einfache, demütige Gebete bevorzugt hat, die in der Umgangssprache gehalten waren. Männer sprechen mit Gott, wenn sie natürlich sprechen können.

Männer brauchen Zeit um zu denken, bevor sie beten. Larry Keefauver beobachtet: „Mir ist klar, dass Frauen erwarten, ihre Ehemänner seien spontane, allzeit bereite Gebetskrieger. Doch Männer möchten oft über das, was sie beten, meditieren und reflektieren."[19] Denken Sie als Frau daran, dass das männliche Gehirn nicht so wortgewandt ist wie das Ihre. Laut beten ist für den Durchschnittsmann wirklich schwer.

Männer brauchen Fokus und Richtung im Gebet. Wenn man zu einem Mann sagt: „Lasst uns beten", dann denkt er wahrscheinlich:

„Über was?" Sie erinnern sich, Männer sind zielorientiert, also helfen wir ihnen, wenn wir ihnen konkrete, spezifische Dinge geben, für die sie beten können. Mit zunehmender Reife und wenn sie lernen, auf Gottes Stimme zu hören, schwindet diese Notwendigkeit.

Für Männer ist es wichtig, die Gebetshaltung anzunehmen, die ihnen passend erscheint. Das vorherrschende Modell heute sind gefaltete Hände, gebeugter Kopf und geschlossene Augen. Das ist ein Bild von Sanftheit und Passivität. Mir wurde gesagt, dass auch das ein Produkt der Viktorianischen Zeit ist. Vor dieser Zeit beteten Christen mit ausgestreckten Händen, die Handflächen nach oben, das Gesicht aufwärts zu Gott gerichtet und mit offenen Augen! Ich habe angefangen, auf diese Weise zu beten und es hat meine Kommunikation mit Gott revolutioniert. *Es fühlt sich einfach maskuliner an.* Ich fühle mich mehr wie ein Soldat, der mit seinem Befehlshaber spricht.

Lobpreis, Gebet und selbst Singen werden für Männer natürlich, wenn sie diese Dinge auf eine Weise tun können, die ihrem maskulinen Herzen entspricht. Lassen Sie den maskulinen Geist den Lobpreis leiten und erleben Sie, wie die Männer lebendig werden!

21

Frauen und der maskuline Geist

Als Frauen haben Sie eine wundervolle Gelegenheit. Sie können helfen, den Thermostat Ihrer Gemeinde zu verändern. Tatsächlich wird sich der Thermostat wahrscheinlich nie bewegen, solange Sie das nicht unterstützen, denn viele Pastoren und Gemeindeleiter werden ohne Ihren Segen keine Risiken eingehen. Sie müssen den Leitern Ihrer Gemeinde klar kommunizieren, dass Sie den Thermostat in Richtung Herausforderung drehen möchten und bereit sind, Veränderungen zu akzeptieren, die Ihre Gemeinde männerfreundlicher machen, *selbst wenn diese Änderungen es für Sie etwas weniger komfortabel machen.*

Frauen müssen ihren Einfluss für Veränderung nutzen, nicht zum Erhalt des Status quo

In den 1950er Jahren hatte Carl Dudley seine erste Gemeinde als Pastor. Es dauerte nicht lange, ehe er Besuch von der Präsidentin des Frauenverbands bekam, die ihn wissen ließ: „Männer sitzen in den Vorständen, aber Frauen halten die Kirche am Laufen." Dudley bemerkt:

> Obwohl Frauen weniger prestigeträchtige Posten oder überhaupt keine innehatten, waren sie nicht ohne Einfluss. Sie waren essenziell für die Stärke der Gemeinde, da sie das meiste Geld gaben und der Gemeinde viel Arbeitskraft zur Verfügung stellten, um alles am Laufen zu halten. Dazu gehörten Sonntagsschule, Chor, Gebetsgruppen und andere Dienste. Und sie besaßen das, was eine Frau als „Samtveto"

bei Ausgaben und Programmen bezeichnete, mit denen sie nicht einverstanden waren.[1]

Frauen haben auch heute noch ein Samtveto und nutzen es häufig, um den maskulinen Geist aus der Kirche zu vertreiben. Das ist ihnen noch nicht einmal bewusst. Wie passiert das? Sagen wir einmal, im Christlichen Zentrum macht jemand den Vorschlag, einen ineffektiven evangelistischen Dienst abzuschaffen, der seit Jahren zu keiner Bekehrung geführt hat. Die Leiter wollen die Veränderung und möchten Geld und Mitarbeiter in eine andere Art von Einsatz stecken, der sich in anderen Gemeinden als erfolgreich erwiesen hat. Das Problem ist aber, dass das alte Evangelisationsprogramm von zwei liebenswerten Heiligen geleitet wird, die seit Jahrzehnten zur Gemeinde gehören: Bruder Heinz und Schwester Dorothee. Als die beiden hören, dass *ihr* Dienst auf der Abschussliste steht, werden sie wütend. Die Frauen (und ein paar Männer) der Gemeinde scharen sich um Heinz und Dorothee. Sie setzen sich mit dem Pastor in Verbindung und legen das Samtveto ein. Der Vorschlag wird eingestampft und der ineffiziente Evangelisationsdienst trifft sich weiter und verbraucht Gemeindebudget. Die Chance, einen mutigen, neuen Ansatz für Evangelisation einzuführen (einer, der wahrscheinlich Frucht bringt), wurde vereitelt. Endergebnis: Harmonie 1, Effektivität 0.

Die gute Nachricht: Heinz und Dorothee freuen sich. Die schlechte Nachricht: Der maskuline Geist bleibt im Regen stehen. Die Frauen des Christlichen Zentrums betrachten das nicht als Niederlage des maskulinen Geistes; sie sehen es als einen Sieg für Frieden und Harmonie. Frauen neigen dazu, zuerst an die Gefühle anderer zu denken. Das Erhalten des Status quo bewahrte Heinz und Dorothee davor, sich gekränkt zu fühlen, und deshalb schien das die christlichste Entscheidung zu sein. Diese Frauen handelten aus reinsten Motiven, aber nichtsdestotrotz erdrückten sie den männlichen Geist.

Ich möchte ein paar Dinge klarstellen. Zuerst, nicht alle Frauen denken so, aber dieser Ethos ist definitiv üblicher bei Frauen als bei Männern. Zweitens, es ist keine Sünde, die Gefühle von Menschen in Betracht zu ziehen. Doch wenn man zulässt, dass Gefühle der *wichtigste* Grund für eine Entscheidung werden, dann folgt man etwas anderem als Christus.

Hier noch ein Beispiel eines schädlichen Samtvetos (beruht auf einer wahren Geschichte): Eric plante einen Paintball-Abend mit der frischgebackenen Männergruppe. Zwei wohlbekannte Frauen hörten davon und beschwerten sich beim Pastor: „Was hat Paintball auch nur im Entferntesten mit Christsein zu tun?", fragte eine von ihnen. „Das ist Gewaltverherrlichung", sagte die andere. „Welche Botschaft senden wir damit unseren Jungen?" Der Pastor erkannte die Zeitbombe sofort. Er bat Eric, eine andere Aktivität für die Männer zu finden. Sie trafen sich in der Kirche und studierten 1. Timotheus.

Da haben wir's – der Ruf von Männerdiensten; sich in der Kirche zu treffen und 1. Timotheus zu studieren. Kein Wunder, wenn jüngere, spaßorientierte, wettbewerbsfreudige Männer nicht zur Kirche kommen! Bald schrumpft der Männerdienst auf „sechs weißhaarige Typen, die im Keller der Gemeinde frühstücken"[2]. Und wieder wurde ein Männerdienst kastriert.

Es muss aber nicht so sein. Frauen, Sie können Ihren Einfluss einsetzen, um ein Ja zum maskulinen Geist zu sprechen. Lassen Sie Veränderung geschehen, selbst wenn Leute deswegen traurig sind. Erlauben Sie den Männern Dinge zu tun, die Sie vielleicht nicht verstehen oder gutheißen. Vor allem jedoch, lassen Sie Ihren Pastor wissen, dass Sie ihn unterstützen. Wenn Ihr Pastor wüsste, dass die Frauen der Gemeinde eine herausforderndere, männerfreundliche Umgebung möchten, würde er Ihnen vermutlich gerne den Gefallen tun.

Lassen Sie zu, dass sich Ihre Gemeinde auf die Entwicklung von Männern konzentriert

Chuck Stecker sprach mit einer Frau, die als Dienstleiterin in ihrer örtlichen Gemeinde arbeitet, und er beschreibt ihre Haltung: „Sie sagte mir ganz offen, sie wäre bereit, jedes Programm in der Gemeinde abzuschaffen, das keinen direkten Bezug auf das Entwickeln von Männern zu Leitern hat. ‚Auf lange Sicht', sagte sie, ‚wäre jede Dienstphase viel stärker, wenn sich die Männer der Gemeinde zu den Leitern entwickeln würden, zu denen Gott sie berufen hat.'"[3]

Teilen Sie die Vision dieser Frau? Sind Sie bereit, die Entwicklung von Männern zur obersten Priorität Ihrer Gemeinde zu machen? Wären Sie bereit, jedes Programm in der Kirche aufzugeben, wenn dies dazu diente, gottesfürchtige Männer heranzubilden?

Ziehen Sie beim Planen die Bedürfnisse der Männer in Betracht

Ein großer Teil der Planung in der Gemeinde wird von Frauen erledigt. Es ist also ganz natürlich, dass sie auf der Grundlage ihrer eigenen Bedürfnisse und Erwartungen planen. Sie stellen sich Fragen wie: „Sind wir sensibel genug? Fürsorglich genug? Fühlt sich jeder geliebt und bestätigt?" Nur selten ziehen Frauen die Bedürfnisse der Männer in ihre Planungen mit ein: „Ist es herausfordernd genug? Ist es sichtbar genug? Gibt es eine Gelegenheit, aufzustehen und sich zu bewegen?"

Wenn Sie das nächste Mal ein Treffen planen, fragen Sie sich: *Wie werden Männer darauf reagieren? Ist das gut geeignet, die Bedürfnisse und Erwartungen unserer Männer zu befriedigen?* Einfach nur zu erkennen, das Männer anders sind, hilft schon, den Thermostat anders einzustellen.

Frauen müssen bereit sein, ihre Männer die Gemeinde wählen zu lassen

Damit Ihr Mann/Vater/Sohn zur Kirche geht, wäre es vielleicht ausreichend, ihn selbst die Gemeinde wählen zu lassen. Dann ist es nicht länger *ihr* Ding; es ist *sein* Ding. Wären Sie bereit, zu einer anderen Gemeinde zu wechseln, wenn dadurch die Bedürfnisse Ihres Mannes erfüllt würden?

Frauen müssen Männern erlauben, sich ohne Frauen zu treffen

Die meisten christlichen Versammlungen sind entweder nur für Frauen oder für beide Geschlechter. Aber Männer sind nicht völlig offen und sie selbst, solange sich Frauen im Raum befinden. Jawanza Kunjufu sagt: „Männer verhalten sich anders, wenn Frauen da sind; ihre Unterhaltungen und ihre Ausrichtung sind anders, ihre Aufmerksamkeit ist oft abgelenkt und ihre Egos motivieren sie, Frauen zu beeindrucken."[4] Ich schlage nicht vor, dass die Kirche soweit wie der Islam geht, und die Geschlechter beim Gottesdienst trennt, aber Männer brauchen einen eigenen Dienst, ohne die Frauen.

Es ist aber so, dass manche Frauen gegen ein Treffen nur für Männer sind. Als Russel Rainey versuchte, eine Gruppe ausschließlich für Männer in seiner presbyterianischen Gemeinde zu starten, murrten einige Frauen. „Sie machten sich Sorgen, dass wir ein patriarchalisches, männerdominiertes Modell bekommen würden, das ihnen das Leben rauben würde", sagt Rainey. Er war hartnäckig und gewann die Frauen für die Idee. Heute ist die *Männerbruderschaft* das größte Treffen christlicher Männer in Jackson, Wyoming. Und das in der presbyterianischen Kirche! Selbst Frauen, die anfänglich gegen die Gruppe waren, unterstützen sie heute, nachdem sie die Veränderung bei den Männern wahrgenommen haben.

Wäre Rainey weniger ausdauernd gewesen, hätte es die Männerbruderschaft wohl nie gegeben. Dutzende kirchenferner Männer wären niemals erreicht worden. *Frauen, seien Sie sehr vorsichtig, wenn Sie Ihr Samtveto einlegen.*

Frauen müssen sich zusammenschließen

Beinahe jede christliche Frau hat mindestens einen Mann, den sie liebt und der nicht zur Kirche geht. Warum sich nicht zusammenschließen und für diese Männer beten? Bringen Sie Fotos mit. Treffen Sie sich regelmäßig und konzentrieren Sie intensives Gebet für diese Männer. Erleben Sie, was Gott tut.

Wenn Ihre Kirche typisch ist, besuchen zwischen 20 und 25 Prozent der verheirateten Frauen die Gemeinde ohne ihre Männer. So zahlreich diese *geistlichen Singles* auch sein mögen, sie fühlen sich häufig als die Aussätzigen der Gemeinde. Sie können weder etwas mit den Alleinstehenden unternehmen, noch an Veranstaltungen für Paare teilnehmen.

Erfreulicherweise fangen diese Frauen an, sich zusammenzuschließen. Eine Kirche bietet eine Gruppe für *Mütter ohne Partner* während der Sonntagsschulzeit an. Hier können alleinstehende Mütter und solche, die geistlich gesehen Singles sind, teilnehmen.[5] Eine andere Gemeinde bietet einen Kurs an, bei dem Ehefrauen ausgerüstet werden, ihre Männer mit dem Evangelium zu erreichen. In den ersten drei Monaten des Kurses wurden vier Ehemänner Christen. Studien belegen, dass die Person, die einen Ehemann am wahrscheinlichsten zurück zur Kirche führen kann, seine Frau ist.[6]

Frauen müssen aufhören, ihre Männer zur Kirche zu schleppen

Wenn Sie eine willensstarke Frau sind, die ihren Ehemann, Bruder oder erwachsenen Sohn nötigt, zur Gemeinde zu gehen, dann bitte ich Sie, sich das noch einmal zu überlegen. Jesus hat niemanden gezwungen, ihm zu folgen. Sie treiben Ihren Mann vielleicht von Gott weg, selbst wenn Sie ihn in den Gottesdienst zerren. Es ist nicht wirklich zu etwas nütze, den Körper eines Mannes in der Kirche zu haben, wenn sein Herz ganz woanders ist.

Frauen müssen etwas weniger religiös und fromm sein

Sam Keen beobachtet: „Es ist viel einfacher, ein Heiliger zu sein, als mit einem zu leben."[7] Wenn Sie streng religiös sind, die Männer in Ihrem Leben aber nicht, dann können Sie das Christentum tatsächlich attraktiver machen, wenn Sie die Dinge etwas entspannter angehen. Bitten Sie Gott oder eine Freundin um Ideen, wie Sie weniger *religiös* und dafür *echter* sein können.

Frauen dürfen nicht „alles tun"

Ich habe einmal mit einem erfahrenen Pastor der Assemblies of God über das Problem passiver Männer gesprochen. „Männer melden sich nicht freiwillig in der Gemeinde, weil sie wissen, dass letztendlich eine Frau auftauchen und sich drum kümmern wird", sagte er. Wie wahr! Häufig habe ich erlebt, wie Gemeindeaktivitäten kurz vor dem Scheitern standen, weil sich kein Freiwilliger fand. Im allerletzten Moment meldete sich eine treue (und häufig überstrapazierte) Frau, um das Ding zu retten.

Frauen, tun Sie das nicht! Ich sage es noch einmal: Dienen Sie in keinem Dienst, zu dem Sie nicht berufen sind, egal wie dringend der Bedarf ist. Wenn ein bestimmter Dienst chronisch unterbesetzt ist, kann das ein Zeichen von Gott sein, dass er in eine andere Richtung führen möchte. Glauben Sie mir, wenn Männer einen für sie wichtigen Dienst verlieren, dann werden sie handeln. Einmal konnte meine Gemeinde keinen Freiwilligen für das Kaffeekochen finden. Am nächsten Sonntag gab es einfach keinen. Wir hängten stattdessen eine Anmeldeliste am Kaffeetisch auf. Raten Sie mal, was passierte? Ehe der Segen am Schluss gesprochen wurde, hatten wir drei engagierte Männer, die es gar nicht abwarten konnten, loszulegen. Ich nenne das die *Mr. Coffee*-Rekrutierungsstrategie.

Frauen müssen ihren Ehemännern erlauben, die Familie zu unterweisen

In der Vergangenheit unterwiesen Männer ihre Familie in geistlichen Dingen. In der heutigen Kirche unterweist der Pastor die Frauen, die ihre Kinder unterweisen. Männer kommen in der Gleichung nicht vor und verlieren damit ihre uralte Rolle als Priester der Familie. Obwohl viele Frauen begeistert wären, wenn ihre Ehemänner als geistliche Leiter agieren, gibt es einige, denen das widerstrebt. Ich sprach mit einer Frau, die der Ansicht war, die bloße Idee sei schon erniedrigend – oder lächerlich. Wie viele ist sie in einer Familie aufgewachsen, in der Frauen in geistlichen Dingen die Führung übernommen hatten; sie konnte sich überhaupt nichts anderes vorstellen. Ich kenne einen Mann, der seine Familie in einer Andacht anleiten wollte, doch seine Frau übernahm immer, denn „er machte es nicht richtig". Frauen, lassen Sie Ihre Ehemänner leiten, selbst wenn sie es nicht so gut machen wie Sie. Ich will keiner Unterdrückungsherrschaft das Wort reden, in der Papa die Lehre verkündet und Mama schweigt – idealerweise tragen beide Elternteile zur geistlichen Bildung ihrer Kinder bei.

Doch was, wenn er nicht führt? Ich glaube, Männer werden nicht aktiv aufgrund dessen, was diese Aufgabe beinhaltet: eine verbale Diät, zusammengesetzt aus Bibellese, Andachtsbüchern, Gute-Nacht-Gebeten und theologischen Gesprächen. Claus hat kein Problem, am Boden herumzurollen und seine Kinder zu kitzeln, aber beim Gute-Nacht-Gebet erstarrt er plötzlich. Warum? Weil wir derzeit einen geistlichen Leiter als jemanden definieren, der ruhig, sensibel und wortreich ist. Kein Wunder, wenn Claus der Meinung ist, seine Frau sei der bessere geistliche Leiter für die Kinder.

Hier eine Idee, die Männern helfen könnte – und das würde besonders in kleinen Gemeinden funktionieren. Pastoren, unterweisen Sie die Männer gesondert in den letzten fünf Minuten des Gottesdienstes. Die Frauen können während dieser Zeit singen oder sich unterhalten und Sie sprechen in einem anderen Raum oder draußen zu den Männern. Sprechen Sie von Mann zu Mann mit ihnen und geben Sie ihnen eine packende Geschichte oder ein praktisches Beispiel, um Ihre Botschaft in ihrer Erinnerung einzugraben (verwenden Sie die visuellen, praktischen Techniken, die wir in Kapitel 19 besprochen haben). Lassen Sie dann den Heiligen Geist – und die Neugier der Frau – ihre Arbeit tun. Sobald sie im Auto sind, fragt sie ihren Mann: „Was hat denn der Pastor euch Männern gesagt?" Der Ehemann erzählt die Geschichte oder erklärt der Familie die praktische Lektion. Vielleicht zeigt er es sogar seiner Familie beim Mittagessen. Treffer versenkt! Sie haben einen Ehemann, der seine Familie unterweist. Je wohler sich ein Mann dabei fühlt, über Gott zu sprechen, desto mehr wird der Glaube ein Teil des Familienalltags werden.

Wie übermitteln wir diese zusätzliche Lehre den alleinstehenden Frauen oder denjenigen, die ohne Mann zum Gottesdienst kommen? Fassen Sie auf einem Blatt Papier die Unterweisung, die Sie den Männern gegeben haben, zusammen und verteilen Sie es an alle, die danach fragen. Doch vermeiden Sie, es Frauen zu geben, deren Männer teilgenommen haben.

Frauen dürfen Männer nicht schlecht machen oder sich als geistlich überlegen aufspielen

Manche Frauen sind sich ihrer geistlichen Überlegenheit bewusst und lassen das dem Mann gegenüber raushängen. Ich habe einmal einen Hauskreis für Paare besucht. Der Leiter bat George, eine Stelle in Zephanja aufzuschlagen. Er suchte eine oder zwei Minuten lang und fand Sacharja. In seiner Verwirrung las George den falschen Vers. Jenny langte rüber und schnappte sich mit einem dramatischen Seufzer die Bibel. Sie fand die Stelle innerhalb von zehn Sekunden und gab mit einem triumphierenden Blick die Bibel an ihren Mann zurück. Raten Sie mal, wo George nächste Woche war? Nicht im Hauskreis, das steht jedenfalls fest. Ich habe auch von Frauen gehört, die Männer verspotten oder bevormunden und Dinge sagen wie: „Geht ihr Jungs mal auf eure kleine Freizeit und macht euern Männerkram im Wald." Die Kompetenz oder Männlichkeit eines Mannes infrage zu stellen ist nicht der Weg, ihn zu Christus zu bringen.

Frauen dürfen bei der Nachfolge Christi nichts zurückhalten

Einige Frauen gehen in der entgegengesetzten Richtung zu weit. Weil sie ihre Männer nicht entmannen wollen, bremsen sie ihr eigenes geistliches Wachstum. Das ist unweise. Christus hat nie auf jemanden gewartet. Er hat es deutlich gemacht, dass wir ihm unabhängig von unserer Situation folgen sollen.

Die Männer in Ihrem Leben beobachten Sie. Wenn Sie ein lebendiges geistliches Leben führen, machen Sie das Evangelium attraktiver. Doch hier ist der Schlüssel: *Sie müssen ein Abenteuer leben.* Ein sicheres christliches Leben, das aus dem Besuch der Gemeinde besteht, dem Singen im Chor, dem Unterrichten in der Sonntagsschule oder dem Kindergottesdienst und dem Studieren der Bibel, spricht die Fantasie eines Mannes nicht an. Doch wenn Männer Ihr Leben mit Gott als etwas Begeisterndes erleben, etwas, das einen positiven Einfluss auf die Welt hat, dann kann sie das faszinieren.

Eine Freundin von mir lebte jahrelang das sichere, vorhersehbare christliche Leben. Cindys kirchlicher Lebenslauf umfasste ihre Tätigkeit als Lehrerin in der Sonntagsschule, Chormitglied, Komiteemitarbeiterin und Mitarbeiterin im Kinderdienst. Ihr Mann, Carl, ein strammer Elektriker, hatte nur mäßiges Interesse an der Gemeinde. Dann ergriff der Heilige Geist Cindy mächtig. Er führte sie in die afrikanische Nation Uganda, wo sie ihre Freizeit damit verbrachte, mit AIDS-Waisen und missbrauchten Frauen zu arbeiten. Sie begann außerdem damit, in entfernte Dörfer Alaskas zu reisen und dort zu arbeiten, Orte, die von Drogen und Alkohol verwüstet waren.

Carl sah zu. Er nahm eine Veränderung in Cindy wahr. Ihr religiöses Leben hatte sich zu einem echten Gehen mit Gott entwickelt. Es ging nicht länger um Pflicht; es war reine Freude. Eines Winterabends bat er Cindy, mit ihm spazieren zu gehen. Als riesige Schneeflocken fielen, streckte Carl eine kräftige Hand aus, nahm die von Cindy in die seine und gab sein Leben Christus. Er folgte ihm für den Rest seines Lebens nach.

Frauen, wenn Sie aus einem Empfinden der Pflicht zur Kirche gehen (Jesus hat für alles bezahlt und deshalb schulde ich ihm alles …), weil Sie das schon immer getan haben oder weil Ihre Freundinnen dort sind, dann erwarten Sie nicht, dass Ihnen der Mann Ihres Lebens über die Kirchenschwelle folgt. Die Männer, die Sie beobachten, interessiert es nicht, wie fromm Sie sind. Ihnen sind auch Ihre

Traditionen egal. Und es ist ihnen einerlei, wie beschäftigt Sie für
Gott sind. Sie möchten zwei Dinge wissen: (1) Funktioniert das Christentum wirklich? und (2) Ist es wirklich die Kraft Gottes, die hier auf
der Erde freigesetzt wird, oder bloß religiöse Aktivität? Wenn Männer die Macht des Geistes erleben, wie sie durch Ihr Leben wirkt,
werden sie angezogen. Ein religiöses Leben schlägt die Fantasie eines
Mannes nicht in ihren Bann; nur ein unerwartetes Abenteuer mit
Christus wird das schaffen.

Frauen müssen den Schwerpunkt von Frauendiensten transformieren

Eine gute Möglichkeit, Abenteuer in Ihr Leben mit Gott zu holen,
besteht darin, es in den Frauendienst zu bringen. Der Fokus muss sich
von *Lernen über Gott* verschieben, hin zu *Abenteuer mit Gott*. Mary
Frances Bowley war Direktorin für Frauendienste an der First Baptist
Church in Peachtree City, Georgia. Ihr Dienst machte einen gewalti-
gen Schritt nach vorn, als sie erklärte, dass sich kein Hauskreis treffen dürfe, sofern dieser nicht eine Komponente des Dienstes an der
Stadt enthielt. Mary Frances durchforstete den Ort nach vergessenen Frauen. Sie ließ ihre Frauen Kassiererinnen, Kellnerinnen, allein-
erziehenden Müttern, Stripperinnen und Prostituierten dienen. Dadurch wurden nicht nur diese vergessenen Frauen gesegnet, sondern
die Frauen der Gemeinde erlebten in dem Ganzen eine tiefe Veränderung.[8]

Frauen müssen ihre Fantasien über das aufgeben, was Christus für ihre Männer tun wird

Eine Menge Frauen wollen die Männer an ihrer Seite in der Kirche
haben, weil sie glauben, das Christentum würde sie in bessere Männer verwandeln. Der Gedanke ist Folgender:

• *Wenn mein Boss doch nur Christ wäre, dann würde er mich besser
behandeln.*

• *Wenn mein Sohn doch nur Christ wäre, dann würde er aufhören,
so viele riskante, gefährliche Dinge zu tun.*

- *Wenn mein Mann doch nur Christ wäre, dann würde er nicht so viel Zeit in der Garage verbringen und an seinem Auto arbeiten.*

Haben Sie als Frau diese Art von Gedanken? Falls ja, dann müssen Sie Buße tun. Christus ist nicht gestorben, damit Sie den perfekten Boss, Sohn oder Ehemann haben. Das Christentum ist nicht Gottes Plan zur Umgestaltung von Männern, auf dass Ihr Leben angenehmer werde.

Ich sprach John Eldredge darauf an. Er flog beinahe aus dem Sessel! Er sagte: „Frauen müssen sich fragen: Wenn ich ehrlich bin, warum will ich, dass mein Mann zur Gemeinde geht? Wenn das mein Programm dafür ist, ihn in Form zu bürsten, dann wird er nicht sehr kooperativ reagieren. Wie sieht das reine Motiv aus, weshalb er zur Gemeinde kommen sollte? Weil Gott eine großartige Schlacht für ihn hat, in der er kämpfen soll und ein Abenteuer, in dem er leben darf – und weil Sie willens und bereit sind, es ihn finden zu lassen. Egal was Sie das kosten könnte. Das ist Eva, die auf tiefster Ebene Buße tut."

Frauen, passt auf, wofür Ihr betet. Wenn Euer Mann Christus begegnet, dann ist alles möglich. Und dieser risikofreudige Sohn? Als Nachfolger Christi zieht er vielleicht in ein islamisches Land und gründet eine Untergrundkirche. Der autobegeisterte Ehemann? Er fängt vielleicht an, Autos für alleinstehende Mütter und ältere Menschen zu reparieren und ist noch häufiger weg. Sind Sie bereit, Ihren Mann Gott finden zu lassen, selbst wenn ihn das nicht zum Ideal macht? Larry Keefauver weist darauf hin, dass die meisten Helden in der Bibel erbärmliche Ehemänner und Väter waren.[9] Was, wenn Christus ihn in einen *wilden* Mann statt einen *sanften* Mann verwandelt?

Vielleicht denken Sie jetzt: *Aber das will ich gar nicht. Ich will keinen religiösen Fanatiker! Ich möchte einfach nur jemanden, der neben mir im Gottesdienst sitzt. Ich will, dass mein Sohn sich zusammenreißt und ein ordentliches Leben führt. Ich möchte einfach nur, dass mein Boss ab und zu mal ein freundliches Wort sagt.* Wenn es das ist, was Sie wollen, versuchen Sie es mit Johanniskraut. Das Christentum war nie als Mittel gegen Maskulinität gedacht.

Haben Sie beim Lesen dieses Kapitels den Geist Gottes gehört, der Sie zu dem Abenteuer gerufen hat, das mit der Nachfolge Jesu einhergeht? Ignorieren Sie diesen Ruf nicht. Bitten Sie Christus, den Thermostat Ihres Lebens auf Herausforderung zu stellen. Geben Sie die Religion auf und fangen Sie an, Jesus zu folgen! Es gibt keine bessere Methode, die Männer, die Sie lieben, mit dem Evangelium zu erreichen.

22

Dienst und der maskuline Geist

Alle Blicke waren auf Pastor Keith gerichtet, der seit Wochen hatte durchblicken lassen, dass er etwas Wichtiges zu verkünden hatte. „Ab nächsten Monat", sagte der Pastor, „streichen wir den Kinderdienst und die Sonntagsschule. Wir führen keine Hochzeiten, Taufen, Kindersegnungen und Beerdigungen mehr durch. Der Chor fällt weg und unsere Partnerschaft mit der Suppenküche kündigen wir auf. Stattdessen werden wir auf eine neue Weise dienen. Unser Kinderdienst wird sich auf Sportligen aufbauen. Wir führen kostenlose Autoreparaturen für Arme aus. Wir bieten Bauarbeiten, Sanitärarbeiten und die Modernisierung von Elektrik für ältere Menschen an. Wir setzen unsere Mitglieder als Sicherheitsbotschafter ein, die in Vierteln mit hoher Kriminalität patrouillieren. Und wir bauen Brunnen in Honduras und Nicaragua."

Frauen, wie würden Sie sich fühlen, wenn Ihr Pastor eine solche Ansage machen würde? Wie gut passt eine solche Liste von Diensten zu Ihren Fähigkeiten und Gaben?

Jetzt wissen Sie, wie sich Männer fühlen. Nur sehr wenige Gemeinden bieten Dienste an, welche die Fähigkeiten und Erfahrung von Männern nutzen. Männer sehnen sich danach, dem Herrn ihr Bestes zu geben, doch nur wenige Gemeinden wollen das, was sie zu bieten haben.

Roger aus Ohio sagt: „Ginge es in der Kirche mehr um das Reinschlagen von Nägeln und weniger um das Putzen laufender Nasen, dann wäre ich wahrscheinlich interessiert." Wie ich bereits in Kapitel 6 gezeigt habe, beinhaltet ein Großteil der christlichen Dienste Rollen, die traditionell feminin sind. Über die Jahre sind wir dahin gekommen, unter christlichem Dienst die Dinge zu verstehen, in denen Frauen geschickt sind – und Christen dienen hauptsächlich in Berei-

chen, in denen Frauen mehr Erfahrung besitzen. Also sitzen die Männer auf ihren Gaben und sind frustriert. Pflichtbewusste Männer
melden sich vielleicht, um in einem Bereich eine Lücke zu füllen, aber
sie haben wenig Freude daran, weil sie nicht das tun, wofür Gott sie
gemacht hat.

Wie können wir unsere Männer zum Dienst befreien?

Geben Sie Männern Gelegenheit, ihre Fähigkeiten und Gaben einzusetzen

Erweitern Sie den Dienst um Bereiche, in denen Männer glänzen.
Warum nicht an Autos arbeiten? Eine Kirche in Illinois hat auf ihrem
Gelände eine Werkstatt eingerichtet für alleinerziehende Mütter und
arme Arbeiter, die „Working Poor". Selbst eine kleine Gemeinde kann
kostenlosen Ölwechsel auf dem Gemeindeparkplatz einmal pro
Quartal anbieten. Wenn Sie in einer schneereichen Gegend wohnen,
könnten Sie im Herbst und Frühling Reifenwechsel anbieten.

Herb Reese von New Commandment Ministries nimmt eine
Gruppe von vier Männern und stellt jeweils eine Witwe oder alleinerziehende Mutter unter deren Fürsorge. Einmal im Monat erledigen
die Männer handwerkliche Aufgaben in der Wohnung oder an ihrem
Auto, helfen ihr mit den Finanzen, was immer sie eben braucht. Herb
sagt: „Ein älterer Mann sagte mir: ‚Mir gefällt das, ich fühle mich
nicht wie ein Weichei oder eine Memme.'" Herb fährt fort: „Viele
Männer verstehen dabei das erste Mal wirklich die Liebe Christi. Es ist
praktische Liebe. Es ist etwas, über das die Jungs am Montagmorgen
mit ihren Arbeitskollegen reden können."

Wollen Sie die Männer heiß machen? Dann geben Sie ihnen eine
Möglichkeit, ihre Talente für Gott einzusetzen.

Helfen Sie Männern, ihre Gaben zu entdecken

Es ist ein entscheidender erster Schritt, jeden Erwachsenen in der
Gemeinde Persönlichkeits- und Gabentests machen zu lassen. Diese
Tests helfen Männern, weil Sie objektive Daten darüber liefern, in
welchen Bereichen sie begabt sind. (Sie finden auf meiner Website
eine Liste von Organisationen, die Persönlichkeits- und Gabentests
für Christen anbieten. (*Anm. des Übersetzers:* Fragen Sie in einer

christlichen Buchhandlung nach entsprechendem Material auf Deutsch.) Lee und Leslie Strobel schreiben: „Wenn ein vormals am Rand stehender, ineffektiver und stagnierender Christ entdeckt, wie Gott ihn gemacht hat – sodass gerade er in einer Ortsgemeinde etwas für die Ewigkeit bewirken kann – dann aber hallo! Plötzlich können Sie ihn nicht mehr davon abhalten, sich am Dienst zu beteiligen!"[1]

Lassen Sie die Männer dienen

Männer haben möglicherweise das Gefühl, sie bräuchten eine theologische Ausbildung oder langes Bibeltraining, ehe sie richtig dienen können, weil sie vielleicht in einer Gemeinde groß geworden sind, in der der Pastor alle Dienste leistete. Bilden Sie sie aus und geben Sie ihnen Rückmeldung. Fangen Sie mit dem Training von einem oder zwei Männern an und stellen Sie sie als Vorbilder für die anderen hin. Ich weiß, als Pastor haben Sie das schon Millionen Mal gehört, aber hier ist es noch einmal: Sie sind nicht der Diener. Ihre Leute sind das. Sie sind der Trainer. Gott hat Männer zur Aktivität geschaffen, doch sie sind häufig passiv, weil sie sich für Dienste nicht autorisiert oder qualifiziert fühlen.

Geben Sie Männer einen Pfad, den sie gehen oder eine Leiter, die sie emporklettern können

Männer brauchen das Gefühl, auf einem Pfad unterwegs zu sein, der sie irgendwohin führt. Ansonsten laufen sie auf Grund. Der Pfad muss erklärt und in visueller Form präsentiert werden, sodass Männer ihren Fortschritt messen können. Die Saddleback-Gemeinde etwa verwendet die viereckige Raute des *Infields* beim Baseball; das Ziel ist die *Home Plate*. Die Church of the Resurrection in Kansas verwendet ein Bergdiagramm; das Ziel ist der Gipfel. Die Männer müssen wissen, dass sie einem Ziel entgegenarbeiten und mit wachsendem Engagement mehr Fähigkeiten und Verantwortung bekommen.

Geben Sie Männern einen Fokus: Machen Sie ein paar Sachen gut

Haben Sie schon einmal an einem sonnigen Tag mit einer Lupe ein Stück Papier zum Brennen gebracht? Durch die Konzentration der Sonnenstrahlen produziert das Glas große Energie. So ist das mit dem Dienst Ihrer Kirche. Wie wir in Kapitel 17 gesehen haben, wollen mehr Männer sich beteiligen, wenn sie sich auf ein paar Dinge konzentrieren und diese gut machen, statt alles für jeden sein zu wollen.

Wir leben in einem Zeitalter der Spezialisierung. In Amerika gibt es Läden mit 5.000 Quadratmetern Verkaufsfläche, die nichts als Baumaterial verkaufen! Warum ist eine übergemeindliche Gruppe wie Habitat for Humanity in der Lage, so viele Männer zu mobilisieren? Sie konzentrieren sich auf eine Sache, und die machen sie sehr gut. Es wird der Tag kommen, an dem Kirchen sich nicht um eine gemeinsame Lehrmeinung vereinen werden, sondern einen gemeinsamen Auftrag. Männer werden dann die Parade anführen.

Geben Sie Männern einen äußerlichen Fokus

Der Evangelist Luis Palau sagt: „Die Kirche ist wie Mist. Karren Sie alles auf einen Haufen und sie stinkt die ganze Gegend voll; verteilen Sie sie und sie bereichert die Welt." Eric Swanson studiert gesunde Gemeinden und ohne Ausnahme sind diese nach außen orientiert: Es ist ihr Ziel, einen deutlichen und anhaltenden Unterschied im Leben der Menschen um sie herum zu bewirken.[2] Stagnierende Gemeinden fragen: „Wie können wir unseren Leuten dienen?" Lebensspendende Gemeinden fragen: „Wie können unsere Leute die Welt verändern?" Diese Veränderung ist großartig für Männer.

Die Fellowship Bible Church bringt den Fokus nach außen durch das Kleingruppensystem in die Gemeinde. Neue Mitglieder besuchen Kleingruppen, wo sie angeleitet werden und Nahrung finden. Doch nach drei Jahren werden sie rausgeworfen und gehen in eine der Aufgabengruppen, die soziale Dienste machen. Pastor Robert Lewis betont: „Das ist, wo Männer aufblühen, denn sie sind handlungsorientiert."

Sogenannte *liberale Gemeinden* zeigen eine spezielle Form einer äußerlichen Orientierung. Eine Reihe städtischer Kirchen haben herausgefunden, dass sie Männer mit sozialen Aktivitäten anziehen können. Diese Kirchen engagieren sich dafür, ihre wirtschaftlich darniederliegende Gegend durch Drogenprogramme, Zentren für Berufsausbildung und wirtschaftliche Entwicklungsprojekte zu verändern. Viele Männer werden durch diese Gemeinden erreicht, denn sie sehen, welchen Einfluss sie auf den Ort haben.

Geben Sie Männern große Projekte, die ihre Fantasie fesseln

Unternehmen in Amerika haben gelernt, wie wichtig BHAGs für die Motivation von Männern sind. Ein BHAG ist ein *Big, Hairy, Audacious Goal* – ein kühnes, fesselndes Ziel, das strategischen Wert und einen klaren Abschluss besitzt. Adam Hamilton baute Amerikas am schnellsten wachsende Methodistengemeinde mit Träumen, die nur Gott wahr machen kann. Er bemerkt: „Zu viele Gemeinden träumen sichere, leicht erreichbare Träume. Sie sind kein Risiko, sie brauchen keinen Glauben, sie brauchen Gott nicht, um verwirklicht zu werden."[3] Bruce Wilkinson sagt, man müsse von Gottes Leuten „erwarten, dass sie etwas so Großes versuchen, dass das Scheitern garantiert ist ... außer Gott greift ein."[4]

Unglücklicherweise haben sich einige erfolglose Kirchen in einer anderen Form von BHAG verfangen, dem Syndrom namens *Better Homes And Gardens* (Bessere Häuser und Gärten) – der niemals endenden Suche nach einem größeren, besseren Gebäude. Eine auf Gebäude ausgerichtete Gemeinde kann für eine Weile die Aufmerksamkeit von Männern binden, aber selbst Männer haben irgendwann genug von Spendenthermometern. Neue Räume sind nur dann nützlich, wenn sie zu mehr verändertem Leben führen.

Geben Sie Männern Risiken

Die Soziologin Marion S. Goldman von der Universität von Oregon schlägt vor: „Vielleicht ist Religiosität mit Risiko das, was notwendig ist, um Männer zurückzubringen." Sie weist auf die große Anzahl junger muslimischer Männer hin, die bereit sind, ihr Leben im Heiligen Krieg aufs Spiel zu setzen.[3] Wenige westliche Christen riskieren jemals irgendetwas für ihren Glauben, noch fordern wir sie zu Risiken heraus. Dallas Willard glaubt, dass „nur Risiko Charakter produziert", doch er ist traurig, weil „wir unsere Fähigkeit, Gott zu hören, als ein Mittel für das Sicherstellen eines Lebens ohne Risiko benutzen."[6]

Ich möchte hier Klartext sprechen: *Ein Christentum, das auf Risikovermeidung besteht, wird niemals Männer anziehen.* Wenn unsere Botschaft voll von *das darfst du nicht, sei vorsichtig* und *geh auf Nummer sicher* ist, werden sich Männer abwenden. Das Christentum ist keine Versicherungspolice; es ist Leben im Überfluss!

Geben Sie Männern Abenteuer

Rainer war viele Jahre lang ein nominaler Kirchgänger, dessen Glaube nie wirklich lebendig wurde. Das änderte sich, als er auf eine zweiwöchige Missionsreise nach Peru ging, um dort beim Bau eines Wasserprojekts für ein verarmtes Dorf mitzuhelfen. „Ich hatte keine Vorstellung davon, wie real das Evangelium ist, bevor ich auf diese Reise ging. Wir waren jede Minute und jeden Tag von Gott abhängig", erzählt er. „Er half uns immer wieder aus schwierigen Situationen. Als wir abhoben, wurde unser Flug von den Kugeln einer rebellierenden paramilitärischen Gruppe getroffen. Es war, als wäre man in der Apostelgeschichte!"

Rainer kam als veränderter Mensch aus Peru zurück. Nachdem er einmal begriffen hatte, wie mächtig und real Gott ist, begann er, täglich mit ihm zu leben. Er übernahm Leitungsverantwortung in der Gemeinde. Er und seine Frau fingen zum ersten Mal an, gemeinsam zu beten. Rainer unterstützte weiterhin die Mission in Südamerika und kehrte im nächsten Jahr mit einem größeren Team zurück. Zuhause erzählte er den Nachbarn seine Geschichte und sie fingen an, in die Gemeinde zu kommen. *Abenteuer mit Christus verändern Männer auf eine Weise, die der Besuch der Gemeinde niemals leisten kann.*

Setzen Sie Männer in dienender Evangelisation ein

Traditionelle Ansätze, was Evangelisation angeht, lassen Männer kalt. Die meisten Männer wollen nicht von Tür zu Tür gehen und Jesus verkaufen. Vergebene Liebesmüh! Die Vineyard Community Church in Cincinnati hat entdeckt, dass Männer liebend gerne evangelisieren, indem sie den Menschen vor Ort dienen. Sie reparieren Häuser, verteilen Getränke, putzen Klos und packen Pakete ein. „Sie akzeptieren keine Spenden und geben oft nur einen einzigen Satz von sich: *Wir wollen Ihnen einfach nur Gottes Liebe auf praktische Weise zeigen.*" Diese Art von Evangelisation verschafft der Kirche ein positives Bild am Ort und motiviert Leute, mal vorbeizuschauen.[7]

Kreieren Sie Funktionen, Gelegenheiten und Veranstaltungen nur für Männer

Ich habe einmal einen Arbeitstag in unserer Gemeinde nur für Männer koordiniert. Eine Frau kam zu mir und beschwerte sich, weil sie auch mitarbeiten wollte und sich diskriminiert fühlte. Ich atmete tief durch und der Heilige Geist sprach durch mich: „Nora, unsere Gemeinde hat Dutzende von Gelegenheiten, die nur für Frauen sind, aber das ist die einzige Chance für Männer, etwas Eigenes zu tun. Erlaubst du den Männern, dir zu dienen?" Nora gab nach. Die Veranstaltung blieb nur für Männer und es kamen mehr als fünfzig von ihnen. Was noch bemerkenswerter war: Verschiedene der Freiwilligen waren nichtreligiöse Ehemänner von Frauen, die zur Gemeinde kamen! Kirchenferne Männer sind eher bereit, in einem Männerumfeld zu dienen.

Lassen Sie Ihre Männer einen bedeutenden Beitrag leisten

Neil Carter bemerkt: „In einer hochliturgischen Gemeinde wie einer katholischen oder episkopalen Kirche dürfen nur der Pastor und ein oder zwei andere etwas tun, das *wichtig* ist ... Männer verachten die passive Rolle, die sie in den meisten Gemeinden spielen, ob sie ihre Frustration nun benennen können oder nicht."[8] William Easum schreibt: „Glieder des Leibes Christi finden ihre Erfüllung nicht darin, dass der Geistliche ihnen ein gutes Gefühl gibt, sondern wenn ihr Dienst zur Gesundheit des Leibes Christi beiträgt."[9]

Häufig ist alles, was ein Mann für ein geistliches Erwachen braucht, eine Gelegenheit, bei der er seine gottgegebenen Gaben einsetzen kann. Thom Rainer erzählt die Geschichte von Steve, einem entkirchlichten Ehemann, der zu einer Arbeitsparty in der Gemeinde auftauchte. Nach einem langen Arbeitstag und der gemeinsamen Zeit mit den Nachfolgern Jesu fragte Steve, wie er Christ werden könne.[10] Ein anderer Pastor berichtet von einem Computerexperten, der dem Herrn begegnete, als er gebeten wurde, beim Einrichten des gemeindeeigenen Netzwerks zu helfen. Er sah etwas Besonderes im Leben der Gemeindemitarbeiter. *Diese Männer kamen zu Christus, ohne einen Gottesdienst zu besuchen und ohne jemals eine formelle Präsentation des Evangeliums gehört zu haben.* Sie dienten Christus und hörten durch diesen Dienst seinen Ruf.

Die Lektion ist deutlich: Wenn wir mehr Männer für Christus gewinnen wollen, müssen wir sie bitten, ihre Gaben in der Gemeinde einzusetzen, selbst wenn sie noch nicht *in Christus* sind. Natürlich ist nicht jede Rolle für einen kirchenfernen Mann angemessen. Aber behalten Sie das im Hinterkopf: Männer werden manchmal durch *Dienen* verändert statt durch *Predigten*.

Machen Sie kein Geheimnis aus dem, was Ihre Gemeinde macht: Rufen Sie es von den Hausdächern!

Kirchen, die Männer erreichen, feiern laut und öffentlich, was Gott in ihrer Mitte tut. Sie suchen die Öffentlichkeit. Sie machen Werbung. Das scheint dem Befehl Jesu zu widersprechen, unsere guten Werke im Geheimen zu tun. Ich denke, dieses Gebot bezieht sich auf den einzelnen Menschen, nicht auf Gemeinden. Man soll keine Aufmerksamkeit auf seine eigene Frömmigkeit lenken. Doch wenn Gott mächtig in einer Gemeinde handelt, dann verbreiten Sie die Nachricht darüber!

Verlangen Sie Geld von Männern

Wenn Sie möchten, dass ein Mann sich für einen Kurs, eine Freizeit oder ein Seminar anmeldet, dann verlangen Sie etwas dafür. Die Promise Keepers lernten diese Lektion in den späten 90ern auf die harte Weise. Sie hatten die Entscheidung gefällt, keinen Eintritt mehr für die PK-Veranstaltungen in Stadien zu verlangen – in der Hoffnung, dass dadurch mehr Männer mit geringem Einkommen teilnehmen würden. Stattdessen brach die Besucherzahl ein. Warum? Männer setzen Geld mit Wert gleich. Wenn ein Mann Geld auf den Tisch legen muss, dann begreift er das als einen Wert. Wenn er aber *nichts* bezahlt, dann denkt er auch, es sei *nichts* wert.

Sie müssen nicht viel verlangen. Meine Kirche verlangt zehn Dollar für jeden Kurs unter der Woche. Diese maßvolle Materialgebühr ist ausreichend, dass Männer sich verpflichten, aber nicht so hoch, als dass Leute mit geringem Einkommen von der Anmeldung abgehalten würden. Diese Praxis ist weit entfernt davon, Geldwechsler im Tempel zu platzieren. Das Ziel ist nicht, die Gemeinde reich zu machen, sondern mehr Engagement der Männer zu erreichen.

Laden Sie persönlich zur Kirche ein

Übersehen Sie nicht das Offensichtliche. Nichts bringt einen Mann so wahrscheinlich zur Kirche oder einer Veranstaltung wie eine persönliche Einladung von einem Mann, den er respektiert. Gallup-Umfragen zeigen, dass 60 bis 90 Prozent der Gemeindemitglieder die Gemeinde ursprünglich aufgrund der Einladung von jemandem besuchten, den sie kennen.[11]

Laut Man in the Mirror Ministries lässt sich die Teilnahme an Männerveranstaltungen verdreifachen, wenn man ein Anrufteam zusammenstellt, das jeweils für das Anrufen und Einladen von zehn Männern verantwortlich ist.[12]

Erkennen Sie die Wichtigkeit von Einstiegs- und Ausstiegsmöglichkeiten

Traditionell hatten Gemeinden einen Einstiegspunkt: den Gottesdienst. Doch da Männer es hassen, zur Kirche zu gehen, brauchen wir andere Methoden, um sie mit dem Evangelium in Berührung zu bringen. Viele der großen Kirchen bieten den Alphakurs an, der eine großartige Einstiegsmöglichkeit für Männer darstellt, da er auf dem Frage- und Antwortkonzept beruht (mehr über den Alphakurs erfahren Sie unter www.alphakurs.de). Andere Gemeinden senden ihre Mitglieder in den Ort, damit sie dort Lebenskompetenzen lehren. Durch das Weitergeben von Wissen auf diese Weise verdienen sie sich das Gehör der Menschen.

Männerdienste können eine Reihe effektiver Einstiegspunkte bieten: Kleingruppen, große Gruppen, Seminare, Männerveranstaltungen, Sportligen und so weiter. Männerdienste bieten männerorientierte Veranstaltungen, zu denen Männer ihre kirchenfernen Freunde einladen können. Idealerweise finden diese nicht auf dem Gemeindegelände statt und sie sollten auch nicht übermäßig evangelistisch sein. Männer müssen erst einmal ein paar christliche Jungs treffen und sich mit diesen anfreunden, ehe sie bereit für den nächsten Schritt sind.

Wenn ein Mann anfängt, die Gemeinde zu besuchen, ist es oft hilfreich, Dienstmöglichkeiten für Einsteiger anzubieten. Parken und Ordner sind zwei der beliebtesten Möglichkeiten, Männer in das Dienen einzuführen. Aber lassen Sie einen Mann nicht zehn Jahre in einem Einstiegsjob; geben Sie ihm einen nächsten Schritt, den er mit wachsendem Glauben und zunehmender Reife tun kann.

Vergessen Sie auch nicht die Ausstiegsmöglichkeiten. Rick Warren schreibt: „Um in manchen Gemeinden aus einem Dienst auszusteigen muss man entweder sterben, die Gemeinde verlassen oder bereit sein, mit intensiven Schuldgefühlen zu leben."[13] Einer der Hauptgründe, weshalb Männer sich nicht für Dienste verpflichten, ist die endlose Dauer, die damit einhergeht. Wenn Sie einen Mann jedoch für ein kurzzeitiges Engagement anfragen, sagt er Ja. Wenn er das Ziel erreicht hat, feiern Sie! Wie wir bereits gesehen haben, entspricht das dem natürlichen Zyklus eines Mannes: planen, arbeiten, feiern, ruhen.

Am allerwichtigsten:
Stellen Sie sicher, dass Männern beim Dienen Jüngerschaft vermittelt wird

Das ist eine der großen Tragödien der heutigen Gemeinde. Wir lassen die Männer für Gott arbeiten, aber wir machen sie nicht zu Jüngern! Pat Morley erzählt eine ergreifende Geschichte aus seiner Kindheit:

> Mein geliebter Vater und meine geliebte Mutter, die letztes Jahr gestorben sind, traten wegen der religiösen und moralischen Unterweisung für ihre vier jungen Söhne einer Gemeinde bei. Unsere Kirche hatte eine Vision dafür, meinen

Vater arbeiten zu lassen – mit vierzig Jahren stand er an der Spitze der Laienmitarbeiter. Doch unsere Kirche hatte keine Vision, ihm dabei zu helfen, ein Jünger zu werden – ein gottesfürchtiger Mann, Ehemann und Vater.

Das führte dazu, dass meine Eltern ausbrannten, als mein Vater vierzig und ich in der zehnten und mein Bruder in der dritten Klasse war. Unsere Familie verließ die Gemeinde. Meine Eltern kehrten nie mehr zurück. Das schickte meine Familie auf eine Abwärtsspirale, von der wir uns noch immer nicht ganz erholt haben.[14]

Noch einmal: Was ist unser Ziel? *Jünger zu machen!* Doch unser aktuelles Modell – Leute lehren und sie in der Gemeinde arbeiten zu lassen – erfüllt diese Aufgabe nicht. Männer brauchen sinnvolle Arbeit *und* echte Jüngerschaft. Der letzte Teil dieses Buchs zeichnet das Bild von gesunder, maskuliner Jüngerschaft. Wir werden erfahren, wie jede Gemeinde anfangen kann, ihre Männer zu Jüngern zu machen.

6

Die tiefsten Bedürfnisse von Männern erfüllen

Jetzt ist es an der Zeit, Tür Nummer Drei zu öffnen.

Ich möchte Sie bitten, an dieser Stelle alles zu vergessen, was ich bisher geschrieben habe. Denn wenn alles was wir tun darin besteht, die existierende Kirche zu nehmen und den Thermostat in Richtung Herausforderungen zu drehen, dann ist das, so fürchte ich, nichts anderes, als würde man die Sonnenstühle auf der *Titanic* umstellen. Wir bekommen vielleicht mehr Männer in unser Gebäude, aber wir machen sie nicht lebendig. Es wird Zeit, zuzugeben, dass unser momentanes Modell von Gemeinde – gehe jeden Sonntag in ein Gebäude, singe Lieder, hör dir eine Rede an, führe Rituale durch, wirf Geld in den Opferkorb, lächle, schüttle ein paar Hände und gehe wieder – nicht die tiefsten Bedürfnisse der Männer erfüllt.

Ein wöchentlicher Gottesdienst ist wie Müsli: *Teil* eines nahrhaften geistlichen Frühstücks. Aber Männer leben nicht von Müsli allein. Männer brauchen etwas mehr als den sonntäglichen Gottesdienst, wenn sie wirklich genährt werden sollen. Dieses *Etwas* liegt hinter Tür Nummer Drei.

23

Jeder Mann braucht einen geistlichen Vater

Annie Oakley sang am Broadway Frank Butler zu: „Was immer du auch tust, ich kann es besser." Und obgleich Frank protestierte, wusste er, dass es stimmt.

So ist das in der Kirche von heute. Allgemein gesprochen können Frauen alles, was ein Mann tun kann – besser. Mit Ausnahme des Pastorats dominieren Frauen inzwischen die geistliche Arbeit der Kirche. Sie nehmen die heiligen Rollen ein und ihnen ist die Weitergabe des Glaubens an die nächste Generation anvertraut. Wenn ein Mann etwas in der Kirche macht, ist es normalerweise etwas Praktisches. Wenn er sein Bestmögliches gibt, unterstützt er die Institution, aber er verändert nicht die Welt.

Männer brauchen eine heilige Rolle, die nur sie ausfüllen können.

Glücklicherweise hat Gott den Männern eine solche Rolle gegeben. Gott ruft jeden Mann, ein *geistlicher Vater* zu werden. Das ist für Sie vielleicht ein neues Konzept. Es ist eine Rolle, die nicht gut verstanden wird, denn wie bei der Dreieinigkeit beinhaltet sie mehr, als in der Schrift gesagt wird. Doch die Vorbilder wie Jesus und der Apostel Paulus sind eindeutig; geistliche Vaterschaft ist die einzige Möglichkeit, Männer zur Reife in Christus zu führen.

Geistliche Vaterschaft: Das Missing Link der christlichen Reife

In der natürlichen Welt hat das Fehlen eines Vaters verheerende Folgen für Männer. Jungen ohne einen Papa neigen dazu, von zuhause wegzulaufen, obdachlos zu werden, Selbstmord zu begehen, Verhaltensauffälligkeiten zu zeigen, die Schule hinzuschmeißen, Drogen und Alkohol zu missbrauchen und ins Gefängnis zu kommen.[1] Bei Erwachsenen wuchsen 70 Prozent der gewalttätigen Kriminellen und langjährigen Gefängnisinsassen ohne einen Vater auf.[2]

Vaterlosigkeit ist aber auch in der spirituellen Welt verheerend. Warum sind unsere Kirchen voll von geistlich unreifen Männern? Weil wir ihnen keine Väter zur Seite stellen. Wir lehren sie Dinge, aber wir führen sie nicht zur Reife. Wenige werden große Männer, weil es so wenige Väter gibt, die ihnen den Weg zeigen. Denken Sie, das sei für die Kirche ein neues Problem? Lesen Sie die Worte des Paulus in 1. Korinther 4,14-15: „Ich schreibe das nicht, um euch zu beschämen, sondern um euch als meine geliebten Kinder zu warnen. Selbst wenn ihr zehntausend Erzieher hättet, die euch Christus nahe bringen, so habt ihr doch nicht viele Väter. Denn ich wurde euer Vater in Christus Jesus, als ich euch als Erster die Botschaft Gottes verkündete."

Paulus warnt uns: Eine Kirche mit vielen Lehrern, aber wenigen Vätern, ist eine Kirche in Schwierigkeiten. Wie ein eigensinniges Kind saß die Kirche in Korinth in einem Sumpf aus Sünde fest, weil ihr die Anleitung und Disziplin fehlte, die ein Vater gibt. Es gab eine Menge von Männern, die bereit waren, sich aufzumachen und zu lehren, doch wenige, die den Mut hatten, mit einem Mann zu gehen und ihn zur Reife zu bringen.

Die Begründer unseres Glaubens haben es durch Worte und ihr Vorbild klar gemacht, dass Männer als geistliche Väter dienen sollen. Jesus war mit Sicherheit ein geistlicher Vater für die Zwölf. Paulus nannte sowohl Timotheus als auch Titus seine *Söhne*. Die Apostel Paulus und Jakobus sowie der Autor des Hebräerbriefs beschrieben *Reife* als das Ziel für Christen. Sie baten die Gläubigen wiederholt, erwachsen zu werden – über die Milch hinauszuwachsen zu fester geistlicher Speise. Sagen Sie mir, wie sollen Kinder erwachsen werden ohne die Anleitung eines Vaters? Keiner erwartet, dass Säuglinge sich selbst großziehen, doch wir erwarten genau das von Babys in Christus.

Ein geistlicher Vater ist ein lebendiges Vorbild. Paulus war nicht zimperlich, wenn es darum ging, sich selbst als Vorbild für Gläubige darzustellen. „Deshalb bitte ich euch jetzt, meinem Beispiel zu folgen und es mir gleichzutun." (1. Kor. 4,16). „Und ihr solltet meinem Beispiel folgen, so wie ich Christus folge." (1. Kor. 11,1). „Liebe Brüder, nehmt mich als Vorbild und lernt von denen, die unserem Beispiel folgen." (Phil. 3,17). „Dabei war es nicht so, dass wir nicht das Recht dazu gehabt hätten, aber wir wollten euch ein Beispiel geben, damit ihr euch danach richtet." (2. Thess. 3,9).

Männer folgen Männern. Jungen imitieren ihre Papas. Jesus imitierte ebenfalls seinen Vater: „Ich versichere euch: Der Sohn kann nichts aus sich heraus tun. Er tut nur, was er den Vater tun sieht. Was immer der Vater tut, das tut auch der Sohn." (Joh. 5,19).

Ist das deutlich genug? *Der christliche Glaube steht und fällt mit der Imitation von Vorbildern.* Männer gehen in unseren Kirchen zugrunde, weil sie keine Vorbilder haben, denen sie folgen können. Oder wir erwarten, dass sie alle dem Pastor folgen. Das ist einfach nicht realistisch: Jesus hat persönlich zwölf Männer als Jünger betreut. Sie können nicht von Ihrem Pastor erwarten, dass er – mit all den Aufgaben, die er am Hals hat – als geistlicher Vater jedem Mann in der Gemeinde dient.

Sowohl in der natürlichen Welt als auch in der geistlichen Welt gilt: Vater werden ist nicht schwer, Vater sein dagegen sehr. Wenn wir Menschen zur Bekehrung führen, ohne ihnen geistliche Väter zur Seite zu stellen, ist das fast so, als würden wir uneheliche Kinder in die Welt setzen. George Barna hat herausgefunden, dass eine Mehrheit der Leute, die „zum ersten Mal eine ‚Entscheidung' für Christus trafen, innerhalb von nur acht Wochen nach dieser Entscheidung nicht mehr mit einer christlichen Kirche verbunden waren!"[3]

Es muss nicht nur jeder Mann einen geistlichen Vater haben, sondern er selbst muss auch ein geistlicher Vater werden. Ich habe das bereits gesagt: Das stärkste Verlangen eines Mannes ist es, sich zu reproduzieren. Er möchte eine Abstammungslinie und ein Erbe hinterlassen. Gottes erstes Gebot im Garten Eden war: *Seid fruchtbar und vermehrt euch.* Jesu letzter Befehl in den Evangelien hieß *macht Jünger.* Ein Mann findet in der Kirche niemals Erfüllung, solange er nicht geistliche Söhne hervorbringt.

Wir werden große Männer durch geistliche Vaterschaft. So hinterlassen wir etwas in der Welt – so bauen wir das Reich Gottes. Ein reiches, befriedigendes Leben steht für jeden Mann bereit, der ein geistlicher Vater wird. *Achtung Männer:* Beim christlichen Glauben geht es nicht um Bibellesen, Beten und moralisch sauber bleiben. Man tut diese Dinge, um ein starker Vater für die Männer zu werden, die man betreut.

Mein Besuch bei einer Gemeinde, die auf geistlicher Vaterschaft aufbaut

1995 hatte Pastor G. F. Watkins eine Vision: *Amerikas erste Gemeinde zu bauen, die von Grund auf so gestaltet ist, dass sie Männer erreicht.* Powerhouse Christian Center in Katy, Texas, ist eine andere Art von Kirche, aufgebaut auf dem Prinzip der geistlichen Vaterschaft. Das Powerhouse wächst schnell und erfreut sich astronomischer Werte, was Rückhaltequoten, Geben und männliche Mitarbeit angeht. Aus dem offiziellen Gemeindebericht:

- Nahezu 50 Prozent der erstmaligen Besucher werden zu regelmäßigen Teilnehmern.

- 60 bis 65 Prozent der Neubekehrten bleiben in der Gemeinde.

- Durchschnittlich 60 Prozent derjenigen, die sonntags am Gottesdienst teilnehmen, besuchen einen Hauskreis.

- 60 Prozent der Mitglieder geben ihren Zehnten, was es der drei Jahre alten Gemeinde ermöglicht, ein Gemeindezentrum für 4,5 Millionen Dollar *ohne Baukampagne* zu errichten.

Das Powerhouse bietet eine gehörige Portion des maskulinen Geistes während der Gottesdienste am Sonntagmorgen. Die Hälfte der multiethnischen Gemeinde ist männlich. Noch bemerkenswerter: Die Männer scheinen es zu genießen, dort zu sein. Während der Begrüßungszeit schüttelten mir nicht weniger als sieben enthusiastische Männer die Hand. Der Ablauf ist flott und kein Element des Gottesdienstes dauert länger als zehn Minuten. Fast immer gibt es ein kurzes Theaterstück oder ein Video, das im Studio der Gemeinde produziert wurde. Die Predigt ist kurz, vollgepackt mit männlichen Bildern und Illustrationen.

Doch die versteckte Stärke der Gemeinde liegt in ihrer Struktur. Es gibt keine Komitees. Stattdessen dient der Pastor einem Dutzend Männer als geistlicher Vater. Jeder dieser Zwölf ist Vater für zwölf Männer, die wiederum Vater für zwölf Männer sind, und so weiter. Der Pastor trifft sich wöchentlich mit seinen Söhnen zum Gebet und zur Unterweisung. Sie sind einander verantwortlich. Powerhouse nennt das *männliches Mentoring*.

Einer von Watkins' geistlichen Söhnen ist Mark Glaze, ein früherer Bauarbeiter, der vor fünf Jahren ins Team der vollzeitlichen Mitarbeiter wechselte. Glaze begleitet elf Männer in der Jüngerschaft und hat insgesamt 109 Männer in seiner *Linie*, wie er es nennt. Er hat sie alle getroffen und kennt die meisten von ihnen beim Namen. Wann immer einer von den 109 in Schwierigkeiten ist, ruft er an oder schickt eine ermutigende Nachricht. „Früher habe ich Gebäude gebaut. Heute baue ich Männer und ziehe Söhne groß", sagt Glaze. „Gott ist gut." Frauen treffen sich ebenfalls untereinander zum Zweck der Jüngerschaft. Und mehr als Tausend besuchen die Sonntagabend-Hauskreise des Powerhouse, die auf die ganze Familie ausgelegt sind. Jim und Vicki Rinke luden mich in ihre Gruppe ein. Zum ersten Mal in meinem Leben erlebte ich einen gemischten Hauskreis, bei dem die Männer genauso engagiert waren wie die Frauen! Die Männer sprachen, trugen zum Geschehen bei und sprachen offen über ihren Kampf mit Drogen oder Alkohol in der Vergangenheit. Ein Mann war vor gerade drei Wochen aus dem Gefängnis entlassen. Aber er war begeistert, weil er zum ersten Mal in seinem Leben einen männlichen Leiter hatte, dem er folgen konnte. Er lernte das christliche Leben, indem er beobachtete, wie ein anderer es lebt. Ist das nicht die Weise, in der der Glaube weitergegeben werden soll?

Was ist ein geistlicher Vater?

Ich möchte diese Definition vorschlagen: *Geistliche Väter sind Männer, die mit Gott gehen und Männer durch ihr Beispiel zur Reife in Christus führen.* Lassen Sie uns die Charakteristiken eines Vaters in der natürlichen Welt anschauen, damit wir ein besseres Verständnis eines geistlichen Vaters bekommen. Wir treffen in diesem Prozess Dieter und Thomas, einen geistlichen Vater und seinen Sohn.

Väter haben eine fortlaufende Beziehung mit ihren Kindern
Ein Kind hat viele Lehrer, aber nur einen Vater. Ein guter Vater hält zu seinen Kindern und liebt sie für den Rest seines Lebens, selbst wenn die Kinder das Nest verlassen haben. Dieter ist in gleicher Weise eine fortlaufende, lebenslange Verpflichtung gegenüber Thomas eingegangen. Er wählte Thomas, weil er das Potenzial in ihm sah und es erschließen wollte. Thomas weiß, dass er sich jederzeit an Dieter wenden kann, sein ganzes Leben lang, wann immer er Rat braucht.

Väter lehren durch ihr Vorbild

Ich habe meinen Kids eine Menge beigebracht, aber ich habe ihnen nie Unterricht gegeben. Ich lehre sie, indem ich meinen Weg durchs Leben gehe. Auf gleiche Weise verbringt Dieter Zeit mit Thomas (in der Kirche oder an anderen Orten) und lehrt ihn auf dem Weg.

Väter lehren ihre Jungen, wie sie ihre maskuline Energie auf gesunde Weise ausleben können

Dr. Larry Crabb sagt, jeder Mann müsse lernen, seine maskuline Energie in sich selbst freizusetzen. Sie zu unterdrücken führt zu einem von drei Ergebnissen: (1) Männer fühlen sich machtlos und werden kontrollierend; (2) Männer fühlen Wut und werden missbrauchend; (3) Männer fühlen große Angst und werden süchtig.[4] Dieter zeigt Thomas, wie er mit seinen Gefühlen umgehen und sie in einer gesunden Weise ausdrücken kann. Er begleitet Thomas auch durch Übergangssituationen im Leben: Vater werden, Berufswechsel, Midlife-Crisis und Gesundheitsprobleme. Viele Männer stehen diesen Riesen allein gegenüber – aber nicht die, die einen geistlichen Vater haben.

Väter sind keine Mütter

Wenn ein kleiner Junge sich das Knie aufschlägt, rennt seine Mama und tröstet ihn. Doch ein Vater wird wahrscheinlich erst einmal das Knie ansehen und, wenn er kein Blut sieht, sagen: „Du hast dich nicht verletzt. Geh wieder raus und spiele." Dieses Abhärten erscheint herzlos, aber es leistet einem Jungen gute Dienste bei seiner Entwicklung zum Mann.

Der aktuelle Mangel an Vätern hat zu einer Kultur der Selbstversunkenheit in der Gemeinde geführt. Tim Stafford beobachtet eine sich ausdehnende Epidemie von Leuten, die von ihrer Gemeinde verletzt sind; das ist etwas, das in früheren Generation unbekannt war. In der heutigen therapeutischen Gemeinde trösten wir Menschen, bis die Tränen versiegen. Doch Stafford warnt: „Die Erwartung der Leute kann unerfüllbar sein und ihre Bedürftigkeit endlos. Wir helfen ihnen möglicherweise mehr, indem wir sie herausfordern, anderen zu dienen, statt ihre Löcher zu stopfen."[5] In sich selbst vertiefte Männer brauchen geistliche Väter, die die Wunden in ihrem Leben ansehen und, wenn sie kein Blut sehen, sagen: „Du bist nicht verletzt. Geh wieder raus und spiele."

Väter disziplinieren ihre Kinder

Ein Kind muss lernen, dass es Verhalten gibt, das nicht toleriert wird. Geistliche Väter werden gelegentlich in der Situation sein, in der sie einem eigensinnigen Genossen die Leviten lesen müssen. Sagen wir mal, Thomas ist seiner Frau untreu. Dieter hat aufgrund der Beziehung zwischen sich und Thomas das Recht, einzugreifen. *Männer ändern sich nur, wenn sie zur Veränderung gezwungen werden.* Dieter ist der unbewegliche Fels, den Thomas braucht, wenn sein Leben außer Kontrolle gerät.

Der Vater gibt dem Kind seinen Namen

In den alten Tagen war der Name die Bestimmung eines Menschen. Biblische Helden wie Abraham, Simon und Saulus entdeckten ihren *wahren* Namen nach einer Begegnung mit ihrem himmlischen Vater. Dieter hilft Thomas, seinen wirklichen Namen zu finden, die wahre Identität, die ihm vom Bösen gestohlen wurde.

Der Vater gibt dem Jungen seine heilige Rolle im Leben

Michael Gurian schreibt: „Ohne eine heilige Rolle, in die er hineinwachsen kann, wird [ein Junge], wenn er ein Mann wird, sich eher einer Gang anschließen, seine Partnerin schlagen, seine Kinder vernachlässigen, in emotionaler Isolation leben, süchtig werden oder hypermaterialistisch, einsam oder unglücklich. Er braucht eine Struktur und Disziplin, in der er lernen kann, wer er ist. Er muss eine Reise leben, die klare Pflichten und Ziele hat. Er braucht eine Rolle im Leben."[6]

Die meisten Männer verstehen nicht, welche Rolle sie im Leben oder der Gemeinde spielen. *Wieso existiere ich? Wie kann ich Gott lieben und ihm dienen?* Ein geistlicher Vater kann einem Mann helfen, seine Rolle im Leben und in Gottes Reich zu finden. Dieter half Thomas, selbst die Rolle zu entdecken, die Gott für ihn hat.

Der Vater bereitet seine Jungen darauf vor, selbst Vater zu werden

Ich freue mich auf den Tag, an dem mein Sohn ein guter Vater für seine Kinder wird. Geistliche Väter lassen ihre Söhne wissen, dass sie ein Glied in einer Kette sind und er von ihnen erwartet, dass sie Männern Jüngerschaft anbieten, wenn sie soweit sind. Sam Keen verbindet mit Mannsein nicht einen „ Mann, der einsam in den Sonnenuntergang reitet, sondern eine Mischfigur, die sich aus einem Großvater, Vater und Sohn zusammensetzt. Die Grenzen dazwischen sind durchlässig und starke Impulse von Fürsorge, Weisheit und Freude werden über diese Synapsen der Generationen weitergegeben."[7] Wie wäre es, wenn Ihre Kirche brummen würde inmitten reicher, dauerhafter maskuliner Beziehungen? Was wäre, wenn Ihre Gemeinde ein Team von Männern wie Dieter hätte, die ihre heilige Rolle kennen und andere Männer zur Reife bringen? Das geht! Es fängt damit an, Männern eine Vision für geistliche Vaterschaft zu geben.

Was Sie über geistliche Vaterschaft wissen müssen

Geistliche Vaterschaft kann der existierenden Kirche nicht aufgepfropft werden wie ein Programm oder ein Kurs. Sie kann nicht noch eine Sache sein, die wir in den sowieso schon überfüllten Gemeindekalender quetschen. *Geistliche Vaterschaft muss das Fundament der Gemeinde werden.* Sie ist zeitaufwändig, weshalb andere kirchliche Aktivitäten wegfallen müssen. Sie macht es möglicherweise erforderlich, völlig neu zu überdenken, wie wir unseren Dienst organisieren. Doch sie ist die Zukunft. Sie ist das Einmaleins der Jüngerschaft.

In der Kirche gibt es eine Unruhe, und einige wenige mutige Gemeinden (wie Powerhouse) gehen in diesem Bereich mit dem Heiligen Geist. Diese Gruppen haben ihren Pastoren erlaubt, ihre Energie in die Vaterschaft für einige wenige Männer zu stecken. Sie haben das männliche Mentoring in den innersten Kern ihrer Organisation eingebaut. Statt eine Kirche voller isolierter Männer, die in Komitees dienen und Gemeindeblättchen verteilen, haben sie eine Kirche, in der jeder Mann einen geistlichen Vater hat, der ihn liebt und führt. Doch nicht nur einen Vater: Auch eine Gruppe von Brüdern. Darum geht es im nächsten Kapitel.

24

Jeder Mann braucht eine Gruppe von Brüdern

Tief im Herzen möchte jeder Mann Teil eines Teams sein, das etwas Großartiges vollbringt. Sehen Sie sich nur die Filme an, die Männer gern sehen. Ein Team findet sich zusammen, um die Welt zu retten, das Geld zu klauen oder die Meisterschaft zu gewinnen. *Der Herr der Ringe, X-Men, The Matrix, Der Soldat James Ryan, Ocean's Eleven, Avatar* – Dutzende dieser Filme kommen jedes Jahr ins Kino. In ihnen gibt es eine Gruppe von Brüdern, die das Gefährliche, Unglaubliche, Unmögliche versuchen. (Heutzutage ist normalerweise auch eine Frau im Team, aber sie ist so kantig und mit Muskeln bepackt wie ein Mann.) Jedes Mitglied des Teams hat eine Spezialität und leistet einen lebenswichtigen Beitrag. Sie wechseln sich dabei ab, sich gegenseitig das Leben zu retten.

Eine Gruppe von Brüdern. Obwohl es ihm nicht bewusst sein mag, sehnt sich jeder Mann danach, einer solchen anzugehören. Es ist das Modell, das uns Jesus hinterlassen hat. Wenn die Kirche diese Art von Gemeinschaft anbieten würde – vereint in ihrer Bestimmung, sich gegenseitig unterstützend und gemeinsam große Dinge erreichend – dann könnte niemand die Männer aus der Gemeinde verjagen.

Gott sah Adam an und sagte: „Es ist nicht gut für den Menschen, allein zu sein. Ich will ihm ein Wesen schaffen, das zu ihm passt." (1. Mo. 2,18). Die Anzeichen deuten aber darauf hin, dass die meisten Männer allein, isoliert und ohne Freunde sind – selbst in der Gemeinde! Gallup berichtet, dass 51 Prozent der Frauen eine beste Freundin in ihrer Gemeinde haben, während nur 35 Prozent der Männer einen besten Freund benennen können.[1] Dan Erickson und Dan Schaffer beobachten: „Selbst in der Kirche haben wenige Männer enge Freunde. Die überwiegende Anzahl von Männern wird zwar geistlich gefüttert, ist aber beziehungsmäßig bankrott."[2] Sie können jeden Vorschlag dieses Buches implementieren und Männer werden dennoch weggehen, wenn sie keine Gruppe von Brüdern finden, mit der sie laufen können. Laut John Eldredge brauchen Männer eine *kleine Kampfeinheit*, in der sie echt sein können, in der sie einander im Glauben herausfordern, in der keiner zurückgelassen wird.

Wie also bekommen wir Männer in verschworene Kampfeinheiten, wenn sie noch nicht mal zur Gemeinde gehen wollen?

Erstens, bekämpfen Sie die Mentalität des einsamen Cowboys in ihrer Gemeinde. Das Christentum hat sich in ein Ich-und-Gott-Unternehmen verwandelt: Lies deine Bibel (allein), bete (allein), komm zum Gottesdienst (allein in der Menge). Dieser geistliche Individualismus bringt Männer um.

Zweitens, betrachten Sie geistliche Kampfeinheiten als den Grundbaustein der Gemeinde, statt als ein wünschenswertes Extra. Kleine Jüngerschaftsgruppen müssen die Zellen werden, die den Leib bilden, anstatt keine Anhängsel am existierenden Leib zu sein. Idealerweise sollte die Kirche am Sonntagmorgen ein Treffen kleiner Kampfeinheiten sein, aus denen sich die größere Erlösungsgemeinschaft bildet.

Drittens, schaffen Sie ein Umfeld, in dem Männer bedeutsame Beziehungen entwickeln können. Pat Morley erzählt von einer Gemeinde, die großen Zulauf zu ihren Männerveranstaltungen hatte. Doch nur wenige Männer wuchsen trotz der tollen Lehre geistlich. „Dann beschloss der Pastor, Hirten anstelle von Lehrern als Leiter der Kleingruppen zu rekrutieren. Als die Männer die Gelegenheit hatten, [über das zu sprechen] was in ihrem Leben lief (statt von jemandem einen Vortrag zu bekommen), begannen sie sich zu öffnen. Weil sie um Beziehungen herum baute, wuchs die Gemeinde enorm."[3] Hören Sie das? Als die Männer kleine Kampfeinheiten bildeten, wuchs die gesamte Gemeinde! Maskuline Beziehungen bauen die Gemeinde auf und sie bauen die Männer auf.

Beziehungen: Ein Minenfeld für Männer

Für den Durchschnittsmann sind Beziehungen ein heikles Thema. Hier sind vier Dinge, die man über Männer und Beziehungen wissen sollte:

1. Obwohl Männer Beziehungen wollen und brauchen, verwenden sie den Begriff nur selten und denken auch nicht beziehungsmäßig

Der Begriff *Beziehung* ist geladen. Eine Menge Männer haben jede Beziehung in den Sand gesetzt, die sie jemals hatten, weshalb sie das Wort mit Verletzung, Missverständnissen und Schmerz verbinden. Im Denken eines Mannes sind Beziehungen etwas, das Männer mit Frauen haben, nicht mit anderen Männern. Ein Mann muss eine ganze Wagenladung voll Angst und Misstrauen überwinden, ehe er mit einem anderen Mann *eine Beziehung haben* kann.

Wie ich bereits in einem früheren Kapitel gesagt habe, verstehen Männer Beziehungen im Hinblick auf Aktivitäten. Kurt hat seine Kollegen auf der Arbeit, seine Angelfreunde, seine Fußballkumpel und so weiter. Kurt würde niemals einen Mann ansprechen und sagen: „Hey Jörg, können wir eine Beziehung haben?" So eine Bitte würde Misstrauen erregen, weil sie nicht in Begriffe einer Aktivität gefasst ist. Stattdessen würde Kurt sagen: „Hey, Jörg, hast du Lust, Angeln zu gehen?" Kurt und Jörg können seit dreißig Jahren jedes Wochenende miteinander Angeln gehen und würden das, was sie haben, dennoch niemals *Beziehung* nennen.

Mein Rat: Vermeiden Sie den Begriff *Beziehung* komplett, wenn Sie mit Männern zu tun haben. In meiner Gemeinde ermutigen wir die Leute nicht, Beziehungen zu haben. Stattdessen fordern wir sie auf, sich *mit jemandem zusammenzutun*. Partnerschaft drückt Aktivität aus und ein Ziel. Es ist ein Begriff, der Männer und Frauen motiviert.

2. Frauen führen Beziehungen von Angesicht zu Angesicht; Männer führen Beziehungen Seite an Seite

In der Gemeinde führen wir Beziehungen auf feminine Weise. Doch Männer entwickeln Beziehungen, während sie etwas anderes tun – einen LKW fahren, Angeln gehen, eine Wand weißeln oder am Auto arbeiten. Ist Ihnen schon einmal aufgefallen, dass ein Mann öfter vorschlägt, irgendwohin zu fahren, wenn er eigentlich reden will? Kommunikation von Angesicht zu Angesicht schüchtert Männer ein.

Sie sagen vielleicht: „In unserer Gemeinde gibt es Männer, die jede Woche in einer Kleingruppe ihr Herz öffnen. Die sprechen von Angesicht zu Angesicht." Aber ich wette, dass es sich dabei um extrem wortgewandte und beziehungsorientierte Männer handelt, oder solche, die seit Jahren in der Gemeinde sind. Wenn Sie ein Umfeld schaffen wollen, in dem jeder Mann seine kleine Kampfeinheit findet, dann geben Sie Männern Gelegenheiten, bei denen sie Seite an Seite sein können. Der Stil einer Selbsthilfegruppe ist für viele Männer einfach zu furchterregend.

3. Die tiefsten Männerbeziehungen entstehen in einer Feuerprobe

Männer entwickeln bleibende Freundschaften, wenn sie gemeinsam leiden. Das Band, das auf dem Schlachtfeld geknüpft wird, hält. Ich habe meinen Vater mal gefragt, wer sein bester Freund sei. Er nannte einen alten Kumpel aus der Army, mit dem er in den letzten dreißig Jahren kaum gesprochen hatte. Männer, die miteinander konkurriert, geschwitzt, geblutet und Widerstände überwunden haben, sind ein Leben lang verbunden.

Für die meisten Frauen sind Beziehungen einfach. Man setzt die beiden bei einem Latte macchiato zusammen und innerhalb von Minuten öffnen sich ihre Herzen. Doch für viele Männer ist das Ringen der einzig akzeptable Hintergrund für Beziehungen. Ich möchte Ihnen ein Beispiel geben. Hier in Alaska bauen Männer ihre Beziehungen bei Aktivitäten im Freien. Zwei Typen planen sechs Monate lang einen Jagdtrip. Sie geben Tausende von Dollars für Ausrüstung und Transport aus. Dann quälen sie sich eine Woche lang durch Schlamm, schlafen in der Kälte auf hartem Boden, sehen sich Gefahren, Entbehrungen und Widrigkeiten ausgesetzt. Nachdem die beiden genug Herausforderungen durchlitten und überwunden haben, öffnen sie sich und erzählen, was ihnen auf dem Herzen liegt.

4. Drängen Sie Männer nicht zu sehr, zu schnell, sonst ziehen sie sich zurück

Sie können Männer nicht einfach zusammenwerfen und erwarten, dass sie Brüder werden. Manchmal verscheuchen wir Männer, wenn wir auf zu viel Tiefgang zu schnell drängen. Ich habe einen Freund, der inspiriert vom Vorbild Jesu beschloss, beim ersten Treffen der Männergruppe die Füße der Teilnehmer zu waschen. Das war zu viel, zu schnell. Die meisten der Männer ließen sich in der Woche drauf nicht mehr blicken. Christus wartete drei Jahre, bis er das Maß an Vertrauen bei seinen Jüngern hatte. Diesen Prozess pushen zu wollen torpediert eine Männergruppe.

Männer brauchen eine Beziehung zu Gott

Es ist nicht genug für Männer, miteinander in Kontakt zu kommen;
sie müssen auch mit Gott in Kontakt kommen. Unsere Gemeinden
sind voll von Männern, die etwas *über* Gott wissen, aber *die Gott
nicht persönlich kennen.*

Für Männer ist die Schlüsselfrage nicht: „Bin ich gerettet, konfir-
miert, getauft, Kirchenmitglied, ein praktizierender Katholik, ein
Gläubiger, ein Christ oder geisterfüllt?" Alle diese Dinge sind gut,
aber sie treffen nicht den Kern der Sache. Die wirkliche Frage ist
nicht eine zum Status, sondern der Praxis: „Gehe ich mit Gott? Folge
ich Jesus Christus am heutigen Tag?"

Pastor Karl Clauson empfängt häufig besorgte Eltern in seinem
Büro. Sie haben einen Jugendlichen oder jungen Erwachsenen, der
ein selbstzerstörerisches Leben führt. Das Gespräch verläuft häufig
so ähnlich:

> PASTOR: Ist Daniel ein Nachfolger von Jesus Christus?

> MUTTER: Naja, er war auf dieser Freizeit, als er zwölf war, und
> da nahm er ...

> PASTOR: Moment mal. (Kurze Pause) Ist Daniel ein Nachfolger
> von Jesus Christus?

> VATER: Mit fünfzehn wurde er konfirmiert ...

> PASTOR: Ja ja, schon. Aber ist Daniel **heute** ein Nachfolger
> von Jesus Christus?

Wenn Männer einmal gerettet/konfirmiert/getauft/Mitglieder sind,
dann neigen wir dazu, sie zu vergessen. Wir lehren sie die Prinzipien
und geben ihnen moralische Anleitung, aber wir zeigen ihnen nicht,
wie man mit Gott lebt. Der durchschnittlich zur Kirche gehende Typ
hat aus drei Gründen keinen Schimmer, wie man Jesus nachfolgt: (1)
Niemand hat ihm je gezeigt, wie man das macht, (2) er hat nie einen
anderen Mann gesehen, der es macht (außer dem Pastor) und (3) er
denkt, es geht um religiöse Übungen und moralisches Leben.

Wir rufen Männer zur Konfirmation, Kirchenmitgliedschaft und
Rettung, weil wir diese Dinge zählen können. Wir können sie unse-

rem Verband melden. Es ist schwieriger, die Anzahl der Männer zu zählen, die mit Gott leben. Aber gibt es irgendetwas, das wichtiger für das Leben der Gemeinde wäre? Männer müssen Jesus Christus folgen, doch können wir nicht erwarten, dass sie das alleine tun. Geistliche Väter und eine Gruppe von Brüdern sind dazu notwendig. *Es braucht ein Team.*

Ich habe nur die Oberfläche dieses wichtigen Themas angekratzt. Wenn Sie mehr darüber erfahren wollen, besuchen Sie meine Website unter www.churchformen.com. Weitere Informationen über geistliche Vaterschaft finden Sie unter www.buildingbrothers.org (Anm. d. Übers.: beide auf Englisch).

Lassen Sie keinen Mann zurück

Hannes nahm Christus bei einer Einladung in seiner örtlichen Gemeinde an. Zwei Monate später ging er nicht mehr zur Kirche, hatte jeden Kontakt mit Gläubigen verloren und lebte kein erkennbar christliches Leben. Mehr als die Hälfte aller christlichen Bekehrungen enden so.[4]

Was wäre gewesen, wenn ein geistlicher Vater die Verantwortung für Hannes übernommen hätte? Was, wenn er in eine kleine Kampfeinheit von Männern aufgenommen worden wäre, und dort Jüngerschaft erlebt hätte? Glauben Sie, er hätte mit einer Gruppe von Brüdern um sich herum, die ihn anspornen, den Weg mit Jesus nach nur acht Wochen hingeschmissen? Das ist die Stärke der kleinen Kampfeinheit – kein Mann wird zurückgelassen.

25

Die Wiederkunft
des maskulinen Geists

Es ist nicht schwer, den maskulinen Geist zurück in die Kirche zu bringen. Man muss nicht während des Gottesdienstes Messerwerfen oder Zweikämpfe durchführen. Wir brauchen kein neues Evangelium oder einen anderen Jesus; die Originale funktionieren einwandfrei. Wir begrüßen den maskulinen Geist, indem wir auf die Bedürfnisse der Männer achten, ihnen eine heilige Rolle zuweisen, sie Männer sein lassen. Männer brauchen maskuline Bilder, Worte und Verhaltensweisen, um mit Gott in Beziehung zu treten. Sie brauchen Symbole, Geschichten, Lehre und Dienstmöglichkeiten, die sie als Männer bestätigen. Am meisten brauchen es Männer, einen gesunden, lebensspendenden maskulinen Geist ab dem Moment zu spüren, in dem sie in unsere Kirchen marschieren.

Gott unterscheidet zwischen Mann und Frau im Garten Eden; wir dürfen niemals vergessen, dass die Geschlechter unterschiedlich sind, und zwar unveränderlich, und wir sie unterschiedlich behandeln müssen.

Wir brauchen Männer nicht begünstigen, aber es ist an der Zeit, damit aufzuhören, sie in ein feminines religiöses Korsett zu zwängen. Auch kann es nicht sein, dass wir die Gaben der Männer weiterhin verachten oder von ihnen verlangen, Buße zu tun für die Art und Weise, wie Gott sie gemacht hat.

Man *macht* nicht, dass eine Pflanze wächst. Wenn die Bedingungen richtig sind, wächst sie natürlich. Genau so werden Männer im Glauben wachsen, wenn die richtigen Bedingungen vorliegen. Doch weil der geistliche Thermostat in den meisten Gemeinden auf *Behaglichkeit* steht und nicht auf *Herausforderung,* ist es kein Wunder, dass die Männer in den Gemeinden verkümmern.

Es hat Jahrhunderte gedauert, bis das Geschlechtergefälle des Christentums geschaffen war; es wird nicht innerhalb einer Generation ausgeglichen werden. Ein negatives Image abzubauen und ein neues entstehen zu lassen braucht Zeit, Ausdauer und in diesem Fall viel Gebet. Sie können die perfekte Gemeinde für Männer schaffen und dennoch würden einige sie ablehnen, weil ihnen das gesamte Konzept des Zur-Kirche-Gehens zuwider ist. Die traurige Wahrheit lautet: Bestimmte Männer werden niemals in eine Gemeinde gehen.

Vielleicht müssen Sie auch nicht. George Barna hat einen faszinierenden Trend bei Männern entdeckt. Zwischen 1994 und 2004 ist der Kirchenbesuch von Männern stagniert, *doch die Teilnahme von Männern in kleinen spirituellen Gruppen hat sich verdoppelt!* In diesem Jahrzehnt haben sich *neun Millionen* Männer neu einer Kleingruppe angeschlossen, die sich unter der Woche für Gebet, das Studieren der Bibel oder geistliche Gemeinschaft trifft – ganz unabhängig von Sonntagsschule oder Gemeindekursen.[1]

Was bedeutet das? Nachdem sich die Anzahl von Männern in Kleingruppen in diesem Jahrzehnt explosionsartig gesteigert hat, der Besuch der Gemeinden aber gleich blieb, liegt der Schluss nahe, dass sich Tausende, vielleicht Millionen *kirchenferner* Männer kleinen spirituellen Gruppen anschließen. Diese unreligiösen Männer haben einen Hunger nach Gott, sehen aber keine Notwendigkeit, ihre Zeit mit so etwas Langweiligem und Irrelevantem wie dem sogenannten Sonntagsgottesdienst zu verschwenden. Diese kirchenfernen Männer wenden sich einer Kleingruppe zu, weil sie dort das erhalten, was ihnen das moderne Gemeindesystem nicht geben kann – eine authentische Beziehung zu Gott und die Kameradschaft einer Gruppe von Brüdern.

Finden entkirchlichte Männer wirklich Gott ohne die Hilfe der Ortsgemeinde? Absolut. Ich kenne eine Reihe von Männern, die ganz intensiv Jesus hingegeben sind, aber keine organisierten Gottesdienste besuchen. Robert Lewis schätzt, dass die Treffen seiner Männerbruderschaft regelmäßig 100 bis 150 Männer anziehen, die keine Gemeinde besuchen. Männer verwenden einen Outlet-Ansatz beim Glauben, indem sie direkt zum Hersteller gehen und sich den Zwischenhändler sparen.

Ist das eine gute oder eine schlechte Nachricht für die Kirche? Kommt drauf an. Wenn wir mehr Männer *in der Gemeinde* wollen, ist es eine Krise. Wenn wir aber mehr Männer *in Christus* wollen, ist es eine Chance. Wenn Millionen von Männern Jesus durch Kleingruppen begegnen, sollten wir vielleicht Gemeinden auf der Basis kleiner Kampfeinheiten gründen. Es könnte sogar an der Zeit sein, zu überdenken, was es heißt, zur Kirche zu gehen.

Diejenigen von uns, die in der institutionellen Kirche bleiben, müssen ein paar Entscheidungen fällen: Akzeptieren wir diese Männer als unsere Brüder in Christus, selbst wenn sie nicht an den kirchlichen Sakramenten oder den organisierten christlichen Ritualen teilnehmen?

Sind wir bereit zuzugeben, dass unser aktuelles Modell der christlichen Ausbildung nicht viele männliche Jünger hervorbringt? Und wenn ja, organisieren wir unsere Kirchen neu, um sie effektiver bei der Jüngerschaft von Männern zu machen?

Die Ortsgemeinde steht aber auch nicht still. Neue Ansätze bei Gottesdiensten zeigen gewisse Erfolge im Erreichen kirchenferner Männer. Ich habe bereits die auf Männer ausgerichtete Gemeinde in Texas erwähnt; es gibt heute Gemeinden, die sich an verschiedenen Orten treffen, Videokirchen, Cowboy-Kirchen, Drive-in-Kirchen, sogar Kneipen- und Gasthausgemeinden. Gemeinden treffen sich in Einkaufszentren, Sportzentren, Bürogebäuden und Kinos. Die Bewegung *Kirche mit Vision* war super für Männer, denn sie präsentiert das Evangelium in Begriffen, die ein Mann verstehen kann. Kleingruppen, die um *40 Tage – Leben mit Vision* oder den *Alphakurs* gebaut sind, bringen viele neue männliche Nachfolger Jesu Christi hervor.

Männerdienste werden endlich an Männer vermarktet! Drei der Top-Männerdienste in den USA tragen männliche Namen wie Men's Fraternity (Männerbruderschaft), Top Gun und G-Men. Die Anzeigen der Promise Keepers werden maskuliner. In den 90er Jahren zeigten sie Fotos von Männern, die singen, Hände halten, sich umarmen und weinen. Heute sind diese Bilder verschwunden und durch solche ersetzt, auf denen Männer klettern, Schwerter schwingen oder von Kopf bis Fuß mit Schlamm bedeckt sind. Darunter steht: „Wenn das Wort „Rechenschaftsgruppe" bei Ihnen auslöst: ‚Kenn ich schon, ich spar mir heute die Umarmung', dann denken Sie noch mal drüber nach." Die Anzeige entschuldigt sich praktisch für Fehlgriffe in der Vergangenheit: „Wir haben in den dreizehn Jahren eine Menge gelernt. Erleben Sie das neue Gesicht des Männerdienstes … mutig, dynamisch, herausfordernd und ein Mordsspaß. Schauen Sie bei der PK Challenge Konferenz in Ihrer Nähe vorbei."[2] Haben Sie das gelesen? Es ist eine *Herausforderungs*konferenz!

Es hat eine explosionsartige Zunahme von Männerdiensten gegeben, die im Freien stattfinden. Männer finden durch Jagen und Angeln, Klettern und Rafting, durch Abenteuer jeder Art zu Christus. John Eldredges *Wild at Heart Boot Camps* sind Monate im Voraus ausgebucht. Es sind keine typischen Gemeindefreizeiten: Der Kurs ist rigoros und anspruchsvoll. Männer lieben ihn!

Das Beste aber ist: Männer dürfen endlich ihre Talente für Gottes Reich einsetzen. Männer bauen Häuser für die Armen. Kirchen setzen Männer in jedem Bereich ein, vom ehrenamtlichen Buchhalter bis zum Mechaniker. Männer lehren Fertigkeiten fürs Leben in den politischen Gemeinden (kein großer evangelistischer Druck), einfach nur, um die Liebe Jesu zu zeigen.

Was vollzeitliche Kirchenmitarbeiter und Leiter tun können

Kirchliche Leiter: Es ist an der Zeit, einen nationalen (oder weltweiten) Gipfel zum Problem der Kirche mit fehlenden/unmotivierten Männern abzuhalten. Akademiker, Pastoren, Laienleiter und Leiter von Männerdiensten sollten zusammenkommen, um zu beten, das Problem zu diskutieren und Lösungen auszutauschen. (Wenn mehr Männer teilnehmen sollen, dann lasst es uns in Alaska im Juni machen, wenn die Rotlachse springen!) Mehr dazu erfahren sie bei churchformen.com.

Akademiker: Es ist an der Zeit, die Geschlechterdiskrepanz im Detail zu studieren. Dutzende Studien haben gezeigt, wie man mehr Frauen auf die Kanzel bringt; es ist Zeit, dass ein mutiger Forscher herausfindet, wie man mehr Männer in die Bänke bekommt! Wer unter Ihnen besitzt den Mut, gegen den aktuellen akademischen Strom zu schwimmen und dieses hartnäckige Problem zu untersuchen?

Seminare und theologische Bildungsstätten: Es ist Zeit für eine neue pastorale Ausbildung. Statt Pastoren auf ein Leben des Studierens, Predigens und der Seelsorge vorzubereiten, wird es Zeit, sie auf das Leiten von Männern vorzubereiten. Wir brauchen neue Kurse über Leitung, geistliche Vaterschaft, das Schaffen einer maskulinen Umgebung und visuelle Kommunikation. Vielleicht ist eine ganz neue Art von Seminar angezeigt, die eher auf einer militärischen Grundausbildung als einem Klassenzimmer basiert. Mal ehrlich: Das heutige System der theologischen Ausbildung zieht eine Menge lernfreudiger und sensibler Männer an. Eine neue Art von Seminar würde eine neue Sorte Mann für den Dienst anziehen – Männer, die ein brennendes Verlangen haben, das Volk Gottes in ein großes Abenteuer *zu führen*.

Was man als Einzelner tun kann

Es ist meine Hoffnung, dass ich Ihnen viele Ideen in diesem Buch mitgegeben habe. Ich möchte aber mit ein paar praktischen Schritten enden, die Sie diese Woche tun können.

Im ersten Kapitel war mein Gebet, dass dieses Buch das Streichholz wird, das Tausende von Gesprächen und Millionen Gebete zu diesem Problem entzündet. Wenn Sie Teil einer fortlaufenden, weltweiten Diskussion werden möchten, besuchen Sie meine Website unter www.churchformen.com. Hier treffen Sie andere, die die Gemeinden zurück zu den Männern rufen wollen. Sie können Ideen, Anliegen und Gebet austauschen. Sie finden dort außerdem eine Buchliste mit weiteren Informationen zum Thema und Links zu Diensten, die tatsächlich Männer ansprechen. Sie können meine Vortragsplanung einsehen oder ein Seminar in Ihrer Gemeinde buchen. Ich ermutige besonders Frauen, die Website zu besuchen; es gibt einen speziellen Bereich, in dem Frauen Leid und Freud hinsichtlich des geistlichen Zustands der Männer in ihrem Leben mitteilen können.

Zweitens: Brechen Sie das Schweigen in Ihrer Gemeinde, sprechen Sie über das Problem der fehlenden Männer. Wahrlich, ich sage euch: *Eine Menge Leute in Ihrer Kirche haben die Geschlechterlücke noch nicht einmal bemerkt!* Fragen Sie: „Ist dir eigentlich klar, dass weniger als 40 Prozent der Erwachsenen in unserer Gemeinde Männer sind?" Ich habe festgestellt, dass die Leute die Notwendigkeit zu handeln eher erkennen, wenn ihnen diese Tatsache bewusst ist.

Drittens, lernen Sie den maskulinen Geist in Ihrer Gemeinde zu erkennen und willkommen zu heißen. Wenn über große Veränderungen, mutige Initiativen und Abenteuer in fremden Gewässern gesprochen wird, dann fürchten Sie sich nicht. Steigen Sie stattdessen aus dem Boot, so wie Petrus es getan hat, und halten Sie Ihre Augen auf Christus gerichtet. Leben Sie das Abenteuer, das Jesus für seine Nachfolger beabsichtigt hat.

Jesus sagt:
„Ich will dich zu einem Menschenfischer machen."

Sieben Männer klammerten sich an den Rand eines grobschlächtigen Boots, das über den See Genezareth schaukelte. Sie waren erschöpft. Sie hatten die Nacht damit verbracht, ihr Netz auszuwerfen und es wieder einzuholen, ohne dass sie einen Lohn für ihre Mühen vorweisen konnten. Selbst die Sonne schien erschöpft, als sie sich müde über das östliche Ufer schob. Die rot unterlaufenen Augen des Petrus wanderten über den vertrauten Strand und blieben bei einem Fremden hängen, der auf sie zu kam. „Werft eure Netze auf der rechten Seite des Boots aus", rief der Fremde. „Da gibt's Fische." Die Jünger blickten auf und sahen sich an. Stellen Sie sich ihre Reaktionen vor:

> THOMAS: Wer ist denn der Fremde?

> NATHANAEL: Spinnt der? Ist nicht auf jeder Seite derselbe See?

> JOHANNES: Soll das wirklich so leicht sein, einfach auf der anderen Seite des Boots fischen?

> JAKOBUS: Ich bin jetzt seit zwanzig Jahren Fischer, aber so einen Blödsinn habe ich noch nie gehört!

> PETRUS: Leute, wir haben die ganze Nacht gefischt und überhaupt nichts gefangen. Was haben wir zu verlieren?

Beim Lesen dieses Buches haben Sie sich vielleicht ähnliche Fragen über mich und meine Botschaft gestellt. *Wer ist dieser Fremde? Spinnt der? Ich bin seit zwanzig Jahren Christ, aber so einen Blödsinn habe ich noch nie gehört! Kann es wirklich so leicht sein – einfach auf der anderen Seite des Boots fischen?*

Ja, es ist so leicht. Jesus versprach, uns zu Menschenfischern zu machen, doch heutzutage fangen wir relativ wenig. Vielleicht ist es an der Zeit, unsere Netze auf der *maskulinen* Seite des Boots auszuwerfen. Die Jünger überwanden ihre Skepsis und gehorchten Christus; sie wurden mit einem enormen Fang belohnt. Ich glaube, Millionen von Männern sind bereit, mit ihrem Schöpfer zu leben, wenn wir nur unsere Zweifel beiseite stellen, und den maskulinen Geist wieder in unseren Gemeinden willkommen heißen. *Was haben wir zu verlieren?*

Über den Autor

David Murrow ist der Direktor von Church for Men, einer Organisation, die sich der Wiederherstellung eines gesunden maskulinen Geists in Christlichen Gemeinden widmet. Seit über zwanzig Jahren produziert und schreibt er preisgekrönte Fernsehdokumentationen, Werbespots und Specials. Er produzierte Material für den Discovery Channel, NBC, ABC, Food Network, Travel Channel, Animal Planet, The Miss America Pageant, Dr. Phil und viele andere. Derzeit leitet er das Videoteam von ChangePoint, einer keiner Denomination angehörenden Gemeinde. Er hat außerdem als Ältester in der Presbyterianischen Kirche (USA) gedient. Er besitzt einen Abschluss in Anthropologie von der Baylor Universität. David und seine Frau Gina haben einen Sohn und zwei Töchter, mit denen sie in Anchorage, Alaska, leben; in dieser Stadt geht nur einer von fünf Männern regelmäßig zur Kirche. Wenn Sie mehr über David und Church for Men erfahren wollen, besuchen Sie seine Website unter www.churchformen.com.

David Murrow schreibt:

Mein Buch **„Warum Männer nicht zum Gottesdienst gehen"** ist zu meiner eigenen Überraschung ein großer Erfolg geworden. Es hat viele Männer ermutigt und viele Kirchen und Pastoren herausgefordert, ihre Wege zu überdenken.

Nachdem ich viele Seminare zu diesem Thema gehalten und viele Gespräche geführt habe, komme ich zu folgender Erkenntnis: Das Buch ist richtig und wichtig, aber es braucht noch eine Fortsetzung. Daraufhin habe ich das Buch **„The Map – The Way of All Great Men"** geschrieben.

Dieses Buch erscheint in deutscher Übersetzung ebenfalls bei cap-books. Bestell-Nr.: 52 50427 • ISBN 978-3-86773-127-0

Danksagung

Im Sommer 2000 hing mein Glaube an Christus an einem seidenen Faden. Drei Bücher haben mich gerettet. Gott schickte mir genau zur richtigen Zeit eine Kopie von George Barnas *Second Coming of the Church*. Dann stieß ich bei einer Internetsuche auf Leon Podles' *The Church Impotent: The Feminization of Christianity*. Schließlich brachte mich John Eldredges *Wild at Heart* (Der ungezähmte Mann) wieder mit Christus, dem Mann, in Verbindung. Ohne die heroische Vision dieser drei Männer hätten Sie jetzt nicht dieses Buch in Händen und ich wäre kein Nachfolger Jesu Christi. Vielen Dank, meine Herren.

Danke für meine Rechercheassistentinnen Dorothy und Kelly; meine Leserin Barb; und meine Bande von Freunden, besonders Dave, Peter, Sean und Scott. Danke den vielen Freunden und Kollegen, die an mich und meine Botschaft geglaubt haben (auch wenn ich mir selbst nicht so sicher war). Danke dem Team bei Nelson für das Risiko, es mit mir als erstveröffentlichendem Autor zu versuchen. Ein Riesenlob an meine drei Kinder, die Zeit mit ihrem Dad opferten, sodass er seinem Traum nachgehen konnte. Wenn sich das Buch verkauft, fahren wir nach Costa Rica. (Dieses Versprechen ist gedruckt – jetzt kann ich nicht mehr kneifen!)

Das größte Lob geht an meine Frau Gina. Ihre unerschütterliche Ermutigung, ihre Opferbereitschaft und ihre Schokoladenkekse sind der Grund, weshalb ich das Buch fertig bekommen habe. Es gibt keine großartigere Frau auf der Welt.

Endnoten

Kapitel 1 – Männer haben eine Religion: Maskulinität

1. Leon J. Podles, *The Church Impotent: The Feminization of Christianity* (Dallas: Spence Publishing, 1999), S. xii.
2. Barna Research Online, „Women Are the Backbone of Christian Congregations in America", 6. März 2000, www.barna.org.
3. Ebenda.
4. „U.S. Congregational Life Survey – What Are the Major Challenges That U.S. Congregations Face?" 26. Oktober 2002, www.uscongregations.org/challenge.htm.
5. Ich habe diese Zahl ermittelt, indem ich die Zahlen des U.S. Census 2000 (Volkszählung) über verheiratete Erwachsene nahm und sie mit den Prozentzahlen kombinierte, die Barna Research im Jahr 2000 in Bezug auf männliche/weibliche Gottesdienstbesucher erhoben hatte. Die Zahlen deuten auf mindestens 24,5 Millionen verheiratete Frauen hin, die an einem typischen Wochenende zur Kirche gehen, jedoch auf nur 19 Millionen Männer. Das macht 5,5 Millionen Frauen mehr oder 22,5 Prozent. Das tatsächliche Ausmaß des Geschlechtergefälles kann sogar noch höher sein, denn Verheiratete gehen in viel größerer Anzahl zur Kirche als Singles.
6. Barna Research Online, „Adults Who Attended Church as Children Show Lifelong Effects", 5. November 2001, www.barna.org.
7. Barna, „Women Are the Backbone of Christian Congregations in America."
8. Ebenda.
9. Das britische christliche Online-Handbuch, www.ukchristianhandbook.org.uk. Diese Statistik wurde am 20. Juni 2002 auf der Website veröffentlicht.
10. Barna, „Women Are the Backbone of Christian Congregations in America."
11. Ich habe zahlreiche Interviews durchgeführt und Ausschnitte in den folgenden Kapiteln verwendet. Zu meinen Gesprächspartnern gehörten Dr. Woody Davis, August 2001; Russell Rainey, 15. November 2002; Curtis Burnam, 17. Mai 2002; Rod Stark, Religionssoziologe, Baylor University, 9. September 2003; Larry Wayne, Moderator bei K-Love, 5. Mai 2002; Robert Lewis, 6. November 2002; John Eldredge, 31. Juli 2003; und Herb Reece, 30. Dezember 2003.

Kapitel 2 – Warum es Claudias Mann hasst, zur Kirche zu gehen

1. Barna, „Women Are the Backbone of Christian Congregations in America."
2. Dan Erickson und Dan Schaffer, „Modern Man in Contemporary Culture", in *Effective Men's Ministry: The Indispensable Toolkit for Your Church*, Hrsg. Phil Downer (Grand Rapids: Zondervan, 2001), S. 17.

Kapitel 3 – Männer sind nicht die Einzigen, die nicht in der Kirche sind

1. George Gallup Jr., „The Religiosity Cycle", 4. Juni 2002, Religion and Values Content Channel, Zahlen aus der *Gallup Youth Survey* (Jugendumfrage) von 2000, www.gallup.com.
2. Cameron Strang, „Looking for Reality", *Ministries Today*, Mai/Juni 2003, S. 25-28.
3. Umfragen von Barna, ABC News und Gallup zeigen dauerhaft, dass jeweils ungefähr

20 bis 25 Prozent mehr Frauen als Männer an einem Durchschnittswochenende zur Kirche gehen. „The Religiosity Cycle" von Gallup bestätigt, dass junge Erwachsene die Altersgruppe sind, die mit der größten Wahrscheinlichkeit keine Gemeinde besucht.

4. Cynthia Woolever and Deborah Bruce, A Field Guide to U.S. Congregations (Louisville: Westminster John Knox Press, 2002), 35.
5. John Eldredge, *Wild at Heart*, (Nashville: Thomas Nelson, 2001), S. 7; deutsch: *Der ungezähmte Mann*, Brunnen-Verlag, Gießen.
6. Barna, „Women Are the Backbone of Christian Congregations in America."

Kapitel 4 – Maskuliner und femininer Geist

1. Woody L. Davis, „Evangelizing the Pre-Christian Male", *Net Results*, Juni 2001, S. 4, www.netresulta.org.
2. Podles, *The Church Impotent*, S. ix.
3. Woolever and Bruce, A Field Guide to U.S. Congregations, S. 35.
4. Gordon Dalbey, *Healing the Masculine Soul: An Affirming Message for Men and the Women Who Love Them* (Dallas: Word Publishing, 1988), S. 179.

Kapitel 5 – Den Thermostat anpasse

1. Rick Warren, *The Purpose-Driven Church* (Grand Rapids: Zondervan. 1995), S. 123; deutsch: *Kirche mit Vision*, Gerth Medien, Asslar, 2003.
2. Barna Research Online, „Focus on ‚Worship Wars' Hides the Real Issue Regarding Connection to God", 19. November 2002, www.barna.org.
3. Chip MacGregor, „Building a Leadership Team", *Effective Men's Ministry: The Indispensable Toolkit for Your Church*, Hrsg. Phil Downer (Grand Rapids: Zondervan, 2001), S. 71.
4. Rod Cooper, „Transforming Your Men's Ministry", *Effective Men's Ministry: The Indispensable Toolkit for Your Church*, Hrsg. Phil Downer (Grand Rapids: Zondervan, 2001), S. 169.
5. Ebenda, S. 171.
6. Albert L. Winseman, „In the Last Six Months, Someone Has Talked to Me About the Progress of My Spiritual Growth", 24. September 2002, Gallup Tuesday Briefing, Religion and Values Content Channel, www.gallup.com.
7. Michelle Conlin, „The New Gender Gap", Online-Ausgabe der *BusinessWeek*, 26. Mai 2003, www.businessweek.com.
8. Elaine McArdle, „The Lost Boys", *Boston Magazine Online*, September 2003, www.bostonmagazine.com.
9. Alaina Sue Potrikus, "Around the World, Girls Outperforming Boys in School", Knight Ridder newspapers, 19. September 2003. Nachdruck in der Online-Ausgabe von *Arizona Republik*.
10. Anne and Bill Moir, *Why Men Don't Iron* (New York: Citadel Press. 1999), 127.

Kaptiel 6 – Wer braucht schon Männer?

1. „Why Religion Matters: The Impact of Religious Practice on Social Stability", *The Heritage Foundation Backgrounder*, 25. Januar 1996, www.heritage.org.
2. Penny Edgell (Becker) and Heather Hofmeister, „Work, Family and Religious Involvement for Men and Women", Hartford Institute for Religion Research, http://hirr.hartsem.edu.

3. Christian Smith and Phillip Kim. „Religious Youth Are More Likely to Have Positive Relationships with Their Fathers", University of North Carolina at Chapel Hill, 12. Juli 2002, die Ergebnisse basieren auf der National Longitudinal Survey of Youth (1997).

4. George Gallup Jr., „Why Are Women More Religious?" 17. Dezember 2002, Gallup Tuesday Briefing, Religion and Values, www.gallup.com.

5. Jack Hayford, „The Pastor's Role", *Effective Men's Ministry: The Indispensable Toolkit for Your Church*, Hrsg. Phil Downer (Grand Rapids: Zondervan, 2001), S. 57.

6. Steve Sonderman, *How to Build a Life-Changing Men's Ministry: Bringing the Fire Home to Your Church* (Minneapolis: Bethany House, 1996), S.176.

7. George Barna, *The Second Coming of the Church* (Nashville: Word Publishing, 1998), S. 80.

8. John Gray, Ph.D., Men Are from Mars, Women Are from Venus (New York: HarperCollins, 1992), S. 42; deutsch: *Männer sind anders. Frauen auch.* Goldmann Verlag, 1998.

9. Albert L. Winseman, „In My Congregation, I Regularly Have the Opportunity to Do What I Do Best", 30. Juli 2002. Gallup Tuesday Briefing, Religion and Values Content Channel, www.gallup.com.

10. Ebenda, „Religion and Gender: A Congregation Divided, Part III", 17. Dezember 2002, Gallup Tuesday Briefing, Religion and Values Content Channel, www.gallup.com.

11. Thom S. Rainer, *Surprising Insights from the Unchurched and Proven Ways to Reach Them* (Grand Rapids: Zondervan, 2001), S. 170.

12. Barna Research Online, „Research Shows That Spiritual Maturity Process Should Start at a Young Age", 17. November 2002, www.barna.org.

13. Ebenda.

14. „U.S. Congregational Life Survey – What Are the Major Strengths of Congregations?" 26. April 2002, www.uscongregations.org/strengths.htm.

15. Renee Evans, „Sharpening Our Ministry to Children", *Ministry*, November 2002, S. 25-27.

16. Patrick M. Arnold, *Wildmen, Warriors and Kings: Masculine Spirituality and the Bible* (New York: Crossroad Publishing, 1991), S. 69; deutsch: *Männliche Spiritualität: Der Weg zur Stärke*, Kösel, 1994.

17. Richard Rohr and Joseph Martos, *The Wild Man's Journey: Reflections on Male Spirituality* (Cincinnati: St. Anthony Messenger Press, 1996), S.93; deutsch: *Der Wilde Mann. Geistliche Reden zur Männerbefreiung*, Claudius, München, 2000; überarbeitete Neuauflage Richard Rohr und Tilmann Haberer, *Vom wilden Mann zum Weisen Mann*, Claudius, München, 2009.

18. Moir, *Why Men Don't Iron*, S. 131.

19. In unserem Haushalt zahlen Jungs höhere Versicherungsbeiträge. Ich habe eine bessere Krankengeschichte und einen niedrigeren Cholesterinspiegel als meine Frau, aber ich zahle höhere Beiträge zur Lebensversicherung. Wir zahlen auch mehr für die Kfz-Versicherung meines Sohnes als für die meiner Tochter.

20. Raksha Arora, „Female Investors Retain Bearish Outlook", 21. Oktober 2003, Gallup Tuesday Briefing, Finance and Commerce Content Channel, www.gallup.com.

21. Edwin Louis Cole, *Maximized Manhood: A Guide to Family Survival* (New Kensington. PA: Whitaker House. 1982), S. 166.

22. Dalbley, Healing the Masculine, Soul, S. 29.

23. Albert L. Winseman, „Congregational Engagement Index: Life Satisfaction and Giving", 26. Februar 2002, Gallup Tuesday Briefing, Religion and Values Content Channel, www.gallup.com.

24. Bruce Barton, *The Man Nobody Knows* (Chicago: Ivan R. Dee. Inc., 2000), S. 26. Das Buch wurde erstmals 1925 von der Mobbs-Merrill Co. veröffentlicht.

25. Bob Horner, Ron Ralston, and David Sunde, *Promise Keepers at Work* (Colorado Springs: Focus on the Family, 1996), S. 111.

26. Carol Eisenberg, "Americans Who Subscribe to No Religion on the Rise", *Newsday*, Dezember 2001.

27. Barna Research Online, „Number of Unchurched Adults Has Nearly Doubled Since 1991", 4. Mai 2004, www.barna.org.

28. Peter Brierley und Heather Wraight, *The Atlas of World Christianity, 2000 Years: Complete Visual Reference to Christianity Worldwide, Including Growth Trends into the New Millennium* (Nashville: Nelson Reference, 1998), S. 54.

29. „Go Figure", *Christianity Today*, November 2003, S. 23.

30. Shireen T. Hunter mit Huma Malik, „Islam in Europe and the United States: A Comparative Perspective", Luso-American Foundation. Center for Strategic and International Studies, Washington, DC, 2002.

31. Charles Colson, „Al Qaeda and Converts to Islam", *BreakPoint Online*, 28. April 2004. Colson zitiert den französischen Gelehrten Oliver Roy, der einen Trend bei jungen Erwachsenen beobachtet, die sich zum Islam bekehren, um „es ihren Eltern zu zeigen". Es ist ihre Form zu rebellieren oder sich mit Entwicklungsländern zu identifizieren.

32. „Many Black Men Leaving the Church for the Mosque", *The Tennessean*, 89. Nr. 234, veröffentlicht auf der Islamic Bulletin Website, www.islamicbulletin.org.

33. John Eldredge, *Waking the Dead: The Glory of a Heart Fully Alive* (Nashville: Thomas Nelson, 2003), S. 30.

Kapitel 7 – Die Anwesenheitslücke

1. „Myths About Worshipers and Congregations: Results from the U.S. Congregational Life Survey", 2002, www.uscongregations.org/myths.htm.

2. ABC News/Beliefnet-Umfrage, die am 19./20. Februar 2002 unter einer zufällig ausgewählten Stichprobe von 1008 Erwachsenen durchgeführt wurde. Die Ergebnisse haben eine Fehlerspanne von drei Prozent.

3. Diese Statistik leitet sich aus Barnas Zahlen zum Gottesdienstbesuch bei Männern und Frauen ab, kombiniert mit den Zahlen des Census 2000 (Volkszählung) bezüglich erwachsener Männer und Frauen in der US-Bevölkerung.

4. „U.S. Congregational Life Survey-Key Findings." 29 October 2003, www.uscongregations.org/key.htm.

5. Diese Zahl wird in Kapitel 1, Fußnote 5, erklärt.

6. Rainer, *Surprising Insights from the Unchurched*, 84, S. 116.

7. „National Congregations Study of 1998", University of Arizona, http:// , saint-denis.library.arizona.edu/natcong/. Die National Congregations Study hat ergeben, dass 8,8 Prozent der Kirchen in den USA eine umgekehrtes Geschlechtergefälle aufweisen (d. h. mindestens 55 Prozent männliche Besucher).

8. ABC/Beliefnet-Umfrage, die am 19. Februar 2002 unter einer zufällig ausgewählten Stichprobe von 1008 Erwachsenen durchgeführt wurde. Online veröffentlicht unter www.abcnews.com. Die Ergebnisse haben eine Fehlerspanne von drei Prozent.

9. „National Congregations Study of 1998." Die Studie ergab, dass 92,2 Prozent der Kirchen, die sich selbst als „Black Christian" bezeichnen, Besucher anziehen, die zu 56 Prozent oder mehr weiblich sind.

10. Edward Thompson. „Beneath the Status Characteristic: Gender Variations in Religiousness", *Journal for the Scientific Study of Religion*, 1991, S. 30.
11. Barry A. Kosmin and Seymore P. Lachman, *One Nation Under God: Religion in Contemporary American Society* (New York: Harmony Books. 1993), S. 220. Zitiert aus Podles, *The Church Impotent*, S. 26.
12. „American Religious Identification Survey", Graduate Center, City University of New York, 2001, Exhibit 11. Die Ergebnisse sind eine Kombination der Studien aus den Jahren 1990 und 2001.
13. Philip Yancey, *Church: Why Bother?* (Grand Rapids: Zondervan. 1998), S.71-72; deutsch: *„Auf der Suche nach der perfekten Gemeinde"*, Gerth Medien, 2003.
14. „Myths About Worshipers and Congregations: Results from the U.S. Congregational Life Survey", 2002, www.uscongregations.org/myths.htm.
15. „National Congregations Study of 1998" (NCS). Ich musste diese Tabelle etwas anders gestalten als die anderen. Sie spiegelt die Anzahl der Personen in Gemeinden wider, nicht die Zahl der Gemeinden. Die NCS-Datenbank gab keine Ergebnisse für Gemeinden größer als 10.000 Mitglieder aus, außer ich stellte die Anfrage so. Ich sprach den Autor der Studie darauf an; er meinte, ein Computerfehler sei schuld daran.
16. Podles, *The Church Impotent*, S. 26.
17. Joshua P. Georgen, „Looking for a Few Good Men", LAM News Service (Mexico City). 29 April 2003. www.lam.org.
18. Podles, *The Church Impotent*, S. 19.
19. Ann Douglas, *The Feminization of American Culture* (New York: Alfred E. Knopf, 1977); sie zitiert R D. Huntington, *Sermons for the People* (Boston, 1856), S. 350.
20. Podles, *The Church Impotent*, S. 17.
21. Obwohl dieses Kirchenlied 1740 von Charles Wesley geschrieben wurde, war es im Viktorianischen Zeitalter (1837-1901) eines der beliebtesten Lobpreislieder.
22. Douglas, *The Feminization of American Culture*, S. 100.
23. Anna Lee Starr, *The Bible Status of Women* (New York: Garland Publishing. Inc., 1987),379, zitiert nach Podles, *The Church Impotent*.
24. Lyle E. Schaller. *It's a Different World: The Challenge for Today's Pastor* (Nashville: Abingdon, 1987), S. 61-62.
25. Barbara G. Wheeler. „*Is There a Problem? Theological Students and Religious Leadership for the Future*", Auburn Studies, Auburn Theological Seminary, Juli 2001, S. 5.
26. Podles, *The Church Impotent*, S. xiii.
27. Kenneth L. Woodward. „A Revolution? Not So Fast", *Newsweek*, 6. Mai 2002. S. 33.

Kapitel 8 – Die Mitarbeitslücke

1. Barna. „Women Are the Backbone of Christian Congregations in America."
2. Albert L. Winseman. „Religion and Gender: A Congregation Divided", 3. December 2002, Gallup Tuesday Briefing, Religion and Values Content Channel, www.gallup.com.
3. Ebenda., Part III. 17. Dezember 2002, Gallup Tuesday Briefing, Religion and Values Content Channel, www.gallup.com.
4. Ebenda.
5. Barna. „Women Are the Backbone of Christian Congregations in America."
6. United Methodist Church Website, www.umc.org. Die Zahlen beziehen sich auf 1999, gerundet auf Tausend.

7. BSF International Website, August 2002. www.bsfinternational.org.
8. Susan Faludi, Stiffed: The Betrayal of the American Man (New York: HarperCollins, 1999), 256.
9. Gene Edward Veith, „You Are What You Read", World Magazine, July/August 2002. 26.
10. Pat Morley. „Why Don't Men Read Christian Books? Just a Thought…", 6. October 2003, Man in the Mirror Weekly Briefing e-newsletter.
11. „The Explosion of Christian Music", Radio and Records, 19 April 2002. 46.
12. List of stations posted 6 April 2004, www.klove.com.
13. Barna Research Online, „Christian Mass Media Reach More Adults with the Christian Message Than Do Churches:" 2July 2002, www.barna.org.
14. Barna. „Women Are the Backbone of Christian Congregations in America."

Kapitel 9 – Die Persönlichkeitslücke

1. Dr. Mels Carbonnel, Telefoninterview mit dem Autor, Juli 2001. Carbonnel verwendet den DISG-Test und hat herausgefunden, dass 85 Prozent der Christen Persönlichkeiten mit einem Schwerpunkt auf entweder S oder G sind. Sie werden auch als *phlegmatisch* und *melancholisch* bezeichnet.
2. Alan Philips, „Monks Fight on Roof of Holiest Place", *London Daily Telegraph* Online-Ausgabe, 30. Juli 2002, news.telegraph.co.uk.
3. Ellen Barry, „In Northern Woods, Churchgoing Faces Change", *Boston Globe*, 12. Mai 2003, B1.
4. Barna Research Online, „New Book and Diagnostic Resource Strive to Clear Up Widespread Confusion Regarding Leadership", 5. August 2002, www.barna.org.
5. Podles, *The Church Impotent*, S. 8-9.
6. „A Quick Question: How Religiously Active Are Gay Men?" Hartford Institute for Religion Research, zitiert aus einer Studie von Darren E. Sherkat, Soziologieprofessor, Southern Illinois University, http://hirr.hartsem.edu.
7. Dalbey, *Healing the Masculine Soul*, S. 174.
8. Faludi, *Stiffed*, S. 230.
9. John Piper, *Desiring God* (Sisters, OR: Multnomah, 1996), S. 73; deutsch: *Sehnsucht nach Gott: Leben als christlicher Geniesser*, 3l Verlag, 2005.
10. Lee Strobel, *Inside the Mind of Unchurched Harry and Mary* (Grand Rapids: Zondervan, 1993), S. 219; deutsch: *Beim Wort zum Sonntag schalt' ich ab. Die Welt eines Kirchendistanzierten verstehen*, R. Brockhaus Verlag, 1995.

Teil 3 – Männer und Maskulinität verstehen

1. Gallup erwischte den männlichen Kirchenbesuch Ende 1989 bei 38 Prozent, auf dem Höhepunkt der Promise-Keepers-Bewegung. Ein Jahrzehnt später stellte George Barna fest, dass die Zahl auf 35 Prozent geschrumpft war. Die Zahlen aus dem Jahr 1989 stammen von Linda DeStefano, „Church/Synagogue Membership and Attendance Levels Remain Stable", *The Gallup Poll News Service*, 54, Nr. 36, 24. Januar 1990. Barnas Zahlen sind aus „Women Are the Backbone of Christian Congregations in America".
2. Dan Schaffer, „Can the Church Be a Safe Place for Men?" *Building Brothers Newsletter*, Herbst 2002.

Kapitel 10 – Was uns die Biologie über Männer lehrt

1. Moir, *Why Men Don't Iron*, S. 131, 139.
2. Betty Mason, „The Daddy Effect", *New Scientist*, 25. Mai 2002, S. 12.
3. Thom und Joani Schultz, *Why Nobody Learns Much of Anything in Church: And How to Fix It* (Loveland, CO: Group Publishing, 1996), S. 136.
4. James Dobson, *Bringing Up Boys* (Wheaton, IL: Tyndale, 2001), S. 25, 26.
5. Moir, *Why Men Don't Iron*, 135. Seine Quelle ist das *Diagnostic and Statistical Manual of Mental Disorders*, 4. Auflage (DSM-IV), American Psychiatric Association (1995), S. 49.
6. Bruce Weber, „Fewer Noses Stuck in Books in America, Survey Finds", New York Times, 8. Juli 2004.
7. Moir, *Why Men Don't Iron*, S. 121, 116.
8. Suzanne Pender, „Why Do Women Talk Twice As Much As Men?" Rezension von *Why Men Don't Listen and Women Can't Read Maps* von Allan und Barbara Pease, *Carlow Nationalist*, 5. März 1999.
9. Kevin Leman, *Making Sense of the Men in Your Life* (Nashville: Thomas Nelson, 2000), S. 241.
10. Schultz, *Why Nobody Learns Much of Anything in Church*, S. 136.

Kapitel 11 – Was uns die Sozialwissenschaften über Männer lehren

1. Jim Castelli and Joseph Gremillion, *The Emerging Parish: The Notre Dame Study of Parish Life Since Vatican II* (San Francisco: Harper and Row, 1987), S. 68-69, zitiert nach Podles, *The Church Impotent*, S. 12.
2. Barna, „Women Are the Backbone of Christian Congregations in America."
3. Judith Kleinfeld, „Women Do Deal with Stress Differently", *Anchorage Daily News*, 9. August 2003, Teil B, 4.
4. Frances Dahlberg, Einführung, *Woman the Gatherer* (New Haven: Yale University Press, 1981), S. 13.
5. Achtundsechzig Prozent der Amerikaner glauben an den Teufel, berichtet Gallup Poll Social Series – Values and Beliefs, 14. Mai 2001, Gallup Poll News Service, www.gallup.com.
6. Douglas J. Wilson, *Future Men* (Moscow, ID: Canon Press, 2001), S. 16.
7. Ernestine Friedl, *Women and Men: An Anthropologist's View* (Prospect Heights, IL: Waveland Press, 1984), S. 30.

Kapitel 12 – Männer suchen Größe

1. Bob Nelson, „Dump the Cash, Load on the Praise", *Personnel Journal*, Juli 1996, http:// www.fed.org/onlinemag/dec96/motiv.html.
2. „Noble Masculinity", *Leadership Journal*, Frühjahr 2002, S. 26.

Kapitel 13 – Das Streben nach Männlichkeit: Sein größtes Verlangen

1. Warren Farrell, *The Myth of Male Power* (New York: Berkley Publishing Group, 1994), S. 106.
2. David D. Gilmore, *Manhood in the Making: Cultural Concepts of Masculinity* (New Haven: Yale University Press, 1990), S. 11.
3. Die Umfrage erfolgte vor dem Gelände der Sullivan Arena Gun Show, Anchorage, Alaska, 3. Mai 2003, mit fünfundneunzig gültigen Antworten. Ich bat die Männer, zwölf Ziele als entweder maskulin oder feminin zu bewerten. Die Kirche kam auf Platz sechs, Sonntagsschule auf Platz elf.

4. Patrick Arnold, *Wildmen, Warriors, and Kings, Masculine Spirituality and the Bible* (New York: Crossroad, 1991), S. 19.

5. Albert L. Winseman, „Congregational Engagement Index: Life Satisfaction and Giving", 26. Februar 2002, Gallup Tuesday Briefing, Religion and Values Content Channel, www.gallup.com.

6. Ellen Goodman, „Fathering Needs a Standing Ovation", *Boston Globe*, 17. Juni 2003.

7. Pamela Sebastian Ridge, „Home Store Classes Encourage Women to Take Up Tools", *Wall Street Journal*, abgedruckt in Anchorage Daily News, 1. April 2002, Abschnitt E, 8.

Kapitel 14 – Männer haben Angst ... große Angst

1. Sam Keen, *Fire in the Belly, On Being a Man* (New York: Bantam Books, 1991), S. 140.

2. Sarah Sumner, *Men and Women in the Church* (Downers Grove, IL: InterVarsity, 2003), S. 97.

3. Umfrage in der Grace Community Church, Anchorage, Juli 2002; 76 Prozent der Frauen wählten Singen als die Top-Priorität der Zusammenkünfte in großen Gruppen, während das nur 52 Prozent der Männer taten.

4. Warren, *The Purpose-Driven Church*, S. 259; deutsch: *Kirche mit Vision*.

5. Mark I. Pinsky, „Saint Flanders", *Christianity Today*, 5. Februar 2001.

6. Wayne Jacobsen, *The Naked Church* (Visalia, CA: Body Life Publishers, 1998), J 08.

7. Strobel, *Unchurched Harry and Mary*, S. 120; deutsch: *Beim Wort zum Sonntag schalt' ich ab*.

8. Albert L. Winseman, „Spiritual Commitment, By the Numbers", 23 April 2002, Gallup Tuesday Briefing, Religion and Values Content Channel, www.gallup.com.

9. Michael Fanstone, *Unbelieving Husbands and the Wives Who Love Them* (Ann Arbor: Vine Books, 1994), S. 97.

10. Carol Penner, *Women and Men: Gender in the Church* (Scottdale, PA: Herald Press, 1998), S. 100.

11. Leman, *Making Sense of the Men in Your Life*, S. 122.

12. Linda Davis, *How to Be the Happy Wife of an Unsaved Husband* (New Kensington, PA: Whitaker House, 1987), S. 59.

13. Jeri Odell, *Spiritually Single: Living with an Unbelieving Husband* (Kansas City: Beacon Hill Press, 2002), S. 40.

14. Larry Keefauver, *Lord, I Wish My Husband Would Pray with Me* (Lake Mary, FL: Creation House, 1998), S. 90.

15. Shannon Ethridge, *Every Woman's Battle* (Colorado Springs: WaterBrook Press, 2003), Umschlagrückseite.

16. Nancy Kennedy, *When He Doesn't Believe* (Colorado Springs: WaterBrook Press, 2001), S. 194.

17. „Opinion of Homosexual Marriages", Gallup-Umfrage, 15.-16. Dezember 2003, www.gallup.com; Pew Research Center landesweite Umfrage bei 1.515 Erwachsenen, 15.-19. Oktober 2003, zitiert auf der Website von *USA Today*, www.usatoday.com.

18. Mark D. Jordan, „What Attracts Gay Men to the Catholic Priesthood?" Boston Globe, 3. Mai 2002, Section A, S. 23. Richard Sipe, der fünfundzwanzig Jahre lang die Sexualität von Priestern studiert hat, schätzt, dass mindestens ein Drittel der katholischen Bischöfe schwul sind.

19. David France, „Gays and the Seminary", *Newsweek*, 20. Mai 2002, S. 54. Laut dem Artikel sind in einigen katholischen Priesterseminaren bis zu 70 Prozent Schwule.

20. „A Report on the Crisis in the Catholic Church in the United States", the National Review Board for the Protection of Children and Young People, Amerikanische Bischofskonferenz, 27. Februar 2004, S. 80, http://www.usccb.org/nrb/johnjaystudy/index.htm.

21. John Ortberg, *Everybody's Normal Till You Get to Know Them* (Grand Rapids: Zondervan, 2003), aus dem Auszug „Our Secret Fears About Heaven", *Today's Christian Woman*, Juli/August 2003, S. 38.

Kapitel 15 – Die Kirche ist weltfremd

1. Traditionelle Kirchenlieder sind noch immer die am weitesten verbreitete Musikform, verwendet in den meisten Gottesdiensten. Beinahe 75 Prozent der Gottesdienste in den USA enthalten solche Lieder, während es in nur 40 Prozent moderne Lobpreismusik und Chöre gibt. Woolever and Bruce, *A Field Guide to U.S. Congregations*, S. 35.

2. Barna Research Online, „Research Shows That Spiritual Maturity Process Should Start at a Young Age", 17. November 2002, www.barna.org.

3. Ebenda, „Telephoning Churches Often Proves Fruitless", 22. August 2000, www.barna.org.

4. Barna, *Second Coming of the Church*, S. 58.

5. Warren, *The Purpose-Driven Church*, S. 191; deutsch: *Kirche mit Vision*.

6. Strobel, *Unchurched Harry and Mary*, S. 189, deutsch: *Beim Wort zum Sonntag schalt' ich ab.*

7. Ebenda, S. 190.

8. Bob Russell mit Rusty Russell, *When God Builds a Church* (West Monroe, LA: Howard, 2000), S. 113.

9. Schultz, *Why Nobody Learns Much of Anything in Church*, S. 24l.

10. Jawanza Kunjufu, *Adam! Where Are You? Why Most Black Men Don't Go to Church* (Chicago: African American Images, 1997), S. 61.

11. Deborah Bruce and Cynthia Woolever, „US. Congregational Life Survey: Fastest Growing Presbyterian Churches", Research Services, Presbyterian Church (USA),2002

12. George Gallup Jr. , "Americans Feel Need to Believe", 15. Januar 2002, Religion and Values Content Channel, Gallup Tuesday Briefing, www.gallup.com.

13. Arnold, *Wildmen, Warriors, and Kings*, S. 77.

Kapitel 16 – Männlichkeit bitte an der Tür abgeben

1. Barton, *The Man Nobody Knows*, S. 23.

2. Eldredge, *Wild at Heart*, S. 22; deutsch: *Der ungezähmte Mann.*

3. Leman, *Making Sense of the Men in Your Life*, S. 26.

4. Gordon MacDonald, „The Conquering Male", *New Man Magazine*, Juli/August 2003, S. 29.

5. Woody L. Davis, „Evangelizing the Pre-Christian Male", *Net Results*, Juni 2001, S. 4, www.netresults.org.

6. George Barna, „Unchurched Nation", *Moody Magazine*, July/August 2003, S. 34.

7. Der Ausdruck „family of God" (Familie Gottes) wird in den Bibelübersetzungen King James, New American Standard oder Young's Literal Translation nicht verwendet. Er taucht einmal auf in der New International Version – l. Petrus 4,17 –, ist dort aber keine fröhliche Bezeichnung, sondern eine Warnung vor drohendem Gericht! (*Anm. des Übersetzers:* Auch in den deutschen Übersetzungen Luther 1984, Einheitsüber-

setzung, Revidierte Elberfelder, Schlachter 2000, Hoffnung für alle und Neues Leben kommt er nicht vor.)

8. Werbung im *New Man Magazine*. Das Buch heißt *Kissing the Face of God: Enter a New Realm of Worship More Wonderful Than You Can Imagine* von Sam Hinn.

9. Hier die Titel und Autoren der Lieder, die ich erwähnt habe: „The Power Of Your Love" *von* Geoff Bullock (Copyright 1992 Word Music, Inc. Maranatha! Music-CCLI 917491); „Breathe" von Marie Barnett (Copyright 1995 Mercy/Vineyard Publishing-CCLII874117); „Let My Words Be Few" von Beth und Matt Redman (Copyright 2000 Thankyou Music-CCLI 3040980); „Here I Am to Worship" von Tim Hughes (Copyright 2000 Thankyou Music- CCLI 3266032); „Oh Lord, You're Beautiful" von Keith Green (Copyright 1980 Birdwing Music-CCLI 14514); „You Are So Good to Me" von Ben Pasley, Don Chaffer und Robin Pasley (Copyright 1999 Blue Renaissance Music, Hey Ruth Music, Squit Songs-CCLI 2757944).

10. David C. James, *What Are They Saying About Masculine Spirituality?* (Mahwah, NJ: Paulist Press, 1996), 20.

11. Piper, *Desiring God*, S. 76; deutsch: *Sehnsucht nach Gott*.

12. Kunjufu, *Adam! Where Are You?*, S. 94.

13. Wilson, *Future Men*, S. 94.

Teil 5 – Den maskulinen Geist in der Kirche wiederherstellen

1. Barna Research Online, „Focus on ‚Worship Wars' Hides the Real Issue Regarding Connection to God", 19. November 2002, www.barna.org.

Kapitel 17 – Leitung und maskuline Geist

1. Barna, *Second Coming of the Church*, S. 36.

2. Adam Hamilton, *Leading Beyond the Walls*, (Nashville: Abingdon Press, 2002), S. 160.

3. Bob Smietana, „Chicago's Holy Fire", *Christianity Today*, Februar 2004, S. 28.

4. Barna, „Women Are the Backbone of Christian Congregations in America."

5. „National Congregations Study of 1998." Die Studie hat ergeben, dass 60,2 Prozent der Gemeinden, deren Hauptpastor/Leiter männlich ist, ein Geschlechtergefälle aufweisen, während diese Zahl bei von Frauen geleiteten Gemeinden 80,4 Prozent beträgt.

6. Keen, *Fire in the Belly*, S. 102.

7. William Easum, *Sacred Cows Make Gourmet Burgers* (Nashville: Abingdon, 1995), S. 74.

8. Strobel, *Unchurched Harry and Mary*, S. 132; deutsch: *Beim Wort zum Sonntag schalt' ich ab.*

9. Barna, *Second Coming of the Church*, S. 15.

10. Albert L. Winseman, „The Mission or Purpose of My Congregation Makes Me Feel My Participation Is Important", 3. September 2002, Gallup Tuesday Briefing, Religion and Values Content Channel, www.gallup.com.

11. Rainer, *Surprising Insights from the Unchurched*, S. 121.

12. Ebenda, S. 148.

13. Ebenda, S. 111.

14. Vicki Marsh Kabat, „Old Time Religion ... Is It Good Enough for You?" *Baylor Magazine*, January/February 2003, S. 19.

15. Warren, *The Purpose-Driven Church*, S. 345; deutsch: *Kirche mit Vision*.

16. Dalbey, *Healing the Masculine Soul*, S. 129.
17. Barton, *The Man Nobody Knows*, S. 57.
18. Rainer, *Surprising Insights from the Unchurched*, S. 36.
19. G. F. Watkins, *G-Men: The Final Strategy* (Southlake, TX: Watercolor Books, 2001), S. 10.
20. Barna Research Online, „Barna Identifies Seven Paradoxes Regarding America's Faith", 17. Dezember 2002, www.barna.org.
21. George Barna, *User Friendly Churches* (Ventura, CA: Regal Books, 1991), S. 46.
22. Warren, *The Purpose-Driven Church*, S. 142; deutsch: *Kirche mit Vision*.

Kapitel 18 – Pastoren und der maskuline Geist

1. Easum, *Sacred Cows*, S. 72.
2. Barna, *Second Coming of the Church*, S. 101.
3. Barbara Brown Zikmund, Adair T. Lummis und Patricia M. Y. Chang, „Women, Men and Styles of Clergy Leadership", *Christian Century*, 6. Mai 1998, S. 115, entnommen aus *Clergywomen: An Uphill Calling* (Louisville: Westminster John Knox Press, 1998).
4. Andrew Sullivan, „The He Hormone", *New York Times Magazine*, 2. April 2000. Sullivan sagt: „Schauspieler haben normalerweise mehr Testosteron als Geistliche, so eine Studie aus dem Jahr 1990."
5. Rainer, *Surprising Insights from the Unchurched*, S. 127, 132, 134.
6. Odell, *Spiritually Single*, S. 97.
7. Rohr and Martos, *Wild Man's Journey*, S. 163; deutsch: *Der Wilde Mann. Geistliche Reden zur Männerbefreiung*; überarbeitete Neuauflage Richard Rohr und Tilmann Haberer, *Vom wilden Mann zum Weisen Mann*.
8. Strobel, *Unchurched Harry and Mary*, S. 66; deutsch: *Beim Wort zum Sonntag schalt' ich ab*.
9. Rainer, *Surprising Insights from the Unchurched*, S. 60.
10. Martin E. Marty, „Women Clergy: The Numbers", Beliefnet, Zitat aus Laura S. Olson, Sue E. S. Crawford und James L. Guth, „Changing Issue Agendas of Women Clergy", *Journal for the Scientific Study of Religion*, Juni 2000.
11. Linda Lyons, „Church Reform: Women in the Clergy", 7. Mai 2002, Gallup Tuesday Briefing, Religion and Values Content Channel, wwwgallup.com.
12. Jonathan Petre, „New Women Priests to Outnumber Men for First Time", *London Daily Telegraph Online Editor*, 27. September 2004, www.telegraph.co.uk.
13. Zikmund et al., „Women, Men and Styles of Clergy Leadership".
14. Marty, „Women Clergy: The Numbers."
15. „National Congregations Study of 1998." Laut der Studie gibt es ein Geschlechtergefälle in 57,9 Prozent der Kirchen, die sich selbst als eher konservativ, 67,8 bei solchen, die sich als genau in der Mitte und 72,4 Prozent, die sich als eher liberal bezeichnen.

Kapitel 19 – Lehre und der maskuline Geist

1. Woody L. Davis, „Ministry to, with, and Among Men", *Net Results*, November 2002, www.netresults.org.
2. Die Studie zeigt eine deutliche Zunahme der zeitgenössischen und unterschiedlichen Lobpreisstile in protestantischen Gemeinden", so eine Studie der Ellison Group, 4. März 2004. Das Unternehmen befragte 659 protestantische Geistliche und fand heraus, dass die durchschnittliche Predigt 31 Minuten dauert. Die vollständigen Ergebnisse finden sich auf www.ellisonresearch.com.

3. Larry Crabb, *The Silence of Adam* (Grand Rapids: Zondervan, 1995), S. 21.
4. Ergebnis eine Computersuche in der *New King James Version* auf www.biblegate-way.com.
5. George G. Hunter III, *Church for the Unchurched* (Nashville: Abingdon, 1996), S. 159.
6. Geoff Gorsuch und Dan Schaffer, *Brothers! Calling Men into Vital Relationships* (Colorado Springs: NavPress, 1994), S. 34.
7. Rekrutierungsbroschüre der United States Army RPI 272, Januar 2002.
8. Dorothy Cassel, Telefoninterview mit der Autorin, September 2002. Weiteres Material aus Woody L. Davis, „Evangelizing the Pre-Christian Male", *Net Results,* Juni 2001, S. 3 – 6, www.netresults.org.
9. James, *What Are They Saying?,* S. 49.
10. Barton, *The Man Nobody Knows,* S. 13.

Kapitel 20 – Lobpreis und der maskuline Geist

1. Barna Research Online, „Worship Tops the List of Important Church-Based Experiences", 19. Februar 2000, www.barna.org.
2. Rainer, *Surprising Insights from the Unchurched,* S. 83.
3. Wilson, *Future Men,* S. 95.
4. Barna, *User Friendly Churches,* S. 66.
5. Warren, *The Purpose-Driven Church,* S. 21l; deutsch: *Kirche mit Vision.*
6. Barna, *User Friendly Churches,* S. 65, 77.
7. Barna, „Unchurched Nation", S. 34.
8. Schultz, *Why Nobody Learns Much of Anything in Church,* S. 14l.
9. Marshall Allen, „Standup for Jesus", *Christianity Today,* 9. September 2002, S. 76-80.
10. Moir, *Why Men Don't Iron,* S. 133.
11. Arbitron Audience Composition Report, Sommer 2003,veröffentlicht unter www.ar-bitron.com. Genaue Zahlen: albumorientierte Rockmusik: Männer 69 Prozent, Frauen 27 Prozent; leichte zeitgenössische Musik: Männer 32 Prozent, Frauen 67 Prozent.
12. Rick Warren, *The Purpose-Driven Life* (Grand Rapids: Zondervan, 2002), S. 102; deutsch: *Leben mit Vision: Wozu um alles in der Welt lebe ich?,* Gerth Medien, 2003.
13. Wilson, *Future Men,* 100.
14. Rick Kingham, „Learning to Worship", in *Effective Men's Ministry: The Indispensable Toolkit for Your Church,* Hrsg. Phil Downer (Grand Rapids: Zondervan, 2001), S. 147.
15. Warren, *The Purpose-Driven Church,* S. 291; deutsch: *Kirche mit Vision.*
16. G. Jeffrey MacDonald, „In Summer, More Clergy Use Picnic Tables As Pulpits", *Christian Science Monitor Online,* 19. August 2003, www.csmonitor.com.
17. „Faith at Work, Across the Board", *Conference Board Magazine,* November/December 2003.
18. Sonderman, *Life-Changing Men's Ministry,* S. 134.
19. Keefauver, *Lord, I Wish My Husband Would Pray with Me,* S. 23.

Kapitel 21 – Frauen und der maskuline Geist

1. Carl Dudley, „Men Sharing the Burden", Website des Hartford Institute for Religion Research, April/May 1998, http:// hirr.hartsem.edu/cong/cong_dudley_398.html.
2. Pat Morley, „The State of Men's Ministry in the Church", 19. January 2003, Man in the Mirror Weekly Briefing E-Newsletter. Doug Haugen von der Evangelical Lutheran Church in America benennt dies als das populäre Klischee für Männerdienste in der Ortsgemeinde.

3. Chuck Stecker, „Foundations of Christian Leadership", in *Effictive Men's Ministry: The Indispensable Toolkit for Your Church*, Hrsg. Phil Downer (Grand Rapids: Zondervan, 2001), S. 107.
4. Kunjufu, *Adam! Where Are You?*, S. 120.
5. Kennedy, *When He Doesn't Believe*, S. 189.
6. Rainer, *Surprising Insights from the Unchurched*, S. 70, 83.
7. Keen, *Fire in the Belly*, S. 171.
8. Eric Swanson, „Ten Paradigm Shifts Toward Community Transformation", *Leadership Network*, September 2002, S. 11.
9. Keefauver, *Lord, I Wish My Husband Would Pray with Me*, S. 82. Keefauver nennt Abraham, Samuel, Eli, David und Solomon als Beispiele für lausige Väter. Die einzigen guten Väter in der Bibel waren (möglicherweise) Isaak, Boas, and Josef.

Kapitel 22 – Dienst und der maskuline Geist

1. Lee und Leslie Strobel, *Surviving a Spiritual Mismatch in Marriage* (Grand Rapids: Zondervan, 2002), S. 216.
2. Eric Swanson, „Blueprint Research: Ten Paradigm Shifts Towards Community Transformation (Part II)", *IntoAction Newsletter*, Februar 2003.
3. Hamilton, *Leading Beyond the Walls*, S. 146.
4. Bruce H. Wilkinson, *The Prayer of Jabez* (Sisters, OR: Multnomah, 2000), S. 47; deutsch: *Das Gebet des Jabez: Durchbruch zu einem gesegneten Leben*, Gerth Medien, 2002.
5. John Dan, „Men Behaving Badly", *Christian Century*, 20. Dezember 2000.
6. Dallas Willard, *Hearing God: Developing a Conversational Relationship with God* (Downers Grove, IL: InterVarsity, 1999), S. 210; deutsch: *Wie er zu uns redet*, Gerth Medien, 2002.
7. Hunter, *Church for the Unchurched*, S. 144.
8. Neil Carter, „Why Men Don't Go to Church", *House2House Online*, wwwhouse2house.tv/articles/00014.shtml.
9. Easum, *Sacred Cows*, S. 45.
10. Rainer, Surprising Insights from the Unchurched, S. 104.
11. Gallup, „Why Are Women More Religious?"
12. Pat Morley and David Delk, *Ten Practical Secrets to Attract and Retain Men*, eine Broschüre von Man in the Mirror Ministries, 2002.
13. Warren, *The Purpose-Driven Church*, S. 387; deutsch: *Kirche mit Vision.*
14. Pat Morley, „The Distinction Between Disciples and Workers", Man in the Mirror Weekly Briefing E-Newsletter, 2003, 4S, www.maninthemirror.org.

Kapitel 23 – Jeder Mann braucht einen geistlichen Vater

1. Watkins, *G-Men*, S. 56-57.
2. National Fatherhood Initiative Website, www.fatherhood.org.
3. Barna, *Second Coming of the Church*, S. 2.
4. Crabb, *The Silence of Adam*, S. 47.
5. Tim Stafford, „The Church's Walking Wounded: How Should We Respond in a Psychological Age?", *Christianity Today*, March 2003, S. 64, 65.
6. Michael Gurian, *The Wonder of Boys* (New York: Tarcher / Putnam, 1997), S. 249.
7. Keen, *Fire in the Belly*, S. 185.

Kapitel 24 – Jeder Mann braucht eine Gruppe von Brüdern

1. Albert L. Winseman, „Religion and Gender: A Congregation Divided, Part II", 10 December 2002, Gallup Tuesday Briefing, Religion and Values Content Channel, www.gallup.com.
2. Erickson and Schaffer, „Modern Man in Contemporary Culture", S. 18.
3. Pat Morley, „Rethinking Ministry to Men: The View from 30,000 Feet", Man in the Mirror E-Newsletter, 2003.
4. Barna, Second *Coming of the Church*, S. 2.

Kapitel 25 – Die Wiederkunft des maskulinen Geistes

1. Barna Research Online, „Religious Activity Increasing in the West", 1. März 2004, www.barna.org.
2. Ganzseitige Anzeige für die Männerkonferenzen der Promise Keepers in New Man Magazine, Juli/August 2003, S. 21.